Sammlung Vandenhoeck

V&R

Christian Schärf

Franz Kafka

Poetischer Text und heilige Schrift

Vandenhoeck & Ruprecht

Dr. Christian Schärf ist Privatdozent im Fachbereich Philologie I
an der Universität Mainz.

Die Deutsche Bibliothek – CIP-Einheitsaufnahme

Schärf, Christian:
Franz Kafka : poetischer Text und heilige Schrift /
Christian Schärf. –
Göttingen: Vandenhoeck und Ruprecht, 2000
(Sammlung Vandenhoeck)
ISBN 3-525-01228-4

Umschlagbild: »Franz Kafka« von Jiri Votruba, Prag

Satz: Competext, Heidenrod. Druck und Bindung: Hubert & Co., Göttingen

Inhalt

Das Zögern vor der Geburt

Brods Erfindung

»Franz Kafka hat es wirklich gegeben; er ist keine Erfindung von Max Brod.«[1] – Diesen merkwürdigen Satz legt der amerikanische Schriftsteller Philip Roth seinem Protagonisten David Kepesh, einem Literaturprofessor, in den Mund, als dieser Kafkas Heimatstadt Prag besucht. Schon Mitte der siebziger Jahre, im eisigen Umfeld der kommunistischen Herrschaft, stößt Kepesh in Prag auf einen wahren Kafka-Kult. Und natürlich huldigt der Professor aus Amerika diesem Kult selbst auch. Wer wollte gegen Kafka und gegen das Abdriften seiner Gestalt in die Unwirklichkeit der Ikonologie etwas vorbringen? Kann man sich Kafka denn überhaupt anders vorstellen als in der Gestalt einer Ikone der Moderne? Die Behauptung, Kafka habe es wirklich gegeben, klingt wie eine Selbstversicherung: es handelt sich nicht um ein Simulakrum der virtuellen Realität und auch nicht um eine dauerhafte PR-Aktion des Fremdenverkehrsvereins. Denke immer daran, wenn du in Prag bist. Und denke daran, wenn du dir die Bücherrücken in deinem Regal anschaust. Denke daran, wenn du ein Buch aufschlägst, auf dem »Franz Kafka« steht und vor allem denke daran, wenn du in diesem Buch liest. Franz Kafka hat es wirklich gegeben. Er ist keine Erfindung von Max Brod.

So einleuchtend dieser Satz klingt – wir haben ja Fotos und Dokumente aller Art, die uns Kafka zeigen und belegen, daß es ihn gegeben hat und vor allem: wir haben seine Schriften –, er ist im Grunde falsch. Kafka, wie wir heute über ihn reden und wie er in der Öffentlichkeit bis hinein in den wissenschaftlichen Bereich zur Sprache kommt, ist nichts weniger und nichts anderes als eine Erfindung von Max Brod. Eine Erfindung, deren Ausarbeitung durch Brods Nachfolger bis in die Gegenwart anhält. Und eine Erfindung, die sich als durchaus profitabel erwiesen hat. Das ist ein Hauptgrund, um an ihr festzuhalten. Und gerade weil man unbedingt daran festhalten möchte, sind wir der festen Überzeugung, daß es Kafka tatsächlich gegeben hat. Zumindest gegeben haben muß. Franz Kafka hat es wirklich gegeben, weil er eine Erfindung von Max Brod ist.

Eine solche Feststellung kann heute niemanden mehr erschüttern. Und wenn schon, dann ist er eben eine Erfindung, meinetwegen eine Simulation, oder wie man das auch immer nennen mag. Die Zeiten, da man mit Sein und Schein unterhaltsame Spielchen trieb, die den Stand der Semiotiker in Lohn und Brot setzen konnten, sind vorbei. Jetzt ist auch das Sein nichts als Schein. Wenn Kafka ein Simulakrum der Literaturgeschichtsschreibung ist, um so besser. Er hat uns ohnehin nichts mehr zu sagen. Daß die Welt sinnlos ist, wissen wir. Und die Katastrophen des 20. Jahrhunderts, auf die Kafka vorausgewiesen hat, sind längst Geschichte und von Hollywood verfilmt. Ja, selbst das Simulationsobjekt Kafka ist zu einem Filmstar geworden. Lassen wir es also dabei: Kafka *ist* eine Erfindung von Max Brod, wahrscheinlich seine beste.

Was aber, wenn sich herausstellte, daß es doch noch einen anderen Kafka gibt. Nicht den historischen, der vollständig hinter Brods Erfindung verschwunden ist, aber auch nicht das Objekt dieser Erfindung, nicht den ikonomorphen Kafka. Wenn es gar nicht mehr um Sein oder Schein ginge, sondern um etwas anderes, etwas drittes, aus dieser Schiene Ausscherendes. Wenn man also dazu käme, daß es nicht um die historische Wahrheit und auch nicht um den Sinngehalt der Interpretation geht, sondern um ein Faktum, das nun Kafka seinerseits erfunden hat und in dem die Relevanz seiner Texte jenseits der Frage nach Sein und Schein erblickt werden kann. Ich spreche von der Eigenständigkeit, der Wirklichkeit der Schrift – und das heißt für Kafka: von der Wirklichkeit des Schreibens. Schreiben bedeutet für ihn nicht eigentlich die Herstellung einer fiktiven Dimension, Schreiben ist kein Produzieren von Referenzmaterie im Kreuzpunkt des Fiktiven und des Faktischen. Im Schreiben vollzieht sich bei Kafka die Herstellung eines Körpers, der die Zeichen der Existenz trägt. Dieser Körper erzeugt und erfährt die Rauschzustände orgiastischer Lust und die Strafen der Hölle gleichermaßen und gleichzeitig. In diesem Körper findet das Leben statt, nirgendwo sonst. Leben bedeutet, im Akt des Schreibens befindlich zu sein. Danach, nach dem Schreiben, herrscht die große Verzweiflung. Wie wieder dorthin gelangen, wohin kein Wegweiser zeigt, wie diese Verwandlung noch einmal vollziehen, von der nicht zu sagen ist, wie sie sich vollzogen hat?

Schlagworte in Hülle und Fülle stehen bereit, um diese ungewöhnliche Disposition zu umkreisen: Depersonalisation, Deterritorialisierung, Dissemination, Dekonstruktion. Als ob es das gegeben hätte für Kafka: Personalisation, Territorium, Semantik und Konstruktion. Verneint wird, was nie bestanden hat. Brods Erfindung verneint sich selbst, um desto affirmierter aufzuerstehen. All das sind noch Reflexe dieser Erfindung, Effekte eines elaborierten Umgangs mit ihr. Die Zersetzung ist fester Bestandteil ihrer Setzung. Und da sie nun einen Grad völliger Zersetzung erreicht hat, kann man sie in toto besichtigen.

Wie einem Vampir der endgültige Tod, so ist Kafka die literaturhistorische Einordnung versagt geblieben. In Darstellungen der Literatur der Moderne nimmt er ausnahmslos eine Sonderstellung ein, läuft gewissermaßen außer Konkurrenz.[2] Kafka altert nicht, weil Altern in der Kulturgeschichte eine Frage der Semantik ist. Semantische Potentiale werden überholt, verlieren an Interesse, bleiben im Bezugssystem ihres epochalen Sinnhorizontes zurück. Dem Unbegreifbaren dagegen wohnt das Gen der Alterslosigkeit inne. Unbegreifbar ist wiederum vieles, was unsere Aufmerksamkeit nicht mehr erregt, was also *als* Unbegreifbares historisch geworden ist. Die Alterslosigkeit des Unbegreifbaren ist nur solange gegeben, wie das Unbegreifbare Signale aussendet, daß es begriffen werden will und solange es in den Empfangsantennen der jeweiligen Zeitgenossenschaft einen Impuls gibt, dem nachzugehen.

Das ist noch immer die Situation von Kafkas Texten. Von allen Dichtern des 20. Jahrhunderts ist Kafka derjenige, dessen Werk durch die Deutungen, die ihm zugetragen worden sind, am tiefsten in die Unbegreifbarkeit geführt worden ist. Ein Verlies, aus dem noch immer der Ruf nach Erlösung tönt. Ein Loch, um das herum sich noch immer die Retter drängen. Es ist zu einem Topos geworden zu behaupten, Kafka sei unergründlich. Und meist wird dieser Satz den Versuchen, ihn zu ergründen, vorangestellt. Befangen im hermeneutischen Zirkel, können wir nur über den Vorgang des Verstehens versuchen zu verstehen. Was sich aber dem Verstehen verweigert, gehört einer Welt an, in der das Verstehen per definitionem versagen muß.

Brods Erfindung funktioniert tadellos. Das Unbegreifliche ist der eigentliche Effekt beim Lesen und Interpretieren Kafkas. Zudem ist es nicht von dieser Welt. Das Unbegreifliche ist das Transzendente, ist Gott. Wer Kafka liest, ist Gott am nächsten, wie einst in den Augen Descartes derjenige, der sich mit Geometrie befaßte. Descartes glaubte an einen Gott der Logik und der klaren Linien. Der gottnahe Kafka-Leser glaubt an eine Welt als Labyrinth, aus der sich ihr göttlicher Schöpfer davongestohlen hat, weil ihn Angst vor seiner Schöpfung befiel. Das ist der dauerhafte Effekt von Brods Erfindung, aus diesem Grund ist sie so genial. Immer neue Lesergenerationen verlangten nach der Kafka-Lektüre und fanden darin das Labyrinth der modernen Welt wieder, also sich selbst, insofern sie eben diesen Fund bei Kafka erwartet hatten. Der Klang des Namens Kafka weckte den Eindruck einer sich selbst erfüllenden Prophezeihung. Man suchte und fand die negative Spiritualität einer Epoche ohne Gott. Die Gurus der Fundamentalontologie halfen dabei nach, allen voran Heidegger. Er lieferte das Vokabular und die Ideologie, die die frühen Kafka-Deuter auf den Pfad des Universalismus führten. Kafka als Prophet einer universellen Seins-Wahrheit. Nachzulesen bei Wilhelm Emrich, 1958. Letztlich sind das Sein und die Unbegreifbarkeit eins. Also hatte man ein Ergebnis vorzuweisen. Der alte Spiritualismus der Geisteswissenschaften war über Kafka transformierbar in eine Sphäre der Geistferne und der Vakanz Gottes. Der Geist weht, wo er will. Und wenn er nicht mehr will? Unvorstellbar. Der Geist wird immer wehen. Das läßt sich an Kafka beweisen.

Wenn es keinen Sinn gibt, dann gibt es immer noch einen Ort, an dem sich die Sinnlosigkeit zentriert: Kafka. Das Sinnlosigkeitszentrum ist immer noch ein Sinnzentrum. Das ist der kleine, effektive Trick, aus dem Brod seine Erfindung gewonnen hat. Was Kafka der Nachwelt hinterlassen hat, ist ein in bizarre Einzelteile versprengtes gigantisches Fragment, das er zudem gar nicht hinterlassen wollte. Brod war testamentarisch angewiesen, den Nachlaß zu vernichten. Unstatthaft wäre es, darin eine Koketterie des sterbenden Dichters sehen zu wollen. In allem, was Kafka schriftlich hinterlassen hat, sah er die Überreste seines Scheiterns. Seine Rolle als Schriftsteller lebte er zunächst in quälender Verzweiflung, dann in totaler Illusionslosigkeit. Der Schriftsteller kann das Haus nicht bewohnen, er kann es nur beschreiben und bekränzen, schrieb Kafka in einem späten Brief an Brod.[3] Der Schriftsteller ist ein Monstrum der puren Eitelkeit, des ekelhaften Selbstgenusses. Selbstgenuß geht ihm über alles, vor allem über die Möglichkeit, das Leben zu leben. Denn diese Möglichkeit lag nicht ganz und gar außerhalb jeder Reichweite. Das Schreiben hinderte ihn aber daran, sie zu ergreifen. Und was hat ihm das Schreiben gebracht? Was war der Lohn für den Teufelsdienst? Die Krankheit schließlich und ein langgezogenes Sterben.

Bei Kafka selbst finden sich keine überzeugenden Anhaltspunkte für die Erfolgsgeschichte, die Brods Erfindung geschrieben hat. Erst dieser Erfolg führte dazu, daß Kafkas Selbstabwertungen als Rhetorik des Genies gefeiert werden konnten. Ein Resultat der Kafka-Deutung, die Max Brod mit seinen frühen Ausgaben und seinen beiden Biographien ins Rollen gebracht hat. Sie ist darauf angelegt, in einem von seinem Autor willentlich gelöschten Werk Sinn und Bedeutung zu suchen, um bei der Erkenntnis anzugelangen, daß diese Suche keineswegs vergeblich ist. Provozieren uns doch die Texte immer wieder selbst zu dieser Suche. Belohnt wird sie durch den Aufenthalt in der Nähe des Ortes, wo die größte Ferne empfunden werden kann. Ferne Gottes, Sinnferne, Nichts, Chaos, Labyrinth, Perversion. Eine beschwerliche Fahrt ist es dorthin, wer aber einmal da war, wird immer wieder kommen. Das ist die Situation des Lesers und Interpreten. Kafka hat sie in seinen Texten tatsächlich vorweggenommen. Etwa in der Absicht, uns zu einem Aufenthalt bei ihm zu verlocken? Als Köder für eine unzählbare Leserschaft? Was für ein cleverer Schachzug zu einer posthumen Vermarktung.

Das Unbegreifliche ist nicht nur der Effekt seiner Texte, es ist ihr Ziel. Kafkas Texte führen den Leser bewußt an diesen Punkt. Das Ziel der Lektüre ist es, einen verstörenden Eindruck vom Unbegreiflichen zu bekommen. Hierin wirken Autor, Text und Leser gemeinsam. Im *Proceß* spricht es der Kaplan ein für allemal aus: »Die Schrift ist unveränderlich und die Meinungen sind oft nur ein Ausdruck der Verzweiflung darüber.« (P, 230). Schrift und Verzweiflung gehören zusammen. Verzweiflung folgt auf den Akt des Schreibens, dessen Abbruch den Autor vernichtet zurückläßt. Verzweiflung aber gehört untrennbar zur Schrift dazu, da erst die Meinungen der Interpreten dafür sorgen, daß sich die Schrift als unveränderlich erweist. Die Schrift und ihre Ausleger stellen ein Verbundsystem dar, dessen Funktionieren auf die Unantastbarkeit des Geschriebenen ausgerichtet ist. Kafkas Texte sind so gearbeitet, daß sie alle möglichen Deutungen in sich aufsaugen und neutralisieren. Aber diese Deutungen sind ihnen zugleich unabdingbar. Deshalb fordern sie die Deuter und ihre Deutungen heraus. Die Kafka-Philologie stellt ein die Texte komplettierendes Ergänzungsphänomen zur Konstituierung und Konsolidierung dessen dar, was Kafka *die Schrift* nennt.

Das Unbegreifliche ist also keine Verlegenheitsformel, auch keine mystische Vokabel der mutwilligen Verdunkelung. Es ist vielmehr das Zentralmoment einer literarischen Strategie. Kafka, der Konstrukteur dieser Strategie, deren Architektonik im Unbegreiflichen basiert, wäre geradezu eine Gegenkraft, ein Schubumkehrverfahren zu der Dynamik, die Max Brod mit seiner Erfindung auf den Weg gebracht hat. Der Stratege Kafka, das ist ein großartiges Scheitern an einer überdimensionalen Aufgabe. Was er wollte und was er vorgelegt hat, ist keine Deutung von Welt, weder religiös noch universalistisch. Sein selbstmörderischer Schreibtrieb wurzelt in dem Wunsch, sich selbst, den Versicherungsangestellten und ewigen Sohn, den zur Ehe unfähigen Liebhaber und den todunglücklichen Schriftsteller durch eine Kraft zu ersetzen, die größer und gewaltiger wäre als all diese Dinge zusammen, in deren Prozessieren diese Dinge Eingang und Aufnahme finden könnten und in dem sie mitsamt der unsinnigen Existenz ihres Subjekts verschwinden könnten: die Schrift.

Die Frage, was der Sinn des Unbegreiflichen sei, gewinnt damit eine neue Tonlage. Nicht mehr lautet sie übersetzt: Was bedeutet es, auf eine Metaphysik der Leere und der labyrinthischen Entgrenzung zu stoßen? Die neue Übersetzung lautet vielmehr: Was hat die Herstellung des Unbegreiflichen als Ziel der Literatur und des metaphysischen Denkens für eine Bedeutung? Was steht dahinter? Welchen Zweck verfolgt die literarische Strategie der Herstellung des Unbegreiflichen im Text? Welche Wege nimmt diese Strategie, welche Taktiken schlägt sie ein? Und wie gelingt es ihr, die Gier nach Deutungen zu wecken? Was somit in den Blick kommt, wäre der Konstitutionsrahmen von Schrift und Verzweiflung als ganzer. So wie die Verzweiflung das Autorsubjekt ausfüllt, wenn es den Körper der Schrift verlassen hat, so befällt sie den Leser angesichts dieser Texte und treibt ihn zur Interpretation. Der erste dieser Leser aber ist der Autor selbst, der nach der Niederschrift nicht zu sagen vermag, was er in seinem Text eigentlich sagen wollte.

Unausdeutbarkeit und Unbegreifbarkeit sind Phantasmen, die der Autor Franz Kafka selbst entwickelt und in seinen Texten entworfen hat und die die interpretierende Forschung erst ganz auszufüllen hatte. Sie hat diese ihr auferlegte Pflicht zur Genüge erfüllt. Läßt sich Brods Erfindung jetzt also entmystifizieren? Und wäre damit eine historische Einordnung möglich, die Kafkas künstlerische Leistung aus dem Gewirr der ineinanderlaufenden Ebenen von biographischer und werkimmanenter Spekulation und von den Monstren der Überinterpretation und der kruden Popularisierung herauszulösen vermag? Wie für andere Autoren seiner Generation müßte es möglich sein, Kafka einen Platz im geistigen Horizont der Moderne zuweisen zu können, aus dem er nicht mehr als ›Heiliger der Literatur‹ oder als ›Weiser aus dem Morgenland‹ herausragt. Es zeigt sich, daß Kafkas Schreiben im Kontext einer kulturgeschichtlichen Entwicklung steht, die zu Beginn der zwanziger Jahre von vielen vornehmlich jüdischen Intellektuellen aufgegriffen und ausgebaut worden ist. Es handelt sich dabei um einen apokalyptisch-messianischen Horizont, den Kafka im Gegensatz zu Ernst Bloch, Georg Lukács oderWalter Benjamin nicht explizit als Denker, sondern als Praktiker der Schrift aufgegriffen hat. Als solcher aber erweist er sich als ein Denker neuer Ordnung, der durch den Körper der Schrift die Differenz von Denken und Sein überwindet. Als Denker stünde Kafka somit als erster in einem tatsächlichen Jenseits der Metaphysik. Er hat das logologische Denken abgelöst durch eine physiologische Praxis. Ihr Ziel ist nicht Erkenntnis, sondern die perspektivische Inkarnation eines Körpers der Schrift. Wahrheit ist ebenfalls nicht das Ziel, sondern der Untergrund dieses unerforschlichen, unbegreiflichen Körpers.

Der Mythos von der Originaldichtung, die vom Himmel gefallen sei, kann nicht länger aufrecht erhalten werden.[4] Des Rätsels Lösung mag darin bestehen, daß man sie irgendwann nicht mehr im Rätsel selbst sucht, sondern sich fragt, welchen Sinn es denn gehabt haben möge, das Rätsel zu stellen und vor allem, es gerade so zu stellen, wie es gestellt ist. Des Rätselratens müde, fragt man nach dem Sinn der Suche. Eine Verlegung des Blickpunkts.

Fast zwangsläufig führt die Kafka-Lektüre zu der Konstruktion eines impliziten Autors. Einiges, auf das man in den Texten stößt, verführt dazu, nicht zuletzt die Spiele, die Kafka mit seinem Namen durchführt und deren signalhafte Wirkung immer wieder auf den Namen des Autors zurückweisen. Dieser Autor hat sich kryptogrammatisch in seine fiktiven Welten eingelagert und bringt uns dazu, von der Lektüre der Texte auf den in ihnen verschwundenen, impliziten Autor zu schließen. Das Bild, das so entsteht, ist aber nicht das einer biographischen Gestalt, die gelebt und geschrieben hat, sondern die Bildlosigkeit eines Lebens, das gar nicht stattgefunden hat oder besser, das gewesen ist, ohne stattgefunden zu haben. Das ist die unumstößliche Wahrheit dieses Lebens, das vor den Leseraugen entsteht. Das Fundament der Konstruktion, die Kafka via Max Brod bei seinen Lesern in Auftrag gibt: der aus den Texten zu erschließende Autor, der, als nie ganz zu fassender, Inbegriff des Unbegreiflichen wäre. Hierin kommen psychisches Subjekt und transsubjektiver Mythos zur Konvergenz. Psychopoetik und Mythopoetik wirken ineinander und zwar so, daß das psychische Potential im Mythischen des Textes in zweifacher Weise aufgehoben ist, gerettet und gelöscht.

Kafka dokumentiert in jeder Zeile das Ungelebte und Unlebbare seines persönlichen Daseins, er sieht sich zugleich pränatal und postmortal, in utero und im Sarg. Das ist sein fataler Doppelblick, das sind seine wahren Aufenthaltsorte beim Schreiben, das ist die Zuständigkeit des Körpers der Schrift. Ein Blick, der gleichzeitig aus dem Mutterleib und aus dem Sarg kommt, der Uterus als vorweggenommenes Grab, der Sarg als entstellte Gebärmutter. Beides negiert die Selbstverständlichkeit und die Logik des biographischen Subjekts. Dieses lebt sein Leben an diesen Orten gerade nicht, es kann sich an den ersten Ort nicht mehr erinnern und weiß nicht, was mit ihm sein wird, wenn es im zweiten angekommen ist. Es ist der Blick eines ungeborenen Toten, eines Menschen, der den Sarg sucht, weil er der stillste und letzte aller Orte ist, der Ort eines Schreibens ohne Sinn und Zweck, eines Schreibens, das unweigerlich dorthin führen muß, wo man schon ist, in den Sarg. Es ist aber auch der Blick des Ungeborenen, der sich zur Geburt nicht entschließen kann und dessen Schreiben das Zulaufen auf eine Geburt ist, die nie stattfinden wird. Sein Leben sei das Zögern vor der Geburt, schrieb Kafka in sein Tagebuch, in dem es von Bildern wimmelt, die diese Vorläufigkeit und dieses Zu-Spät zum Ausdruck bringen. Schreiben als Existenzform dessen, den der Tod erlöst hat. Und als Existenzform dessen, der immer wieder vor seiner Geburt zurückschreckt. Ein Ideal also, das Erlösung von der körperlichen Existenz mit dem Aufschub des Ins-Leben-Tretens verknüpft, eine Kombination, in der sich die Ambiguität des Schreibaktes manifestiert. In ihm findet der Körper die Erlösung von sich selbst, um zugleich gewahr zu sein, daß dieser Zustand nur einen kurzfristigen Aufschub zur Rückkehr in diesen Körper darstellen kann.

Das biographische Subjekt, dessen Lebenslinie die Herausbildung des Werkes entspricht, ist bei Kafka negiert zugunsten einer Daseinsweise, die an den Randbereichen der Existenz liegt, im Noch-nicht-Sein und im Nicht-mehr-Sein. Das sind die Inkarnationssphären eines Körpers, der ganz mit der Schrift verschmilzt, der zu einem Körper der Schrift wird. In diesem Fokus erlischt jede Form von Dualität. Geist und Körper, Leben und Schreiben, Denken und Sein – all diese Pfeiler der schöpferischen Logik zerbröseln zu Staub. Der körperliche Begriff des Schreibens, der Akt, ersetzt das imaginäre Ziel des Schreibens, das Werk.

Die Werkbaumeister des 20. Jahrhunderts, allen voran Thomas Mann mit seinem Stolz auf die bürokratisch genaue Dokumentation jeder Lebensregung, betreiben die karikaturhafte Auflösung des werkhaften Schreibens ins Museale. Auch Thomas Mann rechnete fest mit der Germanistik. Auch ihm hat sie ihren Dienst nicht versagt. Dienstleistung an Toten: ein einzigartiges Gewerbe. In jedem Paragraphen von Thomas Manns Prosa stößt man auf ein neues Symbol, das sich im Scheinwerferkegel der Interpretation windet, mit der Nase stößt man förmlich darauf und spürt die Absicht. Eigenartig, daß nur wenige verstimmt reagieren. Manns Wille zum Werk produziert Dichtung als stilistischen Selbstgenuß, hinter der der Dichter die Pose des Zauberers einnimmt und unter Beifall behauptet. Dem wollte Kafka zeitlebens entgehen. Deshalb allein schon konnte er sich mit einem imaginären Begriff des Schreibens nicht abfinden. Der Körper der Schrift ist das Andere der biographisch akkumulierten Würde des Großschriftstellers. Kafkas Literatur ist eine kleine Literatur – darauf hat er selbst hingewiesen und nach ihm noch einmal Deleuze und Guattari.[5] In diesem begrenzten Rahmen geht es um leibhaftige Erlösung. Die kann es nur geben in einem Bezirk, der *vor* jeder Bedeutung liegt. Da wir aber immer schon in Bedeutungen leben, muß der vor-semantische Bezirk durch und mittels des semantischen Materials hergestellt werden. Literatur wird so zu einem transsemantischen Vorgang – mit den Bedeutungen über sie hinaus in die Sphäre des Unbegreiflichen. Eine mythische Sphäre, die an einem Ort vor dem Beginn jeder Erzählung liegt, die statt hat, bevor Gott Atem holt; das ist der Augenblick, da sich die Welt dem Erzähler – wie Kafka sagt – in wundersamer Wollust hingibt.

Der Körper der Schrift ist weiblich. Seine eigentliche Konkurrenz findet er in den leibhaftigen Frauen. Er sucht ihre Nähe, um sie mit seinen eigenen Waffen zu bekämpfen: mit Worten, Sätzen, Satzkaskaden. Sein Bedürfnis, begehrt zu werden, ist so groß wie sein Wunsch zu gebären. In beidem verlangt er nach Ausschließlichkeit. Deshalb bekämpft er die reale Frau. In dem Augenblick, da sich Kafka als Schriftsteller erfährt – Ende September 1912 – taucht auch die Frau in seinem Leben auf, Felice Bauer. Sie ist da, um bekämpft zu werden. Sie ist da, um vom Körper der Schrift zerstört zu werden. Die dazu bereitstehenden Waffen sind Briefe, bis zu drei an einem Tag, Briefe aus dem Büro und aus tiefster Nacht, ein Dauerbeschuß, den niemand übersteht. Felice war dennoch sehr standhaft. Auch das ein Rätsel.

Text und Schrift sind nicht identisch. Der Unterschied ist kategorial. Die Schrift ist das Andere der Verzweiflung, der Text aber ist das Objekt der Verzweifelnden. Wilhelm Emrich beharrt darauf, daß die Verzweiflung nichts anderes sei, als die »Kehrseite egoistischer Verblendung. Sie entspringt dem trotzigen Gefühl, von der Welt nicht anerkannt, gewürdigt, verstanden worden zu sein.«[6] Psychologisch gesehen mag er recht haben. Bei Kafka allerdings haben wir es mit Metapsychologie zu tun. Vielleicht ist der Mensch Franz Kafka nie über den Zustand ›egoistischer Verblendung‹ hinausgekommen, fest steht jedenfalls, daß es seinen Interpreten zumeist ebenso ergangen ist. Verzweiflung ist das Ergebnis des Versuchs, durch Textinterpretation ein durchgreifendes Verstehensmuster zu erlangen. Interpretation als die Rekonstruktion philosophisch-theologischer Theoreme aus dem dichterischen Text. Die Verblendung besteht darin, in der Interpretation die Ersetzung eines Mediums (des poetischen) durch ein anderes (das theoretische) zu vollziehen. Dies unter der Prämisse, das ersetzende Medium könne die Gehalte des ersetzten überhaupt erst verständlich zum Ausdruck bringen, die Interpretation erbringe also eine zwar perspektivisch gesetzte, darin aber angesichts der Möglichkeiten und Bedingungen des Verstehens haltbare ›Wahrheit des Textes‹.

Einen verläßlichen Anhaltspunkt für die Interpreten bot Kafkas psychisches Leben. Eine Orgie der persönlichen Defizite. Die neurotischste aller bürgerlichen Existenzen. Das verlorenste Schaf, nein, mehr noch, das Schaf, das diesem Schaf nachläuft. So steht es im Tagebuch. Überall ist dieses unmögliche Subjekt in die Texte eingeflossen, es ist, als schriebe Kafka in leicht durchschaubarer Bildlichkeit von sich selbst. Aber – wir werden es sehen – dieses Ich ist nur ein Stellvertreter. Ein täuschend ähnliches Double zwar, aber immerhin ein Double. Klar, daß es ständig die Hauptrolle übernehmen will. Kafka überläßt sie ihm bedingungslos. Der in die Schrift verschwindet, entläßt das völlig orientierungslose Schaf in den Text, das Psychoschaf, ein literarischer Klon erster Güte. Der in die Schrift verschwindet, kennt nur diese eine Rettung: Schreiben. Er glaubt nicht an Freud und die therapeutischen Möglichkeiten der Psychologie. Er spielt viel lieber mit Freuds Welt, mit den abendländischen Chimären des Unbewußten, Ödipus Rex, Vatermord und Inzestwunsch, wie gierig nahm man das auf bei den Erfüllungsgehilfen der Interpretation. Es ist, als habe Freud in der Prager Altstadt ein Versuchsschaf ausgesetzt, das permanent Rechenschaft von sich gibt. Und zugleich seines Züchters permanent spottet. *Agnus dei absconditi.*

Der Text ist ein taktisches Feld. In ihm produziert sich ein Monstrum von einem Ich, um ein anderes in die Versenkung zu führen. Versenkung in den Mythos der unabänderlichen und unbegreiflichen Schrift. Die Wahrheit liegt nicht im Text, sie ist gleichbedeutend mit der Schrift. Wer aber den Text deutet, geht an der Schrift vorbei. Wer auf die Psyche zielt, verfehlt den Mythos. Da Verstehen nur im Text liegen kann und die Interpretation sich folglich auf den Text beziehen muß, trägt sie unweigerlich dazu bei, den Mythos der Schrift – das Unbegreifbare – zu vervollkommnen. Hinter dem profan zu deutenden Text (psycho-logisch, sozio-logisch, logo-logisch) liegt die heilige Schrift. Sie ist – im Gegensatz zum Text und seiner Deutung –

nicht geistiger Natur, sondern Körper. Ihre Inbesitznahme ist nicht intellektueller Art, sondern sexueller. Inbegriff der heiligen Schrift ist der Koitus. Schrift und Koitus sind für Kafka identisch, der Hauptgrund für die Unmöglichkeit der Ehe. Der wirkliche Beischlaf mit einer Frau wäre ihm wie die äußerste Form des Verstoßenseins ins Unglück, in die Erlösungsferne vorgekommen: »Der Coitus als Bestrafung des Glücks des Beisammenseins. Möglichst asketisch leben, asketischer als ein Junggeselle, das ist die einzige Möglichkeit für mich, die Ehe zu ertragen.« (T, 198) Ein Ehemann mit Horror vor dem Beischlaf. So hat er sich im Ernst gesehen. Dagegen: Schreiben als Koitus mit sich selbst. Gegen die Braut Felice stand eine übermächtige Geliebte, eine Konkurrentin, die um so reizvoller wurde, je mehr Felice auf eine Verbindung drängte. Kafka brauchte die Braut, um die sexuelle Attraktion seiner Geliebten zu steigern.

Der Umgang mit einem dichterischen Text ist gemeinhin ein anderer als der mit der Heiligen Schrift. In der Heiligen Schrift liegt die Wahrheit immer schon beschlossen, sie wird aus ihr offenbart, so daß die Lektüre zu einer Art Meditation wird. Auch die theologische Exegese geschieht nicht unter dem Anspruch, man formuliere in ihr die Wahrheit klarer und deutlicher, als dies in der Heiligen Schrift bereits geschieht. Der dichterische Text dagegen wird als ein Phänomen der Kunst verstanden. Die Ermittlung der darin liegenden Wahrheit vollzieht sich im Zusammenspiel von Autor, Text und Leser (Interpret). Diese Wahrheit ist immer perspektivischer Art, bezweifelbar, diskutierbar, wandelbar. Genau genommen ist es gar keine Wahrheit. Denn das zentrale Kennzeichen der Wahrheit ist ihre Unteilbarkeit. Gäbe es neben der Wahrheit noch etwas anderes, das nicht Wahrheit genannt werden kann, so wäre dies unweigerlich dem Bereich der Lüge zuzuschreiben. Literatur ist immer der Lüge zugehörig, da es in ihr mehrere Wahrheiten geben kann, die untereinander konkurrieren. Die ›Wahrheit‹ der Interpretation kann daher aus Kafkas Sicht niemals Wahrheit genannt werden. Wenn Kafka mit einem Text zufrieden war, wie etwa bei der Ausarbeitung des *Landarztes*, dann sprach er von seinem Schreiben als dem Reich des Reinen, Wahren und Unabänderlichen. »Zeitweilige Befriedigung kann ich von Arbeiten wie ›Landarzt‹ noch haben, vorausgesetzt, daß mir etwas Derartiges noch gelingt (sehr unwahrscheinlich). Glück aber nur, falls

ich die Welt ins Reine, Wahre, Unabänderliche heben kann.«
(T, 333) Kafkas Anspruch beim Schreiben ist der der unteilbaren Wahrheit. Und eben darin liegt der Unterschied zwischen
Literatur und Schreiben, zwischen Text und Schrift, zwischen
dem Interpretierbaren und dem Unbegreiflichen.

Der artistische Perspektivismus, für den man Kafka rühmt
und aufgrund dessen man ihn zum Inbegriff moderner Literatur erklärt hat, wird von Kafka selbst in einer Zielsetzung betrieben, die als antimodernistisch bezeichnet werden kann. Es
geht ihm um die Herstellung einer Schrift, die nicht weniger
undurchdringlich und unangreifbar wäre wie eine heilige
Schrift. Darin wäre sie mit der Wahrheit identisch. Die Schrift
wäre gegen Interpretation immun, eine Tatsache, die sich einzig und allein durch die Anstrengungen der Interpreten zu erweisen hätte. Was im Ablauf der Interpretationen geschieht, ist
der Abbau der Perspektiven, die der Text ausstreut, Abbau in
Form von Intellektualisierung, Überführung der im Text angelegten Möglichkeiten in Begriffe und Metatexte. Das bedeutet
Ausdehnung der Relativität des Textes auf den Bereich der allgemeinen Diskurse. Die Summe der Relativierungen gibt den
Text wieder frei, da jede Interpretation irgendwann einmal ihre
Widerlegung gefunden hat. Der Text ist dann nichts anderes
als das unbegreifbare Felsgebirge, das Kafka in seiner Version
des Prometheus-Mythos nach allem Geschehen, aller Erzählung
und aller Erinnerung übrig läßt. Der Kern der Texte also liegt in
einem vorsemantischen Raum, so dauerhaft wie die unbelebte
Natur, wie das Felsgebirge, das auch schon da war, bevor es
Prometheus gegeben hat und das noch immer da ist, nachdem
der Mythos auch von den Göttern vergessen worden ist. Das
Bild vom Felsgebirge ist zugleich Ausdruck für die physische
Gewalt dieser Wahrheit. Sie geht über alle Relativierungen hinweg. Der Grad der Beliebigkeit ihrer Deutung bringt ihre wuch-
tige Präsenz nur klarer zum Vorschein.

Nach über fünfzig Jahren intensiver Kafka-Forschung ist das
Abschreiten der denkbaren Perspektiven längst geleistet. Schon
1974 konnte ein Forschungsbericht das gesamte Spektrum moderner Deutungsansätze hinsichtlich Kafkas Werk dokumen-
tieren.[7] Das Phänomen Kafka blieb davon in eigentümlicher
Weise unberührt. Die Forschung der achtziger und neunziger
Jahre hat sich daher mehr der Frage zugewandt, wie Kafka von

sich, von seinen Texten her zu verstehen sei, nachdem man die zum Teil ideologische oder auch nur aufgesetzte Erscheinungsform vieler Deutungsperspektiven erkannt hatte. Dadurch gewann die Idee des impliziten Autors, den die Texte suggerieren, immer deutlichere Konturen. Rückblickend läßt sich sagen, daß dieser zweite Anlauf der Kafka-Forschung, in dessen Verlauf es zu der von Malcolm Pasley und vielen anderen koordinierten *Kritischen Ausgabe* gekommen ist, den Textgehalt des impliziten Autors fundamental zugrunde legt.

Inzwischen kommt ein dritter Ansatz zum Tragen. Er orientiert sich an einem Punkt, der für Kafka offensichtlich der zentrale und wesentlichste seines Schaffens gewesen ist, am Phänomen der Schrift. Die Differenz von Text und Schrift ist vor diesem Hintergrund essentiell. Das von Roland Reuß und Peter Staengle in Angriff genommene Projekt einer *Historisch-Kritischen Ausgabe sämtlicher Handschriften, Drucke und Typoskripte* Kafkas geht von einer grundlegenden Tatsache in Kafkas Kreationsprozeß aus, von der Tatsache der Tilgung, Streichung und Auslöschung des gesamten Nachlasses durch Kafkas letzten Willen, den dieser an seinen Freud Max Brod auf drei handschriftlich beschriebenen Zetteln herangetragen hat. Max Brod aber hatte diesen Nachlaß erst zusammenzutragen, bevor er ihn hätte vernichten können. Die Texte befanden sich in alle Himmelsrichtungen verstreut, lagen bei den unterschiedlichsten Personen aus Kafkas näherem Bekanntenkreis und mußten somit erst einmal gesammelt und gesichtet werden. Dennoch, bereits die drei Zettel, auf denen Kafkas letzter Wille geschrieben stand, gehörten zu seinem schriftlichen Nachlaß, und wäre Brod der darauf verzeichneten Bitte nachgekommen, hätte er die Zettel und den darauf befindlichen Text ebenfalls vernichten müssen. Dann wäre der übrige Nachlaß – wie die drei Zettel – als ein gelöschter zu lesen. Er wäre aber in jedem Falle *zu lesen*. »Die Bitte, den Nachlaß als ganzen ungelesen auszulöschen, strich sich selbst durch den Vollzug der Lesebewegung durch und war nur als durchgestrichene noch zu lesen.«[8]

Die Herausgeber der *Historisch-Kritischen Ausgabe* folgern daraus, daß wir bei der Lektüre von Kafkas Nachlaß Texte lesen, die als gestrichene gelesen werden *sollen*. Das ist nicht bloß eines der vielen Paradoxe, denen wir bei Kafka begegnen. Es ist das Zentralparadox. Beim Lesen des Gestrichenen dringt der Leser jedesmal in einen ihm eigentlich verwehrten Bezirk vor, verletzt ein Tabu, verhält sich entgegen dem letzten Willen des Autors, indem er diesen erfüllt.

Lesen, was gestrichen wurde. Das Streichen des gesamten Werkes gehört in die Souveränitätszone des Autors. Was wir nun aber beim Lesen des Gestrichenen tun, ist die Auslöschung des Autors Kafka als des Souveräns der auf sein eigenes Schaffen bezogenen intentionalen Akte. Dieser Vorgang verweist uns auf die Existenz der Schrift jenseits ihrer willentlichen Zurüstung durch einen Autor. Auf die Existenz einer Schrift, die aus der Kontrolle und Obhut dieses Autors gerade durch die Einlösung seines letzten Willens herausgelöst worden ist und nun als freigesetzte, an ihren Urheber nicht mehr rückgebundene erscheint.

Das ist der Punkt, an dem man sich von der Vorstellung eines aus den Texten erwachsenden impliziten Autors Franz Kafka verabschieden muß. Der implizite Autor ist durch die freigesetzte Schrift getilgt. Das kann nur heißen: der Autor hat sich in seine Texte dergestalt eingeschrieben, daß seine biographische Existenz gerade durch die Existenz der Schrift verdeckt, ja aufgelöst wird. Die Schrift erlangt so die Dimension des ursprungslosen Mythos gegenüber dem an den Interpretationsgegenstand des impliziten Autors gebundenen Text.

Die Schrift trägt die Kennzeichen der Ursprungslosigkeit des Mythos. Sie ist keineswegs interpretierbar gemäß den Intentionsimpulsen des Autors, sei er nun als manifeste biographische Figur oder als implizit im Text vorhandener Autor imaginiert. Die Schrift ist nicht Spiegel und Speicher eines Lebens oder gar des Lebens im allgemeinen, sondern ein unerforschtes und unerforschliches Massiv. Wohl ist es zur Erforschung freigegeben, seine Hieroglyphik ist durchgestrichen, was die Neugier der Forscher ins Unendliche steigert. Sie sind Agenten der Verzweiflung. Sie sind in einem Zirkel befangen, der dem entspricht, der sich zwischen K. und dem Schloß aufbaut. Wieso hat sich K. in den Einflußbereich des Schlosses begeben? Warum will er unbedingt an den innersten Bezirk dieses Gebäudes herankommen, wo ihm doch alle zu verstehen geben, daß dies niemandem gestattet sei? Und warum kann er von diesem Zwang nicht mehr loskommen? So wie K. an dem Versuch scheitert, ins Schloß zu gelangen, so mißlingt den Entzifferern das Unternehmen der Entzifferung.

»Blieb das unerklärliche Felsgebirge«, heißt es in Kafkas Prometheus-Text. Die Schrift ist gleichbedeutend mit diesem Felsgebirge. Ihr mythischer Gehalt ist vorsprachlicher Natur, er fällt noch vor die Erzählzeit der Mythen zurück. »Die Sage versucht das Unerklärliche zu erklären; da sie aus einem Wahrheitsgrund kommt, muß sie wieder im Unerklärlichen enden.« (Beim Bau der chin. Mauer, 192). Der Wahrheitsgrund liegt in diesem vorsprachlichen Raum des Unerklärlichen. Die Wahrheit ist gegenüber ihren Deutungen autark. Alles, was gewesen ist und gewesen sein wird, fällt in ihren Grund zurück. Die Schrift tritt uns bei Kafka wie ein Naturphänomen entgegen. Allerdings ein mythisch aufgeladenes Naturphänomen. Besetzt mit Bedeutungen bis über die Ränder hinaus. Aber diese Bedeutungen gleiten zugleich daran ab, finden keine Haftung und verlieren sich in der Bedeutungslosigkeit. Bestehen bleibt die Schrift. Sie zieht die Bedeutungen, die sie abweist, magisch an. Gerade darin, im Unbegreiflichen, zeigt sich ihr mythischer Gehalt.

Wenn es das war, was Kafka angestrebt hat, dann ist es eine Ebene, auf der sich der Autor als biographische Figur nicht mehr dürfte ausmachen lassen. Als solche müßte er im Text buchstäblich verschwunden sein. Das Moment der Intentionalität, das Anstreben dieser Situation, verlöre seine Geltung. Kafka erreicht dies, *obgleich* er es nicht anstrebt und *weil* er das Gegenteil, die Streichung des Nachlasses, angestrebt hat. Er erreicht es also *nicht*, da er nirgends vermerkt oder nachweisbar werden ließe, daß er es erreichen will. Vielmehr ist das Gegenteil der Fall. Durch die Streichung des Nachlasses wird der Autor endgültig von der Schrift aufgesogen, die nun nicht mehr seine Schöpfung darstellt. Wer liest, was der Autor gestrichen hat, liest, was es nach dem Autorwillen gar nicht mehr geben dürfte. Diese Tabuverletzung ist der Sündenfall der Kafka-Deutung. Denn sie las die Texte zumeist so, als seien sie nicht gestrichen worden. Gemäß der Erfindung Brods las man das Gestrichene wie ein posthum zusammengewachsenes Werk. Dadurch gelang es, die Spaltung von Text und Schrift zugunsten eines sprechenden Textes zu ignorieren. Die Schrift aber ist der Text als gestrichener. Wer liest, was gestrichen worden ist, rührt ans Unbegreifliche, ohne dieses noch begreifen zu können. Denn wer das Unbegreifliche als solches wahrnimmt und anerkennt, dem verbietet sich das Begreifen per se. Wem aber wäre dies möglich? Wer könnte das leisten? Niemand. Deshalb wird auch der, der liest, was gestrichen wurde, noch versuchen zu verstehen, was die Bedeutung dessen ist, das er gelesen hat. So erfüllt sich eine Strategie, die sich *als* Strategie in der Geschichte ausgelöscht hat.

Mumie, Kunstfigur, Kinostar

Prag ist ein Monument, eine groß angelegte Kulisse. Wie fast nirgendwo sonst in Mitteleuropa sind in der Prager Altstadt die historischen Schichten ohne auffällige Brüche ineinandergewachsen. So hat sich ein Ensemble von Bauten und Strukturen zu einer Komposition vereinigt, deren Schöpfer die Geschichte selbst zu sein scheint. Das Wachsen der Zeit durch ihre Schichten hindurch, Geschichte also im buchstäblichen Sinne, wird in Prag greifbar. Geschichte bleibt als Geheimnis bestehen, als Schichtung von Lebensläufen, die der Tod nicht beendet hat. Das ist die historische Tiefendimension, in die Kafka im Jahre 1883 hineingeboren wird und die sich in ihm wiederfindet, ebenso überwirklich, ebenso ereignishaft unerklärlich wie die Stadt selber. Wenn man sich fragt, wie Kafka auf seine surrealen Labyrinthe in Hotel Occidental, im Gericht oder im Schloß kommen konnte, so muß man sich nur das Bauprinzip der Prager Altstadt vor Augen halten, die Bezirke der sogenannten *Durchhäuser*. Es ist der Ausbau der Stadt von der Straße her nach innen. Die Stadt wurde so zu einem großen Interieur, zu einer geschlossenen Welt mit Treppen, Arkaden und rundum laufenden Balkonen. Alles greift ineinander. Die Benutzung von Straßen wird für den Städter überflüssig. Das Innere der Stadt ist ein großes System von Gängen, ohne Zentrum und ohne zentralen Ausgang. Ein Labyrinth.

Gewiß stellte das Prinzip des *Durchhauses* wie überhaupt die Baustruktur der gesamten Prager Altstadt eine Anschauungskomponente für Kafkas Phantasie dar, die sich sonst nirgends so finden läßt und zweifellos hat diese Anschauung auf seine Phantasie eingewirkt. Insofern ist der Dichter und seine Imagination untrennbar mit dem Ort verknüpft, an dem er gelebt hat. Doch ist Kafkas Welt nicht allein auf dieser kausalen Ebene zu erklären. Sie präsentiert eine eigenständige Sphäre, die nicht bloß an die Erscheinungsformen der Stadt Prag angelehnt ist, sondern sich gegenüber dieser Welt verselbständigt. So wie auch

Prag ein ganz eigenständiger, auf unzähligen Metamorphosen aufgebauter Kosmos zu sein scheint, wenn man sich darin bewegt. Beides – die Stadt wie die Vorstellungswelt des Dichters – tendieren ins Unwirkliche, Überwirkliche, durchdrungen von einer geschichtlichen Struktur, die unbezweifelbar vorhanden und wirksam ist, die man jedoch logisch nicht nachzuvollziehen vermag.

Das ist der leichte Schock, der den Besucher heute noch befällt. Europäische Geschichte scheint hier abgelöst von jeder Logik auf den Betrachter einzustürmen. Noch immer ist es das Prag, das Rudolph II. am Ende des 16. und am Anfang des 17. Jahrhunderts mit seiner Vorliebe für das Bizarre und Skurrile durchgestaltet hat, die, wie Gustav René Hocke schreibt, »Drehscheibe europäischer ›Extravaganzen‹ und ›Modernismen‹«, der »manieristische Mittelpunkt des gesamten transalpinischen Europa«.[9]

Von Prag geht die Artifizialität eines nichtorganischen Geschichtsbildes aus, in die sich Kafka mühelos einpaßt. Nicht zuletzt unter diesem Gesichtspunkt ist Kafka als reale biographische Gestalt kaum akzeptierbar. Stellt man sich vor, er käme einem plötzlich in wahrhaftiger Gestalt entgegen, so hat man sofort das Gefühl einer bedrängenden gespensterhaften Unwirklichkeit, über die man lachen möchte, ohne es zu können. Es wäre die Ahnung eines scheuen, flüchtigen Schattens, der auf verschlungenen Wegen zu einer Berühmtheit wider Willen gelangt ist, die ihn, diesen Untoten, zu eben derselben Flucht zwingt, zu der ihn schon seine Lebensumstände und seine psychische Verfassung gezwungen haben. Gerade deshalb hält man es für nicht völlig unwahrscheinlich, daß er einem zwischen Teinkirche und Karlsbrücke oder oben auf der Burganlage doch entgegenkommen könnte.[10] Denn Kafka ist, im Gegensatz zu den anderen verstorbenen Protagonisten der literarischen Moderne, kein wirklich toter Dichter. Die Stadt konserviert, so scheint es, auch seine Lebensenergie in ihrer *alles* Geschichtliche konservierenden Gestalt. Das ist das Faszinosum Prags mit Kafka mittendrin. Aber etwas anderes kommt hinzu. Kafkas Schriften haben selbst dieses Alterslose, Undurchdringliche und Unentschlüsselbare. Was er geschrieben hat, hat die Geschichte aufgesogen und gibt es nicht mehr frei für den natürlichen Prozeß der Alterung. Das ist das Faszinosum des Werkes, das sich den alteuropäischen Komplex im Synonym Prag und der dort vorfindbaren Atmosphäre anverwandelt hat, um ihn Sprache werden zu lassen. Es hat allein schon deshalb keinen Sinn, sich der Faszination, die von dieser Hyperwirklichkeit ausgeht, entziehen zu wollen, um in kleinmeisterlichen Deutungen Kafkas Welt zu enträtseln. In ihm ist die Welt des alten Europa an der Schwelle zur totalen Modernität in ähnlicher Dichte Sprache geworden wie das Mittelalter in Shakespeare an der Schwelle zu Neuzeit. Und ist nicht auch Shakespeare eine Gestalt ohne Körper, ohne Biographie?

Kein anderes Medium steht zur Verfügung für dieses Sprachewerden eines ganzen historischen Komplexes als das der Kunst. An der Schwelle der Epochen scheint es so, als suche sich die Kunst einen Namen, unter dem sie firmieren kann, ohne ihre innersten Geheimnisse preisgeben zu müssen. Kafkas Situation ist die der *Schwelle*. Er befindet sich im Übergang in eine Zeit, die den Aufschichtungsvorgängen des historischen Wachsens zu entgehen versucht, indem sie an die Stelle dieses linearen Baus die Zirkulation des Immergleichen treten läßt. Darin liegt der Bruch zwischen alteuropäischer Geschichtlichkeit und Modernität. Die Katastrophe der Moderne besteht, darauf hat bereits Marx, noch vehementer aber schließlich Benjamin hingewiesen, in der Reproduktion des Immergleichen, in der Abkopplung des Menschen von der Geschichte, in seiner Funktionalisierung auf einen Reproduktionsmechanismus. Kafka, aufgewachsen in der europäischen Stadt, die sich scheinbar am besten immun gemacht hatte gegen den Durchbruch der technisch-zivilisatorischen Moderne, die den Verzögerungsimpuls der Habsburger Monarchie zudem voll aufgenommen hat, befindet sich, obgleich die zweite industrielle Revolution Europa bereits lange erfaßt hat, noch immer an der Schwelle. Die Retardationstendenz des alten Prag und das Bewußtsein einer irreversiblen Modernität treffen um die Jahrhundertwende 1900 hier zusammen, um eine geistige Kettenreaktion auszulösen.

Das Zögern vor der Geburt muß man als Aussage nicht nur und nicht zu allererst persönlich deuten, etwa auf die von Kafka selbst vertretene These eines *ungelebten Lebens*, einer niemals zu sich selbst kommen könnenden Vitalität hin. Es klingt darin auch das historische Zögern an, das Kafka empfunden haben mag, das Zaudern vor dem Durchbruch in eine andere Zeit-

und Raumzone, die das Gewesene, im tradierten Sinne Geschichtliche endgültig hinter sich läßt, die es löscht, indem sie es den raumzeitlich ungebundenen Datenbanken einspeist, ins selbstläufige Arbeiten der Systeme überführt.

Kafkas Augenblick ist der Augenblick des Gefrierens einer Epoche, die gerade eben abgelaufen ist und durch Sprache ihren Verfall außer Kraft zu setzen versucht. Dieses Resistentwerden ist ihr offensichtlich gelungen. Kafka beschreibt diesen Vorgang nicht, vielmehr hebt er dessen Bild ins Unbegreifliche und macht ihn damit unangreifbar. Dadurch aber kommt es zu einer weiteren Metamorphose. Das Bild der Zeit nämlich ist Kafkas eigenes Bild, er verschmilzt vollständig mit seinem Tun, er ist kein Historiker und kein Romancier, der seinen Beschreibungen gegenüber äußerlich bleiben könnte. Kafka selbst wird mit und durch seine Schriften zu dieser Gestalt potenzierter Unbegreifbarkeit, zu einer *Kunstfigur*. Die Beschreibungen seines Lebenslaufes erscheinen relevant nur insofern, als man sie als Beschreibungen seines Kampfes um das Schreiben lesen kann. Denn der Kampf um das Schreiben überdeckt alles bei ihm, auch die Frauenbeziehungen sind reine Schreibbeziehungen, der Körper wird tendenziell zu einer zu beschriftenden Fläche, die Beschriftung zu einem sadomasochistischen Akt, wie es vor allem die Erzählung *In der Strafkolonie* drastisch vor Augen führt. Darin liegt die Dynamik der Metamorphose der biographischen Gestalt Kafkas in jenes *Medium der Schwelle* begründet, das die Biographie zugunsten einer inneren Sendung zu negieren sucht.

Die Kunstfigur, zu der sich Kafka selbst in zwanghafter Unbeirrbarkeit gemacht hat, wurde von den Reproduktionsformen der Kulturindustrie gierig aufgegriffen. Kafka wurde auf dem Sektor der kulturellen Öffentlichkeit zu einer Ikone der Pop-Kultur, deren Bild ohne weiteres neben dem von Albert Einstein, Marylin Monroe oder Che Guevara Platz findet. Kafka, der Zögerer vor der Geburt zur Modernität, ist zu einem Helden der Moderne modelliert worden. Das bedeutet, zu einer *Reproduktion ohne Original*. Wenn die serielle Kunst eines Andy Warhol etwas vor Augen geführt hat, dann dies. Hinter Marilyns Schmollmund und hinter *Goethe in der Campagna* wird das historische Original schlagartig zum Verschwinden gebracht. Die Monroe war ein Produkt des Showgeschäfts, und so hat ihr Erscheinen auf der seriellen Wand, auf die Warhol schon vorher Tomatensuppe der Marke *Campbells* projiziert hatte, kaum überrascht. Interessant aber wurde das Ganze, als Goethe in der Campagna dasselbe widerfuhr. Plötzlich war klar, was Warhols Bildfolgen zum Ausdruck bringen. Nichts und niemand ist mehr geschützt vor der seriellen Reproduktion seines Bildes, sofern diese Person nur einen bestimmten Grad von Bekanntheit genießt. Dabei spielt die Art und Weise der Bekanntheit keine Rolle. Aus den Helden der Bildungskultur wurden übergangslos die Pop-Ikonen der totalen Simulation. Eine Suppendose kann das Gleiche darstellen wie die Monroe oder Goethe. Warhol hat gezeigt, daß die Kulturindustrie im Zeichen der kapitalistischen Produktionsmechanismen den Horizont der bürgerlichen Kultur ohne weiteres auswischen konnte – um eine Fülle von Simulakren an dessen Stelle zu setzen.

Bei Kafka jedoch liegt der Fall etwas anders. Er betrat bereits *als* Simulakrum den Himmel der alten Kultur, man mußte ihn nicht erst dazu machen. Von Kafka gab es immer nur die Bilder, die man sich von ihm machen konnte, nachdem sie durch Dritte angefertigt worden waren. Kafka ist immer schon das Produkt einer Maschinerie von Deutungen und Auslegungen gewesen. Alles an ihm und seiner Literatur war von Anfang an sagenhaft. Das heißt, er war sofort ein Star, weil es ihn nicht wirklich, als Original, gab. Auch die Monroe gab es nicht wirklich, auch Goethe gab irgendwann nicht mehr als Zentralgestirn eines Kulturglaubens. Der Showbetrieb hatte zuerst die Originale gelöscht und schließlich auch den Wunsch nach den Originalen. Das war die Stunde Kafkas. Was die Bewußtseinsindustrie als Verkaufsstrategie produzierte, hatte er als metaphysische Strategie lange vorweggenommen. Der letzte aller möglichen Autoren ist der gelöschte. Aus der Kultur der Originale entspringt die Industrie der Kopien.

Kafka ist auf eigene Art zu einer Ikone der Pop-Kultur geworden. In seiner Gestalt und seinem meist nur zitierten, seltener wirklich gelesenen Werk kulminiert die Kardinaldiagnose der Situation des modernen Menschen in einer Welt ohne transzendente und metaphysische Heimat zum Klischee. Das permanente Dilemma dieses Typus, der geprägt ist von Angst, Verzweiflung, Unsicherheit, Ohnmacht und Ausweglosigkeit zentriert sich in Kafkas Helden und in ihm selbst. Josef K. ist K. ist Kafka. Analog zu Gertrude Steins *A rose is a rose is a rose* könnte man diesen Satz bis in die absolute Unsinnigkeit hinein fortsprechen. Die Figur Kafka ist vom Schicksal seiner Figuren und von der Welt, die er entwirft, nicht zu abzulösen. So das Klischee. Es ist die andere Seite der Verzweiflung, die Zuspitzung des Falles zu einer umfassenden Absurdität. Weil das Unbegreifliche nicht zu begreifen ist, gilt es, wenigstens den Urheber dieses Unsinns zu greifen und ihn in seiner Not auszuschlachten. Aber auch das – die Verhöhnung durch das Klischee – ist nur eine Seite der Medaille.

Denn Kafka ist nicht bloß eine Kunstfigur, er ist als solche auch eine Art Heiliger. Er ist es, weil er sich selbst als Gestalt in die absurden Bürokratien und in die gewalttätigen Beziehungen, die zwischen seinen Figuren herrschen, hineingestellt, eingepflanzt hat, so daß der überall mit Händen zu greifende totale Entfremdungszustand unmittelbar auf seine Person zurückschlägt. Als dem Verzweifelnden, Kranken und sich selbst Opfernden fällt Kafka die Rolle des Märtyrers und des Erlösers ohne Gemeinde zu. Gerade daraus aber erwuchs ihm weltweit eine geradezu überdimensionale Gemeinde.

In der Geschichte der Literatur gibt es kein Beispiel, das dem Kafkas darin auch nur annähernd gleichkäme. Er ist selbst mit seiner imaginären Welt so sehr eins geworden, daß man Autor und Figur, Prag und die Schauplätze der Romane und Erzählungen nicht mehr voneinander unterscheiden kann. Jedenfalls ist der Ausdruck *kafkaesk* heute fester Bestandteil der Alltagssprache. Eigentlich bezeichnet *kafkaesk* nichts Spezifisches am Werk Kafkas und schon gar nicht bestimmte Züge seiner Person. *Kafkaesk* versammelt vielmehr die Gesamtheit der Stereotypen, die Kafka in der Schnittmenge von populärer Kunstfigur und modernem Heiligen erzeugt hat. Es geht darin um eine Topologie von Klischees, durch die wir glauben, uns über das Phänomen Kafka eine bestimmte Verfaßtheit der modernen Welt aneignen und plausibel machen zu können, um gleichzeitig ihren Schrecken abzumildern. Denn zugleich ist die Benutzung dieses Ausdrucks ein Signal dafür, daß wir uns über das von Kafka und seinem Werk Repräsentierte erhoben haben, daß wir eben nicht oder nicht mehr in der dort manifestierten Form unter Sinnverlust und Entfremdung leiden. Wer sich heute mit diesem Dichter ernsthaft beschäftigen will, muß begreifen, daß er sich zunächst gegen einen Wald von Bildern und Vorurteilen zu behaupten hat. Kaum jemand, der nicht meint, einen Vergleich zwischen bestimmten eigenen Erlebnissen und der Welt Kafkas ziehen zu können. Sein Name und ein bestimmter damit verbundener Vorstellungswert ist restlos zum Allgemeinbesitz geworden, ohne daß man auch nur eine Zeile dieses Autors gelesen haben müßte. Die Szenerien der Wirklichkeit scheinen sich umstandslos den atmosphärischen Strahlungen seiner Werke anzupassen. Nicht nur hat Kafka die Absurdität des Alltags beschrieben, vielmehr ahmt der Alltag immer wieder Kafka nach, um so erst zu einem Höchstmaß an Absurdität und anschaulicher Groteske finden zu können. Die Mehrzahl der Leser beurteilt *Das Schloß* als mimetischen Roman.

Das Eindringen Kafkas in die Massenkultur hat sich so umfassend vollzogen, daß die Klischees den Blick auf die Texte und ihren Autor zur Gänze verstellen konnten. Diesen Umstand dokumentiert der amerikanische Filmemacher Stephen Soderbergh in seinem 1992 entstandenen Spielfilm *Kafka*. Was die Pop-Kultur unter *kafkaesk* jemals verstehen konnte und wollte, ist in diesen Film eingeflossen und ins Überdimensionale verzerrt. Die Büros, in denen sich der Kafka-Mime Jeremy Irons bewegt, gleichen grenzenlosen, farblosen Fabrikhallen, in die aus in unglaublicher Höhe angebrachten Fenstern ein fahles, unten fast völlig diffundiertes Licht fällt. Das Schreibmaschinengeklapper, das von Tausenden von Angestellten, die hinter ihren Schreibmaschinen vertrocknet zu sein scheinen, erzeugt wird, ist ohrenbetäubend. Die Stadt Prag ist zu einem kubistisch-expressionistischen Labyrinth aus lauter schwarzen Mauern, feuchten und düsteren Passagen und schwach beleuchteten Ecken zusammengesetzt. Hoch darüber thront ein gigantisches Schloß, in dem eine skurrile Mafia sich um die Nachfolge Frankensteins bei der Manipulation menschlicher Gehirne bemüht, was aber in der Stadt zunächst niemand weiß. Einige scheußliche Verbrechen, verübt von noch scheußlicheren, manipulierten Kreaturen, deuten auf diese Vorgänge hin, und es ist natürlich kein Zufall, daß der ahnungslose Kafka und seine schöne Freundin in den Strudel dieses Verbrechens hineingeraten. Kafka selbst ist ein scheuer, jedoch selbstbewußter Angestellter, der ständig behauptet, an einer Geschichte mit einem Ungeziefer zu schreiben, der als Schlafloser mit Fledermausohren die Straßen durchstreift und zuletzt im Schloß zum Helden wird.

Der Regisseur spielt in diesem Film nicht eigentlich mit den

Motiven aus Kafkas Werken, sondern mit den zahllosen zu Klischees gewordenen Versatzstücken unterschiedlicher Kafka-Bilder, die im Umlauf sind. Man kann ihn nicht einmal der Verzerrung seines Gegenstandes beschuldigen. Er hat bereits einen völlig verzerrten Gegenstand vorgefunden und beschäftigt sich mit dieser Tatsache. Ebenso verfährt er mit den expressionistischen Stummfilmkulissen, die er nicht nur zitiert, sondern als ins Unabsehbare hinein Zuendezitierte zitiert. Die Genres des Horrorfilms und des film noir werden diesem unterhaltsamen Gemisch geschickt beigefügt. Kafkas imaginäre Welt und deren Klischee verschmelzen bei Soderbergh zu einem einzigen bizarren Bildraum. Darin ist der biographische Kafka zu der Kunstfigur geworden, ohne die man von Kafka gar nicht mehr sprechen könnte. Die Erscheinung dieser Kunstfigur und ihre Umwelt sind ganz und gar aus Elementen der Kafka-Texte zusammengesetzt. Diese flottieren jetzt frei im Raum; sie haben die Rückbindung an die Texte vollständig verloren. Sie gehören nicht mehr den Texten an, sondern einem allgemeinen Imaginären, in das sie sich als stereotype Bilder eingeprägt haben. Die Verschmelzung von biographischem Körper und Schriftkörper hat damit eine neue, filmische Vorstellungssphäre gefunden und ist endgültig der bei Kafka angelegten mystisch-ideellen Sphäre entkommen.

Das ist künstlerisch interessant, und dennoch kann man sich des Eindrucks nicht erwehren, als bleibe Soderberghs Kafka auf der Stufe der Kuriosität stehen. Warum? Weil sich im Kinostar Kafka die Kunstfigur, der Heilige und die Mumie so sehr verdichten, daß jede Erinnerung an einen realen Kafka restlos unterdrückt wird. Kafka erscheint jetzt, als sei er nie etwas anderes gewesen als ein Produkt Hollywoods. Dieses Kafka-Bild hat mit einem historisch tatsächlichen Kafka abgeschlossen. Die Totalität des Klischees katapultiert diesen in die versiegelten Räume historischer Ferne. Max Brods Erfindung ist pervertiert. Auf dieser letzten Stufe von Selbstreproduktion wird das Phänomen des Autors und seines Werkes endgültig sterilisiert, im Sinne obsolet gewordener Geschichtlichkeit. Wäre es also an der Zeit, die Geschichtlichkeit Kafkas neu zu bestimmen? Nicht als Rettung eines verlorenen Bildungsgutes, das Kafka nie gewesen ist. Vielmehr als Gegengewicht gegen die künstlich hergestellten Bilder, die alles Denken zu überdecken drohen und Kafka in der Statik einer Kunstfigur erstarren lassen? Die Pop-

Kultur hat nur zu Ende geführt, was bei Kafka selbst angelegt war. Daß das Unbegreifliche des Mythos an die Gestalt eines mittleren Angestellten geknüpft ist, erscheint an sich schon absurd genug. Wie also wäre das in die identitätslogische Kategorienlehre der Geistesgeschichte zu überführen?

Tatsächlich sind die Stereotypen, die Soderbergh in seinem Film aufgearbeitet hat, in Kafkas eigener literarischer Strategie angelegt. Jedoch sollte diese Strategie – sofern man sie überhaupt als solche bezeichnen kann – eben nicht zur Herstellung einer Ikone der Pop-Kultur führen. Sie stand für Kafka im Dienste einer grundlegenden Umwandlung existentieller Energie in literarische, und zwar im Kontext einer kulturpolitisch und religiös grundierten Heilslehre. Dieser ideelle Hintergrund ist uns heute ferner denn je. Er bildet die Wand, die Franz Kafka von seinen kulturindustriellen Zurüstungen trennt. Kafkas *Anti-Strategie* des Schreibens ist nicht auf die Verwirrung des Lesers und nicht auf die Verdunkelung von Sinngehalten ausgerichtet. Er hat nicht geschrieben, um der Nachwelt unlösbare Rätsel aufzugeben oder mit den gängigen Leseerwartungen zu spielen. Sein Begriff der Schrift ist Inbegriff einer Heilserwartung. Sein Schreiben zielt verzweifelt und radikal auf Transzendenz.

Darin gibt es keine entschlüsselbare Symbolik, die uns ins Einvernehmen mit dem Autor setzen könnte. Mehr denn je gilt der Satz, den Walter Benjamin schon im Jahre 1934 niedergeschrieben hat, also gerade zu Beginn einer ersten, bald wieder abbrechenden Rezeptionswelle. Benjamin stellt fest,»daß Kafkas ganzes Werk einen Kodex von Gesten darstellt, die keineswegs von Hause aus für den Verfasser eine sichere symbolische Bedeutung haben, vielmehr in immer wieder anderen Zusammenhängen und Versuchsanordnungen um eine solche angegangen werden.«[11]

Hierin ist bereits eine Rezeptionshaltung begründet, die nicht mehr von klar feststellbaren Deutungsresultaten ausgeht. Vielmehr muß es darum gehen, eine Vielzahl von Perspektiven erst einmal zur Kenntnis zu nehmen und aufeinander zu beziehen. Zu diesen Perspektiven gehört auch die auf den Autor als einen Bestandteil der imaginären Welt. Das Hin- und Herblenden zwischen Leben und Schreiben, das Kafka selbst zeitlebens betrieben hat, tritt in den Vordergrund. Es zeigt sich, daß ein ganz anderer Impuls Kafkas Inhalte hervortreibt, als die in ruhiger

Absicht gesetzte Bedeutung hinter den Dingen. Kafka, der nur schreibend existieren konnte, der sein Leben auf eine körperliche Art und Weise in Schrift verwandeln wollte, konnte die Intention des Autors gar nicht von der Eigendynamik des Schreibens trennen, selbst wenn er das gewollt hätte. Der Schreibprozeß ist bei ihm ein integrativer Vorgang, der die Positionen von Verfasser und Produkt gegeneinander aufhebt und die Grenzen verwischt. Kein Zweifel, daß die Texte, die Kafka verfaßt hat, ebensosehr seine Figur geschaffen haben wie er ihre Struktur.

Das Monstrum

Kafkas *Brief an den Vater* ist ein Dokument der Familienpsychologie. Der Sohn nimmt die Sache selbst in die Hand, spielt die Rolle des Analysanden, des Supervisors und des Therapeuten in Personalunion. Der Sohn klagt an, zeigt auf, in welcher Weise und mit welchen Mitteln der Vater sein Leben zerstört hat. Zudem deutet er unmißverständlich darauf hin, daß der Kampf bald beendet sein wird. Der Brief wird geschrieben im Angesicht des nahenden Todes und in der Hoffnung, versöhnt dem Tod gegenübertreten zu können. Zumindest betont das der Schluß des Briefes, an dem Kafka die Schuldfrage in Luft aufzulösen sucht, nachdem er zuvor den Vater mit der ganzen Schuld eines ungelebten Lebens beladen hatte. Auch hier noch ist der eingeschüchterte Sohn bemüht, einzulenken, abzuwiegeln und zu sagen, vielleicht sei alles doch nicht ganz so schlimm.

Der Titel ist von Max Brod, denn Kafka schrieb diesen Brief tatsächlich als Brief und nicht als einen Text, der etwa zur Veröffentlichung eines Titels bedurft hätte. Kafkas Vater hat die Blätter im übrigen nie zu Gesicht bekommen, obgleich Kafka selbst mehrmals daran gedacht hat, seinem Vater diesen Brief zu überreichen. Von verschiedenen Seiten, unter anderem, was ausschlaggebend gewesen sein dürfte, von seiner Schwester Ottla, wurde ihm abgeraten, den Vater mit diesem Brief zu konfrontieren. Entstanden ist er im November 1919 – Kafka war damals sechsunddreißig Jahre alt – in der Pension Stüdl in Schelesen, einem kleinen Ort nördlich von Prag, an den sich

Kafka zur Erholung begeben hatte. Seine Lungentuberkulose war seit September 1917 diagnostiziert.

Unmittelbarer Anlaß der Niederschrift war wohl der von Kafkas Vater mißbilligte Versuch des Sohnes, sich mit der Prager Jüdin Julie Wohryzek zu vermählen, der Tochter eines Gemeindedieners der Synagoge Prag-Weinberge. Kafkas Vater betrachtete diese Verbindung seines Sohnes entschieden als sozialen Abstieg, eine Tendenz, die Hermann Kafka unter keinen Umständen akzeptieren konnte, hatte er sich doch selbst aus ärmsten Verhältnissen hochgearbeitet und es zu einem angesehenen Prager Kaufmann gebracht. Er hatte sein Galanteriewarengeschäft im Jahre 1882 gegründet, ein Jahr später wurde der Sohn Franz geboren. Kafka hatte zeitlebens eine Abneigung gegen das Geschäft. Als er im Jahre 1912 durch Druck seines Vater Teilhaber an einer von seinem Schwager gegründeten Asbestfabrik werden sollte (und wurde), dachte er ernsthaft an Selbstmord und spielte mit dem Gedanken, nach Amerika auszuwandern. Nicht zuletzt auf dieser Bedrängnis beruhen die Amerikaphantasien in seinem 1911 begonnenen Romanfragment *Der Verschollene*. Da Kafka einerseits die Kaufmannssphäre, die ihn in der Familie umgab, haßte, andererseits jedoch der Familie stets verpflichtet und in ihrem Umfeld befangen blieb, konnte sich bei ihm ein Schuldkomplex aufbauen, der unüberwindlich schien. Auf diesem Gedanken einer umfassenden Schuld basiert der *Brief an den Vater*. »Von allen Seiten her kam ich in Deine Schuld«, schreibt Kafka dort an zentraler Stelle und zeigt damit an, daß es für ihn nun an der Zeit war, die Schuldfrage mit dem Vater zusammen anzugehen.

Charakteristisch für das Verhältnis Kafkas zu seinem Vater ist die Auschließlichkeitsbeziehung. So schreibt er, daß die Welt ihm von Anfang an in drei Teile zerfallen sei, »in einen, wo ich, ein Sklave, lebte, unter Gesetzen, die nur für mich erfunden waren und denen ich überdies, ich wußte nicht warum, niemals völlig entsprechen konnte, dann in eine zweite Welt, die unendlich von meiner entfernt war, in der Du lebtest, beschäftigt mit der Regierung, mit dem Ausgeben der Befehle und mit dem Ärger wegen ihrer Nichtbefolgung und schließlich in eine dritte Welt, wo die übrigen Leute glücklich und frei von Befehlen und Gehorchen lebten«. (Zur Frage der Gesetze, 20)

Kafka ist sich wohl darüber im klaren, daß er den Vater als Tyrannen aus seiner eigenen Verarbeitung heraus konstruiert, daß er zunächst nur für ihn der Tyrann gewesen ist, als den er ihn darstellt. Auch das hat zwei Seiten. Einmal relativiert Kafka die Monstrosität des Vaters im selben Atemzug, in dem er sie aufbaut. Gleichzeitig legt er sein Verhältnis zu diesem Tyrannen als ein exklusives fest. Es gibt nur den Sohn und den Vater auf der Welt, alle Konflikte spielen sich zwischen diesen beiden ab, in einer unerklärbaren Willkürherrschaft und einem ebenso unerklärlichen Zwangsverhältnis. Als Beispiel führt der Briefschreiber das sogenannte Pawlatsche-Erlebnis an. In einer kalten Nacht packt der Vater den quengelnden Sohn und stellt ihn im Hemd auf den Balkon. Kafka hebt bei der Schilderung dieser Episode die überdimensionale Macht, die sein Vater über ihn ausübte, wie sein eigenes Ausgeliefertsein an diesen Menschen hervor. Man könnte darin ein Urtrauma des Kindes erblicken, was es wohl auch gewesen ist, hier aber, im Brief, erfüllt es noch eine andere Funktion. Es dient zur Modellierung des Tyrannen Hermann Kafka und seines unauflösbar an ihn gebundenen Sohnes, zur Vollendung einer Art modernen Laokoons. Nur daß der Kampf nicht gemeinsam gegen eine äußere Gefahr geführt wird, sondern gnadenlos gegeneinander.

Eine der gravierendsten Auswirkungen seiner Vaterbeziehung erblickt Kafka in dem Verlust der Sprechfähigkeit angesichts der Autorität seines Gegenübers. Dieser Verlust kann gleichgesetzt werden mit einem Verlust an sozialer Kompetenz, und diese wiederum führt das Kind und den Heranwachsenden in die Vereinzelung und schließlich auf eine andere Form der Rede zu, auf das Schreiben. An dieser Schlußfolge läßt sich hervorragend ablesen, in welchem Ausmaß das Schreiben für Kafka zu einer Art zweitem Ich, zu einer zweiten Welt werden konnte, die der Welt des Vaters diametral entgegengesetzt war, aber gerade darin unauflösbar an sie gebunden blieb. So wird die fatale Doppelstruktur des Schreibens erkennbar, und es verwundert nicht, daß Kafka in dem Brief sagt, sein Schreiben handele einzig und allein von diesem omnipotenten Gegenüber, das er Vater nennt.

Der *Brief an den Vater* ist nicht nur ein Lebensdokument Kafkas und daher für die Literaturwissenschaft von Bedeutung. Er stellt daneben auch ein einzigartiges familientherapeutisches Dokument dar. Denn kaum einmal dürfte der Psychologie eine derart umfassende und sprachlich tiefgreifende Analyse des Modells der bürgerlichen Familie unter die Augen gekommen sein wie im Falle Kafkas. Der Autor ist so sehr verstrickt in die Zwänge und Ängste dieser Kerngemeinschaft, daß sich sein gesamtes Schreiben nur um die Konfliktsphäre dieser Bezüge drehen kann und daß er seine eigene Person nicht anders denn als Bestandteil dieser Sphäre zu begreifen und zu beschreiben vermag.

Kafka versucht, das System der Familie in den Blick zu bekommen und die Unausweichlichkeit seines Unglücks in dieser Systematik festzumachen. Vor dem Vater zu fliehen hieße, vor der gesamten Familie zu fliehen, auch vor der Mutter, hieße die Familie zu sprengen und nun auch noch diese Schuld auf sich zu laden. Der Psychologe Helm Stierlin führt diese Doppelbindung, die von allen Seiten her Schuld auf dem Heranwachsenden ablädt, auf das Mißlingen der Lösung von den drei die Familienstruktur prägenden Bindungen zurück, der emotionalen, der kognitiven und der loyalen. *Emotional* beuten die Eltern das Abhängigkeitsbedürfnis des Kindes aus, das dadurch lebenslang infantilisiert wird. *Kognitiv* konfrontieren die Eltern das Kind mit unklaren oder widersprüchlichen Botschaften und erklären für ungültig, was das Kind wahrnimmt. Hinzu kommt die Etablierung einer gleichsam *archaischen Loyalität* innerhalb der Familie. Jeder Versuch der Selbstbehauptung löst eine massive Ausbruchsschuld aus, die das Kind in einem Spannungsfeld von Verzweiflung, Selbstbestrafung und Selbstvorwürfen gefangenhält.[12]

Kafka rebelliert dagegen, jedoch mit Mitteln, die ihn geradewegs in diese Schuld zurückgeleiten. Den *Brief an den Vater* verfaßt Kafka zu einem Zeitpunkt, da sein Unglück auf eine unerträgliche Dimension angewachsen ist. Kafkas Beziehung zu Felice Bauer ist nach fünf Jahren endgültig gescheitert, auch die zweite Verlobung mit ihr wurde gelöst. Die Tuberkulose, die seit zwei Jahre diagnostiziert war, stellte in seinen Augen eine psychosomatisch notwendige Konsequenz aus dem Unglück dieser sogenannten Verlobungszeit dar, eine Krankheit zum Tode zudem und damit das körperlich manifeste Zeichen, daß er an seiner eigenen Lebensunfähigkeit und somit an sich selbst zugrunde gehen würde. Und nun scheiterte auch noch die neue Beziehung zu Julie Wohryzek, bedingt durch das Veto des Vaters, das Kafka nicht zu ignorieren vermochte.

Kafka konnte sich also leicht als das Opfer einer Systematik begreifen, der zu entkommen seine Kräfte überstieg. Diese Systematik aber hing von vielen verschiedenen Faktoren ab, blieb im Letzten abstrakt und wies die Verantwortung für das eigene Glück doch wieder dem je einzelnen Ich zu. Bei aller Fatalität des Familienghettos und seiner Folgeerscheinungen mußte Kafka um 1919 erkennen, daß er selbst der einsame Protagonist auf einer Bühne ohne Zuschauer war, der sich in einem Stück zugrunde richtete, von dem er nicht sagen konnte, ob die anderen Beteiligten überhaupt von seiner Existenz wußten. Kafka sah sich plötzlich mit der Einsicht konfrontiert, daß sein Selbstopfer von den anderen als solches gar nicht wahrgenommen wurde, schon gar nicht vom Vater. Der Vater als Repräsentant des Gesetzes in der Familie – zumal in einer jüdischen – mußte deshalb mit in den Konflikt gezogen werden. Er sollte erkennen, daß überhaupt ein Konflikt bestand, eine Tatsache, die ihm kaum bewußt gewesen sein dürfte.

Der Sohn versucht, sein ganzes bisheriges Leben auf diese Bezugsebene zuzurichten. Für ihn stellt der Vater eine katastrophale Übermacht dar. Daher führt Kafka im zweiten Teil des Briefes alle wesentlichen Elemente seines Lebens und seines Scheiterns an und exerziert sie geradezu vor den Augen dieses halb realen, halb imaginären Vaters durch.

Zunächst kommt er auf das Judentum zu sprechen. Kafka kritisiert den Schrumpfzustand des religiösen Lebens, den sein Vater ihm vorgelebt habe, und leitet zugleich daraus ein wiederum unmittelbar einsetzendes Schuldempfinden ab. In diesen Ausführungen kommt erneut die Grundanlage zum *double-bind* innerhalb der Familienstruktur zum Ausdruck. Unklare und widersprüchliche Signale werden an den Sohn ausgesendet, der diese Widersprüchlichkeit auf die eigene Person projiziert und sich selbst für den Schwund des religiösen Lebens in der Familie verantwortlich macht. So wird also auch die Religion zu einem Trauma und nicht zu einer Rettung, zu einem Trauma, das von seinem Ursprung her der Vater zu verantworten hat. Er war in Kafkas Augen unfähig, den Rest an Judentum, den er noch in sich trug, an den Sohn zu übertragen.

Kafka wandte sich zu dieser Zeit entschieden gegen das sogenannte Westjudentum, das er als eine Verfallsform des Judentums überhaupt ansah und das die vom Osten in den We-

sten eingewanderten, also die assimilierten oder emanzipier-
ten Juden repräsentierten. Dem gegenüber stellte er positiv das
sogenannte Ostjudentum, in dem er noch die ursprünglichen
Verhältnisse lebendig glaubte, gegründet auf der unantastba-
ren Autorität des Rabbi, unterfüttert von den Wirkungen der
Kabbala und des Chassidismus. Diese Einstellung wurde gefördert durch Kafkas Freundschaft zu Jizchak Löwy, dem Lei-
ter einer jüdischen Schauspielergruppe, deren Vorführungen
Kafka vor allem im Jahre 1911 verfolgte. Löwy erzählte Kafka
vom jüdischen Leben in Polen und eröffnete ihm Zugang zur
jiddischen Literatur. Im Februar 1912 hatte Kafka einen *Ostjüdischen Rezitationsabend* mit Löwy organisiert und hielt dort
selbst einleitend seine *Rede über die jiddische Sprache*. Von diesem Zeitpunkt an muß man eine reges Interesse Kafkas am Ostjudentum und seinen Ausdrucksformen annehmen.

Das Judentum, das Kafka suchte, nimmt innerhalb seiner
Emanzipationsbemühungen gegenüber dem Vater eine ähnli-
che Rolle ein wie das *Schreiben*, der nächste im Brief angeführte
Punkt. Kafka hatte, wie Max Brod berichtet, den Satz »Leg's
auf den Nachttisch«, mit dem Hermann Kafka die Bücher seines Sohnes begrüßte, im Freundeskreis zu einem Bonmot gemacht. Kafka selbst glaubte durch sein Schreiben ein Stück Freiheit gegenüber seinem Vater zu gewinnen, bekennt jedoch ein,
daß diese Annahme Resultat einer Selbsttäuschung war. Auch
das Schreiben unterlag dem Beziehungszwang gegenüber dem
Vater: »Ich war nicht oder allergünstigsten Falles noch nicht frei.
Mein Schreiben handelte von Dir, ich klagte dort ja nur, was ich
an Deiner Brust nicht klagen konnte. Es war ein absichtlich in
die Länge gezogener Abschied von Dir, nur daß er zwar von
Dir erzwungen war, aber in der von mir bestimmten Richtung
verlief.« (Zur Frage der Gesetze, 47)

Das Schreiben handelt Kafka in dem Brief in erstaunlich knap-
per Art und Weise ab, obgleich es doch sein Hauptanliegen gewesen sein dürfte. Dennoch klingt das Dilemma an. Es beinhaltet eine Scheinlösung des Konflikts, der Kafka beherrscht. Wo
er glaubt, Selbständigkeit zu erlangen, erzeugt er nur die Ver-
längerung des Abschiednehmens und damit die Verhinderung
des Loskommens vom Vater und seiner bestimmenden Macht.
Indem das Schreiben vom Vater handelt, restituiert es immer
wieder dessen Bild und Bedeutung für den Schreibenden. Kafkas Fähigkeit, seine Familienkonflikte in dichterische Konstel-

lationen umzusetzen, korrespondiert mit der darin fixierten Unfähigkeit, diese Konflikte einer echten Lösung entgegenzutreiben. Im Schreiben verwirklicht sich Kafkas Leben als das eines Untoten erst in seiner ganzen Anschaulichkeit. Der Befreiungsversuch wird zum Bild einer zuerst akzeptierten und dann fanatisch weiterbetriebenen Selbstverneinung, die, so jedenfalls Kafkas Sicht, vom Vater auf den Sohn übergegangen war. Im Schreiben lebt Kafka das Nichts, das er sich selbst, vermittelt und bedingt durch das unbeugsame Gesetz des Vaters, zugedacht hat. Der Kontext von Schreiben und Strafen, die Selbstkontrolle eines sich befreienden Schreibens durch das Schreiben, der Wunsch, in der Schrift zu verschwinden, sich auszulöschen im Vorgang einer Produktivität, die eigentlich aufbauenden Charakter hat; die Reduktion des Namens, seine Kryptogramme, die Bedeutung des Tieres als einer vorsemantischen Existenz, die die Semantisierung sucht, aber nicht erreichen kann und die exzessive Neigung zur Dissemiose, also zur Aufzehrung des Sinns und der Bedeutung in der Schrift, durchgeführt in neu modellierten alten Textformen (etwa Parabel und Gleichnis), all diese Erscheinungsformen, unter denen wir Kafkas Schreibbemühungen betrachten, gehen zurück auf den im Schlüsselbegriff ›Schreiben‹ eingelagerten Grundkonflikt: einen Konflikt nicht nur mit dem Vater, sondern in Kafkas eigener Persönlichkeit. Aus diesem inneren Dilemma ersteht der Vater überhaupt erst als das Monstrum, als das er in die Geschichte eingegangen ist.

Der Verlust von Bedeutung, die Sprachkrise der Moderne, die metaphorische Valenz aller Sprachäußerungen (Nietzsche), das Auseinanderfallen von Zeichen und Sinn (de Saussure), die Aufsprengung von Ausdruck und Psyche (Hofmannsthal) oder die Unsagbarkeit des rational Unbegreifbaren (Wittgenstein), all das geht in Kafkas Unterbewußtem zurück auf den Verlust letztgültiger Bindungen, die im Mystischen wurzeln. Die wichtigste und ursprünglichste dieser Bindungen ist aber die patriarchale Gewalt. Sie hat bedeutungsstiftende Kraft, sie stiftet die mythische Beziehung zwischen den Worten und den Dingen. Hierin liegt die Doppelstruktur des Kafkaschen Dilemmas begründet. Es handelte sich einerseits um einen Familienkonflikt, der für ihn nicht zu lösen war, und andererseits um eine semiologische Krise, die in Kafkas Augen diesem Familien-

konflikt gleichzusetzen ist. Beides ist im Augenblick seines Er-
leidens nicht voneinander zu trennen. Der Vater ist Sinnbild
dieser Sprachkrise, insofern als er Sinnbild absoluter Autorität
ist. Als falsche Autorität, als die ihn Kafka zeichnet, ist er zugleich das Symbol für dessen Scheitern in der Sprache. Auch
auf dieser Ebene erscheinen das Schreiben und die Vaterimago
unmittelbar miteinander verknüpft.

Einen weiteren Bereich des Scheiterns führt Kafka in seinem
Brief an, vielleicht das Gebiet, auf dem er es auf besonders zerstörerische Art und Weise erlebt hat, beim Versuch zu heiraten.
Auch die Heiratsversuche, schreibt er, wurden der »großartig-
ste und hoffnungsreichste Versuch Dir zu entgehn, entsprechend
großartig war dann allerdings auch das Mißlingen.« (Zur Frage der Gesetze, 52). Das Gelingen des ganzen Briefes hänge
davon ab, ob der Vater begreife, was es mit diesem Scheitern
auf dem Gebiet der Ehe auf sich habe, »denn in diesen Versuchen war einerseits alles versammelt, was ich an positiven Kräf-
ten zur Verfügung hatte, andererseits sammelten sich hier auch
geradezu mit Wut alle negativen Kräfte, die ich als Mitergebnis
Deiner Erziehung beschrieben habe, also die Schwäche, der
Mangel an Selbstvertrauen, das Schuldbewußtsein und zogen
förmlich einen Kordon zwischen mir und der Heirat« (Zur Frage der Gesetze, 52).

Mit Bitterkeit kommt Kafka auf den Rat des Vaters zu sprechen, den dieser ihm angesichts des Aufkommens sexueller
Neigungen gegeben habe, nämlich, um ohne Gefahren diesen
nachzugehen, ein Bordell aufzusuchen. Bei Kafka dürften die
Auswirkungen dieses Ratschlags katastrophal gewesen sein. Die
Mißachtung der aufkommenden Sexualität entspricht im Ge-
fühlsleben des Heranwachsenden der Mißachtung seiner gesamten Person. Die ironische Überlegenheitspose des Vaters,
der sich einer, wie es so schön heißt, intakten Ehe rühmen konnte, muß den jungen Kafka in tiefste Verwirrung gestürzt haben.
Sich der Fähigkeit, eine Ehe zu führen und vier Kinder aufzu-
ziehen, zu rühmen und gleichzeitig den Sohn ins Bordell zu
schicken, läßt vielleicht am erhellendsten erkennen, mit was für
einem Charakter wir es bei Hermann Kafka zu tun haben. Für
die Hypersensibilität des Sohnes muß diese Art der Unein-
fühlsamkeit pures Gift gewesen sein. Denn der junge Kafka
orientierte sich sehr wohl am Ideal der Ehe, wie es seine Eltern
ihm vorgelebt hatten. Daß ihm die Umsetzung des Ideals nicht

gelingen wollte, dafür gibt es sicherlich noch andere Gründe als den Vater. So sucht Kafka in seinem Tagebuch im März 1914, (also noch vor der ersten Verlobung im Juni, der im Juli bereits die Entlobung folgen sollte) nach Gründen für seine Heiratsunwilligkeit und schreibt u.a.:

Ich konnte damals nicht heiraten, alles in mir hat dagegen revoltiert, so sehr ich F. immer liebte. Es war hauptsächlich die Rücksicht auf meine schriftstellerische Arbeit, die mich abhielt, denn ich glaubte diese Arbeit durch die Ehe gefährdet. Ich mag Recht gehabt haben; durch das Junggesellentum innerhalb meines jetzigen Lebens ist sie vernichtet. Ich habe ein Jahr lang nichts geschrieben, ich kann auch weiterhin nichts schreiben, ich habe und behalte im Kopf nichts als den einen Gedanken und der zerfrißt mich. Das alles habe ich damals nicht überprüfen können. (T, 135)

Man erkennt, in welch enger Beziehung das Schriftstellertum und die Unfähigkeit zur Ehe von Kafka gesehen werden. Einerseits erwägt er im Jahre 1914, sich als freier Schriftsteller in Berlin niederzulassen, andererseits denkt er an ein bürgerliches Leben als Angestellter und Ehemann. Das Zerstörerische daran ist, daß Kafka über Jahre hin zu keiner Entscheidung zwischen diesen beiden Möglichkeiten kommen kann. Der ersten Verlobung mit Felice Bauer folgt eine zweite, dann aber eine zweite Entlobung. Zum Zeitpunkt des *Briefes an den Vater*, 1919, nach dem erneuten Scheitern eines Heiratsplans, sieht sich Kafka am Boden zerstört. Auch in seinen literarischen Ambitionen betrachtet er sich als gescheitert. Daß er die Unfähigkeit, in diesem Dilemma zu einer Lösung zu gelangen, wiederum dem Vater zuschreibt, scheint nur konsequent. In beidem, dem Heiraten wie dem Schreiben, meint Kafka dem Vater entkommen zu können und eine andere, glücklichere Lebensform zu finden, doch sieht er sich, gerade indem er dies versucht, seinem Vaterbild nur noch tiefer verpflichtet.

Unzweifelhaft spielt hier der Schuldkomplex eine verheerende Rolle. Im Schreiben wie in der Beziehung zu einer Frau wird durch die verstärkte Tendenz zur Unabhängigkeit von der Familie Schuld aufgebaut, die nach einer Strafe verlangt. Der Loyalitätsbruch ist unentschuldbar und wird durch den Vater immerzu bestärkt, wenn er etwa die Heiratsabsicht seines Sohnes auf sexuelle Lüsternheit zurückführt und dem 36jährigen den Vorschlag macht, mit ihm zusammen eine andere Braut auszusuchen. Der freie Schriftsteller wird Kafka als Lebensform ebenso unmöglich wie der vom Elternhaus befreite Ehemann. Erst als ihn die Todeskrankheit fest im Griff hat, als er seinen Beruf nicht mehr ausüben kann und auch an eine Heirat nicht mehr zu denken ist, gelangte er im Zusammenleben mit der Ostjüdin Dora Diamant in Berlin zu einer Lebensform, die den freien Schriftsteller mit dem Ehemann verbindet, jedoch in der tragischen Variante eines Zusammenlebens am Abgrund des Sterbens. Erst die Krankheit sollte Kafka nach und nach von seinem Konflikt, von seiner Lebensunfähigkeit erlösen – um den Preis seiner physischen Zerstörung.

Der Vater, dieser magnetische Koloß für Kafkas Unfähigkeitspartikel, verhindert im Falle der Verbindung von Kafka und Julie Wohryzek die Ehe ganz unmittelbar. Dadurch wird sein fundamentaler Einfluß auf die grundsätzliche Unfähigkeit des Sohnes zur Ehe diesem deutlich. Kafka markiert die daraus für ihn entstehende Situation in einem drastischen Bild. Der Körper des Vaters ist über die Erdkarte gespannt und nimmt fast allen Raum ein, mit Ausnahme einiger weniger randständiger und unfruchtbarer Gegenden, die nicht einmal Trost zu spenden vermögen. Auch an diesem Bild wiederholt sich die mythische Überhöhung des Vaters zu einer patriarchalischen Herrscherfigur, die gleichbedeutend ist mit der Welt überhaupt. Was nichts anderes meinen kann als: mit der *Bedeutung der Welt*. Wenn Kafka schreibt, die Weltgegend der Ehe sei nicht unter den noch von ihm selbst zu bewohnenden Gegenden, weil gerade sie der Vater vollständig bedecke, dann sagt er damit, daß der Vater ihn hindere, sich für sein eigenes Leben die Bedeutung der Ehe selbst anzueignen, weil der andere sie besetzt halte.

An diesem Punkt wird die Stilisierung des Ödipus-Komplexes durch Kafka unübersehbar. Die Stilisierung und die Abweisung der darin enthaltenen Option. Kafka hätte seinen Vater töten müssen, um von ihm loszukommen, aber auch das hätte nicht funktioniert, weil es ja nicht so sehr der reale Vater war, der ihn quälte, als vielmehr die Schuld, die der Sohn dem Vater gegenüber empfand. Und diese Schuld wäre bei einem Vatermord ins Unermeßliche gestiegen. Eine zweite Option, die gemilderte Ödipus-Variante, bestünde darin, das *Gesetz des Vaters* zu überwinden, ihm ein eigenes Gesetz entgegenzustellen und damit das alte zu eliminieren. Daß Kafka dies nicht gelingen konnte, davon handeln seine Schriften fast ohne Ausnahme. Daß diese Maßnahme aber einer Umwertung aller Werte gleichkommt, einer semiologischen Revolution, liegt ebenso auf der Hand. Auch diese Revolution schlug fehl. Statt dessen beschreiben die Romane eine Fluchtlinie des Verschwindens, die sich im Nichts verliert, und betreiben die Erzählungen die rücksichtslose Aufzehrung von Sinn durch die Schrift. Bleibt also nur die Schrift selber. In der alttestamentarischen Strenge, in der Kafka den Begriff der Schrift konstituiert, ist die Unerbittlichkeit des väterlichen Gesetzes so fest eingeprägt wie der zwanghafte Versuch, diesem Gesetz neue, gewaltigere Tafeln entgegenzuhalten, in denen das Leiden des Sohnes für alle Ewigkeit seine Kodifizierung erführe.

Der Vater wird überhöht, weil er der Vernichtung preisgegeben werden soll. Er wird als Monstrum vorgeführt, um dem größeren Monstrum, dem Sohn, als Opfer dienen zu können. Selten hat ein Opfer so perfekt demonstriert, daß sich für seine Opferrolle ein anderer ebenso vollständig zu opfern hätte wie er selbst. Kafkas Brief ist das Dokument einer geradezu paranoid betriebenen Aneignung von Macht durch einen Schwachen. Darin ist er eine biographische Ungeheuerlichkeit und poetologisches Zeugnis zugleich. Eine Poetologie der Selbstzerstörung, die sich dadurch zu rechtfertigen versucht, daß sie die Schuld an diesem Untergang bei einem anderen deponiert. Zugleich ist der Brief natürlich auch ein Monument der Lebensunfähigkeit und der absoluten Hilflosigkeit dem eigenen Ich gegenüber.

Kafka wußte, daß er auch hier einen Monolog führte. Wahrscheinlich hätte der Vater nach der Lektüre des Briefes ebensowenig verstanden, was der Sohn von ihm wollte, wie zuvor. Um so zwingender erscheint der Versuch des Sohnes, auf der Ebene dieses Monologs mit dem Vater zu einem Konsens zu kommen. Am Ende des Briefes erteilt er dem Vater schließlich noch das Wort, um den zu erwartenden Einspruch und die Zurückweisung der vorgebrachten Argumente von vornherein zu entkräften. Damit soll die Rede des Vaters ein weiteres Mal der Rede des Sohnes eingepaßt werden. Zugleich setzt Kafka den Vater damit in den Stand, seine eigene Verteidigung vorzunehmen und seine eigene Schuld in diesem Brief selbst zu relativieren. War Kafka überfordert mit der Vorstellung, seinem

Vater die Schuld an der eigenen Misere zugeschrieben zu haben? Oder wollte er ihm auch noch die Möglichkeit der Verteidigung nehmen? Ihn also ganz und gar entmündigen? Am Ende, nach der vom Sohn geführten Verteidigungsrede des Vaters, erscheinen beide in gewisser Weise schuldlos und es mag einem so vorkommen, als sei dies für Kafka der letzte Zweck des Briefes gewesen: die Schuld an seinem eigenen Untergang überhaupt aus der Welt zu schaffen, nachdem er sie dem Vater überantwortet hatte. Was für ein Gnadenakt! Zuletzt rettet der zerstörte Sohn den Vater, den er selbst gerade in den Untergang geführt hat. Wie er am Schluß bemerkt, sei mit dem Brief »doch etwas der Wahrheit so sehr Angenähertes erreicht, daß es uns beide ein wenig beruhigen und Leben und Sterben leichter machen kann.« (Zur Frage der Gesetze, 66)

Ist der Brief an den Vater also die Literarisierung einer psychischen Katastrophe? Nein. Die Lebenskatastrophe und ihre Vertextung bilden einen unauflösbaren Block. Es gibt keinen Kafka jenseits dieses Blocks. Wir kennen Kafka nicht außerhalb des literarischen Zeugnisses, das er von sich gegeben hat. Und dieses Zeugnis offenbart sich selbst als sein eigener Gegenstand. Von Anfang an ist bei Kafka das Schreiben zu einem Organ geworden, das sich nicht ablösen läßt von seinem Körper und von seiner Psyche. Deshalb kann man nicht von der Literatur auf den Autor schließen und umgekehrt. Die Gewalt, mit der Kafka auf die Schrift als das Unbegreifliche, den Mythos seiner Gestalt, seines Leidens und seines Untergangs zusteuert, entspricht der Gewalt, mit der ihm das Gesetz des Vaters begegnet und unter deren Eindruck er es auffaßt. Die Schrift ist die Waffe, die den Vater tötet, indem sie seine Autorität und seine Macht für alle Zeiten der Rechtfertigung zuführt. Psyche und Mythos treffen ungebremst aufeinander und verbinden sich zu *einer* Masse. Zu Antimaterie, die nach der Umwandlung in Materie verlangt.

Die Kafka-Forschung hat zwei kategorial voneinander zu unterscheidende Ansätze hinsichtlich des *Briefes an den Vater* ausgebildet. Einen klassisch-biographischen und einen gleichsam werkimmanenten, in dem der Brief und damit das Bild des Adressaten als Teile eines rein dichterischen Werkes angesehen werden. Daß sich diese beiden Richtungen bis heute unvermittelbar gegenüberstehen, spricht für sich. Entweder man betrachtet Kafka als pathologischen Fall aus einem psychologischen Blickwinkel oder man betont seine Existenz als eine rein literarische und sieht in ihm einen Menschen, der nur aus Worten besteht. Diese Bemerkung, Kafka sei ein Mensch, der rein aus Worten bestehe (Politzer) ist ebenso unsinnig, wie es verfehlt ist, seine Dichtungen auf eine psychopathologische Stufe zurückzuschrauben. Das Leben ist Literatur, sonst nichts. Was dieser von Kafka des öfteren, gerade gegenüber der armen Felice Bauer geäußerte Satz bedeutet, ist noch kaum ins Bewußtsein gedrungen. Die Alternative *Kafka, der Neurotiker* oder *Kafka, der Künstler* ist falsch und unbrauchbar. Das Neurotische und das Künstlerische bilden ein und denselben Horizont, jedoch nicht, indem sie ein Übergewicht nach einer Seite, nach der einer Pathologisierung oder der einer Ästhetisierung nahelegen. Die Frage ist, ob die ödipale Gewalt die Neurose produziert oder ob umgekehrt der unterdrückte unbewußte Wunsch, der seine Unterdrückung kommunizieren will, das Monstrum Ödipus allererst hervortreibt. Diese Frage ist nicht zu entscheiden. Sie steht aber gleichbedeutend neben der Rolle, die das Subjekt bei alldem spielt. Ist es Opfer oder Täter – oder ist es beides zugleich und gleichermaßen? Unterliegt Kafka der Macht des Vaters oder vernichtet er diesen Vater mit einem ungleich schlimmeren Machtpotential?

Auszugehen wäre weder vom Leben einerseits noch andererseits von einem Bereich der Werkimmanenz, sondern vom Schnittpunkt beider Sphären, den man schlicht *Schreiben* nennen kann. In Kafkas Thematisierung des Schreibens kommt es zu einer Selbstthematisierung seiner Existenz. Das *Zögern vor der Geburt*, als das er sein Leben am Ende ansieht, entlädt sich in einem unentwegten Willen zur Schrift, in einer Selbstaufopferung im Schreiben.

Schreiben

Place de l'Opéra

Schreiben ist für Kafka der Versuch der Selbstbefreiung *und* der Rückbindung an das Verständnis des Vaters, ist Aufbau von Schuld und Schuldtilgung gleichermaßen. Im Schreiben öffnet sich die Schere von Strafe und Freisprechung, also Freispruch in dem durchaus religiösen Sinne einer Heilserwartung. Die Tagebücher dienen Kafka zu einer grundlegenden Reflexion über alle Aspekte und Situationen, die sich daraus ergeben. Gerade dann, wenn seine Schreibbemühungen stocken, wendet er sich verstärkt dem Tagebuch zu. Dabei entwickelt er eine regelrechte Metaphorologie des Schreibens. Über die Bilder, die für das Schreiben und die mit ihm verknüpften Zustände gesetzt werden, vermittelt sich eine ganze Geisteslandschaft, eine ausdifferenzierte Darstellung der Zuständlichkeit des Menschen, wie sie kaum genauer zu fokussieren wäre.

Schreiben tritt als Metapher auf und doch auch wieder nicht. Denn Schreiben meint nicht eigentlich Sein, sondern Schreiben meint Schreiben und im Schreiben zu sein. Wenn man angesichts der Kafkaschen Tagebücher von einer Metaphorologie des Schreibens spricht, muß man hinzufügen, daß es sich um Metaphern handelt, die ihre Bildfunktion aufgegeben haben. Denn das Schreiben als Existenzsyndrom ist nichts anderes als die Auflösung der metaphorischen Disposition, die dieser Tätigkeit anhaftet. Der Begriff des Schreibens, wie ihn eine bürgerliche Bildungskultur ausgeprägt hat, verliert seine stilisierende Ausstrahlung. Schreiben ist nicht mehr Schaffen und damit Einholung eines Imaginären, sondern der Ort, an dem man mit seinem Elend Umgang pflegt und sein tagtägliches Scheitern erlebt, indem man es festhält. Entsprechend ist die Bildlichkeit des Schreibens bei Kafka beschaffen.

So heißt es etwa in einer frühen Aufzeichnung vom Dezember 1910 (Kafka führt sein Tagebuch seit etwa 1909): »Wenn ich mich zum Schreiben setze, ist mir nicht wohler als einem, der mitten im Verkehr der Place de l'Opéra fällt und beide Beine bricht.«(T, 20) Kafka hält dies unmittelbar nach einer Parisreise fest. Ein Bild äußerster Gefährdung und Verunsicherung, ein Bild auch des Schmerzes, der Verletzung. Kafkas Situation ist genau umgekehrt zu der eines professionellen Schriftstellers oder auch eines Anfängers, der sich wenigstens über sein Thema Klarheit verschafft und über ein Mindestmaß an technischen Mitteln verfügt. Kafka ist im Grunde ohne Thema und ohne Sicherheit im Ausdruck, ihm fehlt so ziemlich alles, was einen Schriftsteller ausmacht. Die eben zu dieser Zeit, 1910, einsetzende Beschäftigung mit Goethe und vor allem mit dessen Tagebüchern unterstreicht diesen Eindruck. Kafka hält ihn sich selbst immer wieder vor Augen. Goethe ist der in allem Vollendete, Kafka der in allem schon von Anfang an Gescheiterte. Es ist keineswegs so, daß Kafka diese Opposition als kokettes Spielchen erfindet; aus den Tagebüchern ergibt sich seit diesem frühen Zeitpunkt, daß es so und nicht anders für ihn gewesen sein muß. Er greift ein zu seiner Zeit durchaus verbreitetes Bild des Olympiers Goethe auf, um sich an ihm in einer unverhohlen masochistischen Quälerei seine eigene Unfähigkeit vor Augen zu halten. Dieser Masochismus ist stilbildend. Aus den Leiden an der Unfähigkeit erwächst ein neues Ich, ein Held der Impotenz, eine in ihrer Selbstdarstellung lächerliche Figur, angesichts derer sich aber das Lachen unmittelbar verbietet. Ausgehend von Goethe ist die Kunst in ihrem anderen Extrem angekommen. Während es Goethe noch vergönnt war, aus einem sexuellen Impotenzerlebnis ein vollendetes Gedicht zu machen, *Das Tagebuch*, erklären Kafkas Tagebücher die Unfähigkeit auf allen Gebieten zur *conditio sine qua non* der Schriftstellerexistenz. Sieht man sich folgende Tagebuchstelle vom Dezember 1910 an, so bekommt man einen noch genaueren Eindruck davon, was Schreiben für Kafka in einem psychisch-existentiellen Sinne bedeutet haben muß:

Elend, elend und doch gut gemeint. Es ist ja Mitternacht, aber das ist, da ich sehr gut ausgeschlafen bin, nur insofern Entschuldigung, als ich bei Tag überhaupt nichts geschrieben hätte. Die angezündete Glühlampe, die stille Wohnung, das Dunkel draußen, die letzten Augenblicke des Wachseins, sie geben mir das Recht zu schreiben, und sei es auch das Elendeste. Und dieses Recht benutze ich eilig. Das bin ich also. (T, 24)

Das Recht zu schreiben, darum geht es vor allem anderen. Dieses Recht muß erst eingeholt und gesichert werden, bevor es ans Schreiben gehen kann. Die Tageszeit, die Atmosphäre, die Stimmung – alles kann dazu beitragen, das Schreiben gelingen oder scheitern zu lassen. Sich dann dieses Recht zuzusprechen und es zu benutzen, bildet für Kafka den Schlüssel zu seinem innersten Wesen: *Das bin ich also.*

All das ist die Kontamination von Existenz und Schreibakt zu einer Bewährungsprobe. Diese Relation herzustellen, leistet das Tagebuch. In ihm nimmt Kafka jene Introspektion seiner selbst vor, die notwendig ist, um eine Psychologisierung des Schreibens überhaupt in den Blick zu bekommen. Im Tagebuch wird die Übertragung des Schreibwunsches auf die Unglücksperson des eigenen Ichs mit allen Konsequenzen etabliert. »Einige neue Erkenntnisse über das Unglückswesen, das ich bin, sind mir tröstend aufgegangen«. (T, 26), heißt es unter dem 7. Januar 1911, ein Satz, der exemplarisch steht für eine Unzahl solcher und ähnlicher Sätze, in denen eben jenes Unglückswesen beschworen wird, das Kafka in sich sieht.

Eigenartig erscheint bei alldem, daß *alles* schriftlich belegt ist, auch die Bewußtwerdung des eigenen Unglücks vollzieht sich schrittweise im Schreibprozeß des Tagebuchs und wird nach und nach zu einer fixen Figur, mit der sich der Schreiber identifiziert. Der Schreiber ist die Leerstelle eines vollkommen unidentifizierten Geistes, eines Hohlraumes, der aufgefüllt werden soll, einer mit unglaublichem Aufwand leerlaufenden Maschine. Zwei Passagen belegen, wie Kafka in den Tagebüchern, vor allem an ihrem Anfang, das Schreiben, das bei ihm eine leerlaufende Aktion ohne Inhalt und Ausrichtung ist, mit den Zügen einer identifizierbaren Person auskleidet und ihm so einen Inhalt zuordnet, der einen Höchstgrad fiktiver Selbsterfindung präsentiert.

Zunächst eine Eintragung aus dem Jahre 1910. Das tagebuchschreibende Ich behauptet, »daß mir meine Erziehung in mancher Hinsicht sehr geschadet hat.« (T, 12). Es zählt zur Verdeutlichung alle möglichen Personen auf, die mit dieser Erziehung betraut waren, von den Eltern über den Schulinspektor bis hin zu einigen »langsam gehende(n) Passanten«. Schließlich heißt es apodiktisch: »Auf diesen Vorwurf will ich keine Widerrede hören, da ich schon zu viele gehört habe und da ich in den meisten Widerreden auch widerlegt worden bin, beziehe ich diese

Widerreden mit in meinen Vorwurf und erkläre nun, meine Erziehung und diese Widerlegung haben mir in mancherlei Hinsicht sehr geschadet.« (T, 12f.)

Die Literarisierung ist unschwer zu erkennen. Dem Ich ist es um Übertreibung zu tun, genauer, um die Konstruktion einer absoluten Position für das eigene Selbstbild durch Übertreibung. Die Fehlentwicklung dieses Ich gerät in ein absurdes Licht, wenn es sich tyrannisch gegen jeden Widerspruch abzuschotten versucht. Doch führt genau dieses Unternehmen einer Abschottung den Leser auf die richtige Fährte. Was sich hier erprobt, ist die Produktion einer kohärenten Gestalt, die an die Stelle der eigenen biographischen Person gesetzt werden kann und die im Gegensatz zu dieser keine Brüche, Diskontinuitäten, Leerläufe und Identitätsschwankungen aufweist. Oder wenn doch, dann als diese vorgestellte und in sich abgeschlossene Figur, die aus dem Schreiben geboren wird, und in ihrer Verunsicherung und in ihrem Unglück eine unverwechselbare Identität erlangt. Kafka inszeniert sich selbst als sein Double, nur daß das Double das Original sein muß, weil der Ausgangspunkt kein identifiziertes Ich ist, sondern eine autobiographische Leerstelle. Kafkas Entdeckung des Tagebuchschreibens ist gleichzusetzen mit der Entdeckung dieser Verdoppelung. Daher auch immer wieder die Beschwörungen, an dem Tagebuch festhalten zu wollen und zu müssen, koste es, was es wolle.

Das bin ich also, jenes Resumee aus der oben zitierten Stelle kann nur so interpretiert werden. Erst im Tagebuchschreiben läßt sich eine Identität ausmachen – und das heißt im Schreiben überhaupt. Eine künstliche Identität, die nur durch Schreiben hervorzubringen ist und die gerade dies, das Schreiben, zu ihrem einzigen Thema erhebt. Der Leerlauf des Subjekts Franz Kafka findet eine Sychronübersetzung, die Leere durch Schreiben ersetzt.

Doch stellt sich das Verhältnis von Existenz und Schreiben als ein wechselseitiges dar. Nicht nur produziert das Schreiben die Unglücksperson des eigenen Ich, indem es eine kohärente Vorstellung dieses Ichs ermöglicht, vielmehr wird das Unglück gerade auch am Schreiben selbst erlebt, indem dieses als eine Handlung der sozialen Ausgrenzung und Herabsetzung erfahren wird. Kafka macht sich das in einer zweiten Tagebuchstelle unter dem Datum 19. Januar 1911 klar. Er schildert einen Besuch mit den Eltern bei Verwandten, bei dem sich der gelangweilte Sohn ein Blatt Papier vornimmt und zu schreiben beginnt, während sich die anderen weiter unterhalten:

Ein Onkel, der gern auslachte, nahm mir endlich das Blatt, das ich nur schwach hielt, sah es kurz an, reichte es mir wieder, sogar ohne zu lachen, und sagte nur zu den andern, die ihn mit den Augen verfolgten, ›das gewöhnliche Zeug‹, zu mir sagte er nichts. Ich blieb zwar sitzen und beugte mich wie früher über mein also unbrauchbares Blatt, aber aus der Gesellschaft war ich tatsächlich mit einem Stoß vertrieben, das Urteil des Onkels wiederholte sich in mir mit schon fast wirklicher Bedeutung, und ich bekam selbst innerhalb des Familiengefühls einen Einblick in den kalten Raum unserer Welt, den ich mit einem Feuer erwärmen müßte, das ich erst suchen wollte. (T, 28f.)

Aus der Gesellschaft vertrieben, nachdem man sich selbst – durch Schreiben – mutwillig aus der Gesellschaft ausgeschlossen hat. Das ist keine schlechte Taktik. Man probt die Ausschließung und findet sie unmittelbar bestätigt. Aber aus dieser Bestätigung fließt auch schon die künftige Berufung. Den »kalten Raum der Welt mit einem Feuer zu wärmen, das ich erst suchen wollte«, das ist die Ankündigung von Konsequenzen. Das in seinem Schreiben gedemütigte Ich wird weiterschreiben, um gerade diesem Zustand abzuhelfen – der Isolation und der Demütigung, der Kälte und der Ignoranz. Dafür wird eben das Medium aufgesucht, das Inbegriff von Isolation und Demütigung ist, das Schreiben.

Die Doppelstruktur des Schreibens bei Kafka – imaginäre Identitätsfindung und soziales Scheitern – trägt dazu bei, die Inszenierung des unglücklichen Ichs nicht als solche bewußt werden zu lassen, sie vor allem nicht in eine rein fiktive Dimension hineinwachsen zu lassen, sondern sie in die reale Biographie zurückzukatapultieren. Das ist ein wesentlicher Grund, aus dem heraus Kafka in seinem Schreiben immer wieder über das Schreiben schreiben muß. Es muß als Vorgang in der biographischen Realität zementiert werden und darf nicht als bloßes Hirngespinst erscheinen, das man leicht aus der Welt schaffen könnte. Schreiben muß eine körperliche Dimension gerade aus dem Grund annehmen, daß es eine Erfahrungssubstanz zu sein hat, durch die das Double den Part des realen Ichs übernehmen kann. Und wie viele Namen hat dieses Ich nicht im Verlauf von Kafkas literarischen Anstrengungen erhalten! Gregor Samsa, der Jäger Gracchus oder der Affe Rotpeter, all die Kryptonyme Kafkas beziehen sich auf dieses im Tagebuch allererst konstituierte Ich, auf das Double, das die Hauptrolle zu spielen hat, weil diese vom ursprünglich dafür vorgesehenen Protagonisten nicht ausgefüllt werden kann.

Kafkas Leben ist zu der Zeit ganz auf das Schreiben ausgerichtet. Diese Ausrichtung vollzieht sich unter den Bedingungen einer regelmäßigen Berufsausübung bei der Arbeiterunfallversicherung und einem Leben inmitten der Familie, in einem Durchgangszimmer neben dem Hauptwohnraum, in dem erst spät nachts wirklich Ruhe einkehrt. In einem der ersten Briefe an Felice Bauer vom November 1912 erläutert Kafka seinen Tages- und Nachtablauf mit einiger Genauigkeit. Das Schreiben wird bis weit in den Morgen hinein ausgedehnt, Schlaf gibt es, wenn überhaupt möglich, in Schichten. Dieses, wie Kafka es im Tagebuch einmal nennt, *Doppelleben* führt zu einer chronischen Schlaflosigkeit, die ihn innerhalb kurzer Zeit auszehrt.

Der innere Widerspruch in Kafkas Lebensführung ist mit Händen zu greifen. Einerseits richtet er sein Leben strikt nach bestimmten Grundsätzen der Gesundheit aus, sorgt regelmäßig für körperliche Ertüchtigung am offenen Fenster, verzichtet auf Alkohol, Nikotin und sonstige Drogen, ist strenger Vegetarier und zeitweise Anhänger einer bestimmten Methode des Essens, eines extrem langsamen und langwierigen Kauens aller Speisen, in dem man ein Wundermittel für die Verdauung erblickte. Auf der anderen Seite ruiniert er sich systematisch mit einer unerbittlichen Zeiteinteilung, deren einziges Ziel die Ermöglichung des Schreibens darstellt. Die Familiensituation als ins Durchgangszimmer eingeschobener ewiger Sohn tut dazu ein Übriges. Das Schreiben bei Nacht ist nicht zuletzt auch auf diese Wohnsituation zurückzuführen, aus der sich Kafka nur durch eine Ehe glaubt befreien zu können. Deshalb versucht er von 1912 an die Ehe mit seinen Schreibambitionen zu verbinden, nicht ohne allerdings – praktisch vom ersten Brief an – die Braut auf seine Unfähigkeit zur Ehe aufgrund einer umfassenden Ausrichtung auf das Schreiben hinzuweisen.

In dem Brief vom 1. November 1912 spricht er diese Anbindung seiner gesamten Person ans Schreiben mit aller Deutlichkeit aus: »Mein Leben besteht und bestand im Grunde von jeher aus Versuchen zu schreiben und meist aus mißlungenen. Schrieb ich aber nicht, dann lag ich auch schon auf dem Boden, wert hinausgekehrt zu werden.« (BaF, 65).

Kafka kämpft in dieser Zeit um eine Existenz als freier Schriftsteller, jedoch nicht nach außen hin mit seiner Umwelt, sondern mit sich selbst. Es ist von Anfang an klar, daß der Versuch zu heiraten einen Teil dieses Projektes darstellt. Daß Kafka seine Braut darin funktionalisiert, liegt für ihn ebenso deutlich auf der Hand. Deshalb entwickelt er ihr gegenüber sofort ein schlechtes Gewissen und glaubt, sie immer wieder auf seine Unfähigkeit zur Heirat hinweisen zu müssen, ja er versucht mit solchen Hinweisen sogar ernsthaft, Felice vom dem Gedanken an die Ehe abzubringen, befeuert jedoch im nächsten Moment die Beziehung durch seine permanenten Briefe immer wieder neu und stellt der Berlinerin nicht nur die Verlobung, sondern auch die Heirat in Aussicht.

Kafka überträgt die ihn beherrschende psychische Double-Bind-Struktur in immer neuen Versuchen auf seine Umwelt und wird dadurch selbst zu einer Quelle solcher Doppelbindungen für andere. Es handelt sich dabei um Widersprüchlichkeiten der krudesten Art, z.B. zwischen Gesundheitsfanatismus und gesundheitlichem Ruin, zwischen den Heiratsplänen und der Beschwörung der Unfähigkeit zu heiraten gegenüber derselben Frau in ein- und demselben Brief. Ebenso kann man die Arbeit im Büro bei Tage und die Nachtarbeit am heimischen Schreibtisch beurteilen. Die Widersprüche, die sich in diesen Brüchen präsentieren, werden so exzessiv ausgelebt, daß sie recht bald schon eine Einebnung erfahren. Aus der natürlichen Differenz von Tag und Nacht wird bei Kafka eine einzige, endlose Tagundnachtgleiche, die nurmehr in Wach- und Schlafschichten unterteilt ist. Aus dem Wunsch zu heiraten und seinem Gegenteil wird ein alle emotionalen Regungen letztlich überdeckender Kampf, der völlige Eigendynamik gewinnt. Und aus dem Schwanken zwischen Gesundheit und Krankheit wird später ein Siechen zum Tode, das diesen vorgängigen Kampf in all seinen Intentionen ad absurdum führt.

Die Verknüpfung des Ichs mit dem Schreiben ist für Kafka eine existentielle im Sinne einer physiologischen Bedingtheit, die es zu erfüllen gilt, um das eigene Leben seiner, wie er meint, »natürlichen« Bestimmung zuzuführen. Die Lebensumstände, die dem Schreiben noch entgegenstehen, behindern diese Einmündung in die natürliche Bestimmung. So notiert Kafka unter dem

Datum des 3. Januar 1912 folgende, diese Disposition beschreibende Bemerkung:

In mir kann ganz gut eine Konzentration auf das Schreiben hin erkannt werden. Als es meinem Organismus klargeworden war, daß das Schreiben die ergiebigste Richtung meines Wesens sei, drängte sich alles hin und ließ alle Fähigkeiten leer stehn, die sich auf die Freuden des Geschlechtes, des Essens, des Trinkens, des philosophischen Nachdenkens, der Musik zuallererst, richteten. Ich magerte nach allen diesen Richtungen ab. Das war notwendig, weil meine Kräfte in ihrer Gesamtheit so gering waren, daß sie nur gesammelt dem Zweck des Schreibens halbwegs dienen konnten. (T, 144)

Interessant, daß Kafka hier Schreiben als organisches und mithin in natürlicher Weise seinem Wesen verbundenes Phänomen darstellt, handelt es sich doch dabei tatsächlich um die kulturelle Zurichtung des Menschen auf das Medium Schrift. Der in eine Schriftkultur hineingeborene Mensch wird in seiner Erziehung mühsam mit der Schrift vertraut gemacht und zwar zunächst als Mittel der Verständigung und des gesellschaftlichen Verkehrs, dann auf der Ebene kultureller Leistungen, deren Kenntnis zum Bildungsgut gehört, kaum aber, und das dürfte auch bei Kafka nicht viel anders gewesen sein, im Sinne eines körperlich empfundenen Selbstzweckes oder gar als Ausdrucksebene, die überhaupt erst einer Vorstellung von Ich-Identität entspricht. Der Schreibtrieb läßt alles andere verkümmern, und Kafka scheint dies an dieser Stelle mit einer gewissen Genugtuung zu registrieren. Es ist, als stelle er fest, daß auch bei ihm eine Extremspezialisierung, wie sie im kapitalistischen Arbeitsprozeß unabdingbar ist, stattgefunden hat. Nur eben auf einem Gebiet, das sich kapitalistisch nicht verwerten läßt – Schreiben heißt ja keineswegs unmittelbar auch: Produktion von absetzbarer Literatur – und dem auch sonst nur schwer ein über das rein Private hinausgehender Wert zugesprochen werden kann. Wir haben es nicht mit einer Spezialisierung im Sinne einer Berufsausübung zu tun. Es handelt sich statt dessen um eine Art psychophysische Mutation, *homo scribens*, der schreibende Mensch ist geboren, und er ist ohne Zweifel auf der Basis von Selbstbefruchtung entstanden. Denn wer sollte ihn gezeugt haben als er selbst? Der sich selbst umkreisende Selbstbefruchter ist der einsamste Mensch der Welt.

Auch außerhalb des Schreibens befindet sich der junge Kafka in einer schwierigen Lage. Er ist Prager tschechischer Abstammung, wird von seinen Eltern in der Amtssprache Deutsch erzogen, beherrscht aber auch das Tschechische. Prag ist nach dem Papier österreichisch, durch die Sprache der herrschenden Schichten deutsch, durch die Mehrheit der Bevölkerung tschechisch, eine Stadt, in der sich ein erbitterter Kampf der Nationalitäten abspielt. Kafka ist deutschsprachiger Jude, österreichischer Staatsangehöriger und Einwohner einer tschechischen Stadt, in der die Tschechen ihn allein deswegen als Feind betrachten, weil er ihre Sprache nicht aktiv spricht, sondern sich des Deutschen bedient. Der Jude Kafka ist hier keineswegs assimiliert, er ist vielmehr eingedeutscht, seine Sprache ersetzt ihm alles, was das Schicksal ihm vorenthalten hat: Heimat, Vaterland, Gegenwart und Vergangenheit.[13]

Die gesamte Identitätsfrage dürfte für Kafka problematisch gewesen sein. Das Schreiben bildete eine Brücke zu einer imaginären Identität, die man sich selbst erst zu erarbeiten hatte. Denn das steckt dahinter, das Erarbeiten von kultureller Identität, die gerade dem Prager Juden Franz Kafka abging. Von daher wird auch verständlich, daß das Ostjudentum, wie Kafka es aufgefaßt hat, eine ähnlich utopische Note in seiner Vorstellungswelt erlangen konnte wie das Schreiben. In beiden Bereichen wird eine verlorene, mit dem eigenen Ich aufs Engste verknüpfte Einheit gesehen, auf die man zuarbeiten muß. Doch gilt zumindest für das Schreiben (wie auch in gewisser Weise für Kafkas Auffassung vom Judentum), daß dieser Versuch einer Identitätsfindung zu den tatsächlichen Assimilierungstendenzen von Kafkas Familie konträr lief.

Es handelte sich für ihn nicht darum, eine Identität als Prager Jude zu finden, sondern ein radikales Verschwinden aus diesem Milieu anzustreben, wofür die Begriffe Ostjudentum, Zionismus, Ehe in Berlin und freier Schriftsteller standen. Gerade darin waren diese Pläne und Projekte dem Vater diametral entgegengesetzt. Wenn man verstehen will, weshalb Kafka sich nicht aus der Welt seines Vaters befreien konnte, sondern den eigentlichen Befreiungsakt selbst noch zu einer endlosen Auseinandersetzung mit dieser Welt und diesem Vater hat werden lassen, so muß man die kulturelle Rolle, die die deutsche Sprache für Kafka gespielt hat, berücksichtigen. Innerhalb des Soziotops Prag bildete das Deutsche für Kafka das künstlich angeeignete Instrument seines Vaters, mit dem sich eine schwierige Anpassung an die österreichischen Verhältnisse unter Wahrung der Rücksichten auf die tschechische Bevölkerung leisten ließ. Das praktizierte Deutsch war die Assimilationspraxis seines Vaters. Das Schreiben in dieser Sprache mußte Kafka immer wieder in den Schoß der Familie zurückversetzen. Und doch hatte Kafka keine andere Wahl, als sich als Schriftsteller für das Deutsche zu entscheiden. Zunächst einmal, weil die tschechisch geschriebene Literatur in der Habsburger Monarchie die Literatur einer Minderheit war und nicht annähernd den Publizitätsgrad erreichte wie die deutsche. Also wiederum eine Anpassungsleistung an das Deutsche, an das sich schon der Vater anzupassen hatte. Die Ambiguität des Deutschen als Schriftsprache ergab sich aber für Kafka gerade aus dieser Lage. Sie verhieß Befreiung aus den vorgefundenen Verhältnissen, aus der Randständigkeit des tschechischen Juden, während sie zugleich – über das Vorbild der Anpassungsleistung des Vaters – auf die Einbindung in diese Verhältnisse zurückverwies.

Giuliano Buioni zeigt, daß keine direkte Verbindung zwischen den Ansprüchen des Judentums und den Schuldgefühlen, die Kafka umgetrieben haben, existiert. »Kafka fühlte sich schuldig vor allem oder ausschließlich, weil er sich als Schriftsteller begreift«, schreibt Buioni in seinem Buch *Kafka und das Judentum*[14] und faßt damit den Kern von Kafkas Problemen zusammen. Dieser Kern ist zunächst und hauptsächlich im Schreiben zu erblicken, insofern Kafka es als unmittelbar wesensmäßiges Phänomen seiner Person auffaßt. Dieser Begriff des Schreibens saugt die gesamte individuell-kulturelle Problematik, der Kafka sich ausgesetzt sah, wie ein Schwamm auf. Er beinhaltet die Verdichtung des Elends und die Hoffnung auf seine Auflösung zu gleichen Graden. Er ermöglicht den Rausch der Selbstbefreiung und droht mit der Schuld, die derjenige auf sich zieht, der sich zu befreien sucht. Schreiben ist für Kafka der Inbegriff einer durchgreifenden psychischen Doppelbindung, die ihn zwischen Ich-Autonomie und Schuldkomplexen hin und her reißt. Und er war nicht blind gegenüber dieser Tatsache. Er ging gewissermaßen sehenden Auges diesen Weg, von dem ihn die Entscheidung für das eine oder das andere keineswegs hätte abbringen können. Es ging nicht darum zu sagen, Emanzipation oder Schuldakzeptanz. Es ist ja gerade das Schreiben, das diese falsche Alternative für Kafka hervorgebracht hat.

Er hätte das Schreiben selbst aufgeben müssen, um sich von dieser Wahl zu befreien. Denn die ›natürliche‹ Tendenz auf das Schreiben hin, die er mit einer gewissen Befriedigung an sich feststellt, ist nichts anderes als die Manifestation einer psychischen Krankheit. Das Gefährlichste an dieser Krankheit besteht in der Tatsache, daß sie selbst allein die Heilung – das Heil – erbringen könnte. Von September 1917 an wußte Kafka zumindest das eine: daß sie ihm einen frühzeitigen Tod bringen würde.

Das Schreiben ist und bleibt, obgleich es Kafkas gesamtes Wesen, seine ganze Person von ihrem Innersten her umfaßt, ein Fremdkörper in seinem Milieu, in seiner Familie vor allem (nicht so im Freundeskreis, der aber nur zu einem gewissen Grad die von Kafka erstrebte Legitimität geben kann). Er verharrt als derjenige, der diesen Fremdkörper repräsentiert und der dieser Fremdkörper *ist*, im Familienkreis, unfähig zu jeder wirklichen Emanzipation: »Trostloser Abend heute in der Familie. Der Schwager braucht Geld für die Fabrik, der Vater ist aufgeregt wegen der Schwester, wegen des Geschäfts und wegen seines Herzens, meine unglückliche zweite Schwester, die über alle unglückliche Mutter, und ich mit meinen Schreibereien.« (T, 173)

Die *Schreibereien* scheinen nutzlos und überspannt, ihr Anspruch ist der eines bedeutenden Schriftstellers, ihre Wirklichkeit die eines infantilisierten Erwachsenen. Von hier aus ist der Blick frei auf das Spaltungsphänomen, welches das Schreiben im psychosozialen Haushalt Kafkas hervorrufen mußte. Er existierte gleichzeitig in zwei einander widerstreitenden Welten; in der Familie (die später durch die Beziehung zu Felice ergänzt werden sollte) und im Schreiben. Ins Schreiben projiziert Kafka seine eigene Nutzlosigkeit innerhalb der Familie und im Leben, aber so, daß aus dieser Nutzlosigkeit der Anspruch auf eine ganz und gar andere Sphäre erhoben werden kann. Diese Sphäre läßt sich jedoch, weil das Schreiben nutzlos ist, niemals einlösen. Daraus ergibt sich eine Spaltung in einen Menschen, der tatsächlich lebt und einen, der diesen anderen leben läßt, aber selbst eigentlich nicht lebt. Das Leben wird vom Toten her gespeist, sofern man unter dem Toten den Schreiber und unter dem Lebenden den realen Menschen versteht. An den frühen Tagebucheinträgen kann man sehen, wie im Schreiben eine Identitätsfigur erzeugt wird, eine Unglücksfigur, die den leeren biographischen Platz des Menschen Franz Kafka einnimmt. Sie wird im Schreiben und durch das Schreiben erst produziert und damit aus jener Quelle gespeist, die das abgestorbene, leere Ich umgreift, das ins Schreiben verschwundene Ich. Diese schizoide Disposition ist für Kafkas Leben konstitutiv. Besonders deutlich zum Ausdruck gebracht hat sie der Autor in zwei erstaunlichen Texten, die sich in den acht blauen Oktavheften gefunden haben, genauer gesagt im *Oktavheft G.* Kafka wählt im ersten dieser beiden Texte die Figurenkonstellation von Don Quijote und Sancho Pansa, um das seinem Schreiben zugrundeliegende Spaltungsphänomen und dessen Auswirkungen zu verdeutlichen:

Sancho Pansa, der sich übrigens dessen nie gerühmt hat, gelang es im Laufe der Jahre, in den Abend- und Nachtstunden, durch Bereitstellung einer Menge Ritter- und Räuberromane seinen Teufel, dem er später den Namen Don Quichote gab, derart von sich abzulenken, daß dieser dann haltlos die verrücktesten Taten ausführte, die aber mangels ihres vorbestimmten Gegenstandes, der eben Sancho Pansa hätte sein sollen, niemandem schadeten. Sancho Pansa, ein freier Mann, folgte gleichmütig, vielleicht aus einem gewissen Verantwortlichkeitsgefühl dem Don Quichote auf seinen Zügen und hatte davon eine große und nützliche Unterhaltung bis an sein Ende. (*Beim Bau der chinesischen Mauer*, 167)

Don Quijote als der von den Ritter- und Räuberromanen erfüllte, aus nichts als aus Literatur bestehende *Teufel* Sancho Pansas, der *die* Taten in aller Wirkungslosigkeit ausführt, von deren Ausführung Sancho Pansa absehen kann. Was Sancho Pansa damit erzielt, ist ein Tun ohne Tat und eine Tat oder eine Reihe von Taten, die an sich völlig sinnlos und bedeutungslos sind, weil sie auf der Grundlage von Lektüren sich vollziehen, die keinen Realitätsbezug aufweisen. Lauter Spinnereien, aber raffiniert aufgezogen. Don Quijote ist eine Erfindung Sancho Pansas, eine notwendige Erfindung, da in ihr Sancho Pansas Teufel steckt. Eine Bannung des Teufels, gespeist aus der irrwitzigen Identifikation mit den Figuren aus alten Romanen.

Kafka deutet das Schreiben und die mit ihm erzielte Spaltung als eine Art Irreführung des Teufels und damit als Rettung Sancho Pansas vor dessen Einfluß. Darin steckt noch eine gewisse Legitimität dieser Spaltungsmaßnahme, die allerdings im unmittelbar sich anschließenden Text sofort zurückgenommen wird:

Eine der wichtigsten Don Quichotischen Taten, aufdringlicher als der Kampf mit der Windmühle, ist der Selbstmord. Der tote Don Quichote will den toten Don Quichote töten; um zu töten, braucht er aber eine lebendige Stelle, diese sucht er nun mit seinem Schwerte ebenso unaufhörlich wie vergeblich. Unter dieser Beschäftigung rollen die zwei Toten, als unauflöslicher Purzelbaum, durch die Zeiten.

Hier nun führt Kafka die Spaltung auf die Person Don Quijotes selbst zurück und auf seine wichtigste Tat, wie es heißt, den Selbstmord. *Der tote Don Quichote will den toten Don Quichote töten, um zu töten braucht er aber eine lebendige Stelle...* Eine Passage, die vollkommen verrückt anmutet, solange man sie nicht auf Kafkas Schreibsituation bezieht. Die zwei Toten, die zugleich eine und zwei Personen sind, rollen als unauflöslicher Purzelbaum durch die Zeiten. Es ist die Gier nach einer lebendigen Stelle, die sie treibt, aber nur um wiederum Tod zu bringen und zwar für einen Toten.

Es gibt keine zweite Aussage in Kafkas Schriften, die die Mediatisierung des Schreibens als einen vom Toten her gespeisten Akt so eindringlich zum Ausdruck bringen würde. Der Tote aber, das ist der sozial Gelöschte, der ewige Sohn, der aus nichts als Literatur besteht, wie ja auch Don Quijote aus nichts als Literatur besteht. Er sucht bei sich selbst eine lebendige Stelle, um den toten Don Quijote zu töten – was für eine Absurdität, da man ja einen Toten nicht töten und dieser Tote überdies keine lebendige Stelle aufweisen kann. Dennoch drückt der Text bezogen auf das Schreiben etwas Entscheidendes aus. Der ungeheure Aufwand, der Kampf, die Hoffnung, auf Leben zu stoßen, Leben vielleicht zu erzeugen, all dies ist zwecklos und sinnlos und doch ist es ein Vorgang, angestoßen durch eine mächtige Intention, und dieser Vorgang *ist* das Leben. Kafkas Leben. Auch wenn alles sinnlos wäre, gäbe es diesen von Wünschen und Begierden angestoßenen Prozeß des Lebens als einen vom Toten her sich speisenden Kampf des Menschen mit sich selbst.

Schreiben ist bei alldem aber keine Metapher, die etwas anderes meint, Schreiben heißt immer konkret Schreiben. Und als solches heißt es tot sein und den Selbstmord suchen. Kafka findet in seiner Spätzeit, im Jahre 1922, als schon feststeht, daß er nicht mehr lange zu leben hat, noch einmal starke Bilder, die dieses Lebensdilemma verdeutlichen. Sie erinnern in ihrer Paradoxie an die Texte zu Don Quijote und Sancho Pansa, machen aber darüber hinaus klar, daß diese Paradoxie den Kern des Schreibens trifft. In einem Brief an Max Brod vom 5.7.1922 schreibt Kafka, sein eigenes Begräbnis vor Augen:

> Es wird ein eigentümliches Begräbnis werden, der Schriftsteller, also etwas nicht Bestehendes, übergibt den alten Leichnam, den Leichnam seit jeher, dem Grab. [...] Mit welchem Recht erschrecke ich, der ich nicht zuhause war, daß das Haus plötzlich zusammenbricht; weiß ich denn, was dem Zusammenbruch vorhergegangen ist, bin ich nicht ausgewandert und habe das Haus allen bösen Mächten überlassen? (Briefe, 385f.)

Unmittelbar bringt Kafka sein Sterben, seine Krankheit zum Tode mit diesem *Teufelsdienst* in Verbindung, der alle menschlichen Beziehungen verhindert, sowohl in der Familie als auch zu den Frauen. Schreiben setzt sich an die Stelle des Lebens, und zwar mit aller Macht, mit der Besessenheit einer Selbstbehauptung als Selbstnegation. Hinsichtlich seiner Lungenkrankheit schreibt Kafka Mitte September 1917, also kurz nach deren Diagnose, an Max Brod:»Manchmal scheint es mir, Gehirn und Lunge hätten sich ohne mein Wissen verständigt. ›So geht es nicht weiter‹ hat das Gehirn gesagt und nach fünf Jahren hat sich die Lunge bereit erklärt zu helfen.« (Briefe, 161)

Der tatsächliche Tod tritt als letzte Realität aus diesem Paradox hervor. Kafka weiß das am Ende seines Lebens:»Merkwürdig, daß bei genügender Systematik Wirklichkeit werden kann.« (T, 350). Das notiert er mit glasklarer Einsicht in die letale Motorik seines Schreibens, die die Motorik seines Lebens gewesen ist.

Nieder-Kunft

Wie immer man zu den letztlich selbstquälerischen Exerzitien des Schreibens bei Kafka stehen mag, es wird deutlich, daß er sich nicht einfach davon loslösen kann, ja daß es sogar das Letzte wäre, was er wollte. Darin ist gewiß der große Unterschied zu dem frühen Vorbild Flaubert zu erblicken, dessen *Éducation sentimentale* Kafka über alles geliebt und um 1911 als Dauerlektüre gepflegt hat. (Er berichtet sogar von dem Wunsch, die gesamte *Éducation* in einem Zug vorzulesen, ohne Pause, in einem tagelang dauernden Lesemarathon). D. Kremer bemerkt dazu: »Flauberts Flucht in die Kunst, weg von der verkommenen Welt in die Scheinwelt der artistischen Perfektion, beinhaltet eine Stilisierung des Künstlers im Schriftsteller, die bei Kafka nicht vorzufinden ist. Flaubert kompensiert den Weltentzug durch eine emphatische Stilisierung des Künstlers, der ein exemplarisches Schriftleben führen muß, stellvertretend für den Bürger, wenn nicht für die gesamte Menschheit.«[15]

Bezeichnend für Flaubert ist die bei aller Aufzehrung der Lebensressourcen durch die Kunst empfundene Selbstnegation als Lebender unter Lebenden, die Stilisierung des Künstlers als Schöpfer einer Alternativwelt des schönen Scheins und der ästhetischen Perfektion. Flaubert rettet sich in die Idee von der Erhabenheit des Schöpfers über die Welt, von seiner Gottgleichheit als Demiurg.

Davon kann bei Kafka keine Rede sein. Er erlebt sein Schreiben immer als Scheitern seiner Person. Das impliziert eine doppelte Negation, da das Schreiben das Leben bereits per se negiert, jedoch dadurch nicht zu einem letztlich positiven Moment führt, sondern zum Paradox eines sich selbst ermordenden Toten. Was Kafka von Flaubert ableitet, ist die Vorstellung von der Auslöschung des Subjekts in der Schrift, im Stil genauer gesagt. Es ist das völlige Aufgehen des Schriftstellers in seinem Werk, das Kafka an Flaubert so sehr anzieht und das Flaubert auch bis zu einem extremen Grade stilisiert hat, nicht ohne seinen Lebensekel hineinzulegen. Flauberts Zynismus dem Leben gegenüber hebt sich allerdings deutlich gegen Kafkas Verzweiflung ab. Was Kafka bleibt vom ästhetizistischen Pathos des einsamen Schöpfers einer Kunstsphäre, ist die Monomanie der Schrift als Fixpunkt einer kunstgeprägten Transzendenz. Kafka kann den Kunstglauben Flauberts nicht erreichen. Das kennzeichnet seine eigene Stellung.

An der Vergleichsfigur Flaubert zeigt sich, daß Kafka auch den Ästhetizismus des 19. Jahrhunderts nicht mehr für sich beanspruchen kann, daß auch dieser Glaube noch eine innere Kohärenz und eine heilsutopische Linearität aufgewiesen hat, die Kafka bei sich selbst nicht mehr vorfindet. Das Werkbewußtsein ist bei ihm, im Gegensatz zu Flaubert, beinahe vollständig getilgt, weil gerade das Werk dieser Negation unterworfen ist, die das Schreiben verströmt. Schreibfluß und Werkanspruch ergänzen sich nicht mehr, sondern schließen einander explizit aus. Schreiben ist ein Akt, der keinen über ihn hinausweisenden Gedanken gelten läßt, der auch nicht die Architektur eines Gebäudes zulassen würde, in dem sich sein Schöpfer wiederfände.

Nicht das Werk bildet den neuen Körper des Autors, sondern die Schrift. Der Augenblick der Nieder-Schrift ist nicht mehr Konstruktion, sondern Geburt. Nieder-Schrift ist Nieder-Kunft. Darin liegt der fundamentale Wechsel von einem architektonischen zu einem gynäkologischen Selbstverständnis des Schriftstellers, wie er sich in Kafka vollzieht. War einst das Werk der Körper, in den sich das Wesen seines Urhebers einschreiben sollte, so ist es jetzt der Körper des Autors, der zum Körper der Schrift wird, indem er diese gebiert.

Diese Dimension steht hinter der die Entstehung des *Urteils* betreffenden Tagebucheintragung Kafkas: »die Geschichte ist wie eine regelrechte Geburt mit Schmutz und Schleim bedeckt aus mir herausgekommen.« (T, 186). Auch dieser Satz ist keine Metapher. Kafka spricht tatsächlich von einer Geburt, und zwar in einem speziellen Sinne, dessen psychologische Ausrichtung dem Verständnis einige Schwierigkeiten bereitet. Die Tagebucheintragung vom 23. September 1912, in der Kafka die Nacht der Entstehung des *Urteils* und vor allem den Morgen danach minutiös festhält, läßt das deutlich werden. Kafka beschreibt seine Niederkunft als Autor und ein Neugeborenwerden als Ich. Am Morgen danach wird die Welt mit neuen Augen gesehen. Das Blau vor dem Fenster ist ein nie gesehenes Blau. Das Bett steht unberührt, als sei es jetzt erst hereingetragen worden. Die ganze Welt hat sich verändert und wird nie mehr sein wie zuvor. Kafka stimmt ein Tagelied an, nachdem ihn seine Geliebte mit der ersten Morgenröte verlassen hat, eine immaterielle Geliebte, die ewige Antagonistin der realen Frau, die Schrift. Zugleich beschreibt er in schonungsloser Drastik die Geburt, die sich in eben dieser Nacht vollzogen hat. Zeugung und Geburt in einem: »Nur so kann geschrieben werden, nur in einem solchen Zusammenhang, mit solcher vollständiger Öffnung des Leibes und der Seele.« (T, 184)

Eine entsprechende Stelle gibt es in der Literaturgeschichte wohl kaum ein zweites Mal. Die Selbstanalyse eines Dichters bei der schöpferischen Arbeit, die die Betonung des Schöpfungsaktes in krasser Form über der Bedeutung des Geschaffenen ansiedelt. Schöpfung und Geschaffenes werden als ein- und dasselbe angesehen. Der Schreibakt und das Geschriebene verschmelzen zu *einer* Tat, die wie bei einer Geburt die Positionen von aktiv und passiv aufhebt. Die Gebärende tut etwas, indem etwas mit ihr geschieht. Genauso sieht sich der Autor Kafka am Morgen des 23. September 1912, als Gebärenden.

Tiefenpsychologische Deutungen haben hierzu angemerkt, daß die Geburtsphantasie in dieser Schlüsselszene des sogenannten Durchbruchs die vollständige Identifikation des Autors mit der Mutterimago beinhalte. Im früh- und kleinkindlichen Stadium habe das Kind die Mutter stets als Schwangere und Wöchnerin gesehen, habe aufgrund der durch die Schwangerschaften bewirkten Beanspruchung, aber auch durch die Beanspruchung der Mutter im elterlichen Geschäft, zugleich den Entzug der Zuwendung und den depressiven Rückzug der Mutter nach dem Tod der beiden auf Franz nachfolgenden Brüder ebenfalls auf die Schwangere und Gebärende bezogen. Bereits also in seinen frühesten Vorstellungen habe Kafka das Bedeutungsfeld *Geburt* in einen ambivalenten Zusammenhang von Vereinigungswunsch und Abweisung gebracht, mithin in die in seiner Praxis des Schreibens nachgebildete Antithetik von Identität und Scheitern.

Wenn wir einmal diese Deutung, die natürlich immer den innerhalb der Psychoanalyse irreduziblen Grad von Spekulation mittransportiert, zugrunde legen, so bedeutet *Geburt* in diesem spezifischen Zusammenhang die endlich, nach langen Anläufen und vergeblichen Versuchen erreichte Vereinigung mit der Mutter und damit die Überwindung des Vaters als der dieser Vereinigung entgegenstehenden Macht. Bezeichnend ist nun, daß in der Erzählung *Das Urteil* der Sohn zugrunde geht, nachdem der Vater ihn zum Tode verurteilt hat. Diese Tatsache steht der Sichtweise, Kafka habe in diesem Text die erstrebte Mutterimago endlich erreicht, keineswegs entgegen. Zwar verurteilt ihn der Vater zum Tode durch Ertrinken, doch mag dieser Ausspruch auch als Verurteilung zum Schreiben verstanden werden, als Selbstaufopferung im Schreibstrom, in welchen der Delinquent einzutauchen hat, um sich selbst zu verlieren, um sich auszulöschen.

»In diesem Augenblick ging über die Brücke ein geradezu unendlicher Verkehr«, lautet der letzte Satz der Erzählung, und in diesem Bild spiegelt sich gewissermaßen die Vorstellung des Fließens des Flusses, in den sich Karl Bendemann stürzt. Dieser Selbstverlust im Strom (des Wassers, des Verkehrs, des Schreibens: auch das sind keine Metaphern, höchstens Metonymien, Verschiebungen von Bedeutungsfeldern im Ablauf der Bilder), wäre aber gleichzusetzen mit der Erfüllung eines Grundbegehrens, der körperlichen Identifikation mit der Mutter. Kafka gebiert den Text so wie die Mutter, die für ihn immerzu Gebärende war, neun Jahre lang, in denen sie nach ihm noch fünf Kinder zur Welt gebracht hat. Kein Zufall dürfte es auch sein, daß sich Kafka just zu diesem Zeitpunkt einer Frau mit ernsthaften Absichten nähert und jenen unheilvollen Briefwechsel mit Felice Bauer aufnimmt, in dem sein Schreib- und Existenzdrama erstmals eine lebensweltlich eminente Ausformung erhalten sollte. Denn nun fühlt er sich frei von der restringierenden Gewalt des Vaters, freigeschrieben im ursprünglichsten Sinn des Wortes, auch für die Ehe.

Das Gefühl einer Erfüllung durch Gebären korreliert mit dem Zusammenfallen von Schreibakt und Schreibprodukt. Wir haben es angesichts des *Urteils* nicht mit einem ersten Entwurf zu tun, der noch vielmals überarbeitet werden müßte, um zu einem gültigen Werk zu gelangen. Aus der Planlosigkeit des Schreibeinsatzes heraus entsteht ein Text. Die Parallelität von Schreibfluß und Schreibprodukt tritt an die Stelle der Zweiheit von Konzept und Ausarbeitung. Damit wechselt das Geschaffene aus der Zone einer ideell angesteuerten und vorstellbaren Größe ins Medium eines psychophysischen Erlebnisses, dessen Erfahrbarkeit nicht auf der Möglichkeit von Idealität, sondern auf der Tatsache von Physiologie beruht. Daher kommt es, wie Malcolm Pasley erläutert hat, daß bei Kafka Schreiben und Geschriebenes »auf untergründigere Art und Weise zusammengehören, [...], insofern als sein erzählerisches Werk einen Prozeß des Suchens und Erforschens gleichzeitig *darstellt* und *verkörpert*. Der tastende Vorwärtsgang der Geschichte, in dem sie als Text fortlaufend durch den Schreibakt entsteht, *bildet* nicht etwa den tastenden Vorwärtsgang des fiktiven Helden *nach*, sondern läuft mit diesem parallel; es gibt zwei zusammenhängende Suchprozesse, und wir werden beim Lesen aller beider gewahr; [...] Dadurch bekommt der Leser, zumindest halb unbewußt, den Eindruck, er werde beim Lesen nicht bloß in einen bedeutsamen fiktiven Suchprozeß verwickelt, sondern zu gleicher Zeit in einen höchst realen, in den angestrengtesten, mit der Feder forschenden Schreibprozeß eines Menschen, für den dieses Schreiben – und die daran geknüpften, fast desparaten Hoffnungen – das Wichtigste im Leben war.«[16]

Die Lektüre des *Urteils* verführt, nicht nur beim ersten Lesen, sehr stark zu einer psychologischen Interpretation der Figurenkonstellation im Sinne einer kausalen Abfolge von Tat und Reaktion, Schuld und Strafe, Leiden und Rache. Ganz im Sinne der Familientherapie, nach der das System Familie eine eigene interne Dynamik entfaltet und ›das Tun des einen das Tun des anderen‹ unmittelbar bewirkt (Stierlin), meint man eine schlußfolgernde Erklärung für Georgs Tod durch Ertrinken nach der Verurteilung durch den Vater finden zu müssen, um die Geschichte verstehen zu können. Die weiteren Figuren neben dem Vater und dem Sohn, nämlich der Freund in Rußland und die Braut Frieda Brandenfeld reihen sich in die dynamische Konstellation ein und scheinen den Ring der Begründungen um das Urteil des Vaters herum noch enger zu ziehen.

All diese Deutungsansätze, so plausibel sie zunächst anmuten mögen, führen jedoch sehr bald in die Sackgasse. Weder kann man Georg eine Schuld nachweisen, die ein solches Todesurteil rechtfertigen würde, noch begreift man das Verhalten des Vaters, der sich zuletzt zu diesem Urteil versteigt, und zwar in offenbar wohldurchdachter Entscheidung. Die Schuldfrage scheidet in der systemischen Familientherapie aus guten Gründen zunächst prinzipiell aus, weil – von Ausnahmefällen abgesehen – eine Vater-Sohn-Problematik etwa als dynamischer Prozeß verstanden wird, bei dem beide eigentlich keinen Überblick und keine Distanz haben und den Verlaufsformen der Interaktion sozusagen gehorchen. Kafkas Erzählung ist unter diesem Gesichtspunkt eine Abstraktion. Sie zeichnet nicht den Weg der Interaktion zwischen den vier Figuren und vor allem zwischen Vater und Sohn nach, sondern modelliert die Positionen innerhalb einer Konfliktkonstellation, die den gesamten Problembestand der Interaktion umfassen. Deshalb folgt die Geschichte auch nicht der Logik von Aktion und Reaktion in einem realistischen Horizont. Ihre Verlaufslogik besteht vielmehr in der Zusammenfassung eines Gesamtkonflikts, inklusive des Versuchs einer Konfliktlösung.

In der plötzlichen Rede des Vaters, die den Sohn mit einem Schlag entmündigt, sind alle Vorwürfe enthalten, die die Selbständigkeitsbemühungen Georgs zum Scheitern verurteilen. Die

Beziehung zum Freund wird vom Vater kontrolliert, der den Sohn anklagt, ihn beiseite schaffen zu wollen und an die Stelle des Lebens mit dem Vater die Heirat zu setzen. Im Grunde genommen sind das ganz alltägliche Vorgänge, ganz normale Abläufe im Leben eines Menschen, hier jedoch, im Falle Georg Bendemanns, werden sie vom Vater inkriminiert; der Sohn wird aus der Illusion seiner endlich erlangten Selbständigkeit verstoßen. Die Heiratsabsicht Georgs wird vom Vater als sexuelle Lüsternheit entlarvt. Der Freund in Petersburg entpuppt sich als Vertrauter des Vaters. Er zerknülle, wie dieser triumphierend bemerkt, Georgs Briefe, während er sich die Briefe des Vaters zum Lesen vorhalte.

Der Vater belegt die Verhaltensweisen und Vorhaben Georgs mit dem Stigma der Schuld. Schuld gegenüber ihm, dem Vater, zu allererst, dann aber auch gegenüber der verstorbenen Mutter. Georgs Schuld besteht einzig und allein in dem Versuch, sich von seinem Vater hin zu einem Erwachsenenleben zu emanzipieren. Bleibt die Frage, weshalb Kafka diesem Vater eine solch absurde Richterrolle zuerkennt, noch dazu auf der Grundlage einer unsinnigen Schuldbehauptung.

An dieser Stelle werden wir wieder an Helm Stierlins Thesen zu Kafkas Familienpathologie erinnert. Vor allem der übergroße Loyalitätsdruck gegenüber der Familie und ihrem Oberhaupt, dem Vater, sticht ins Auge. Eine Bindung, die für Kafka gleichsam archaische Qualitäten aufgewiesen haben muß. Im *Urteil* treten jedoch auch die Momente der emotionalen und der kognitiven Ausbeutung hervor, auf die sich dieser Loyalitätsdruck stützt. Dies zeigt sich vor allem in der hinterhältigen Beziehung, in der der Vater zum Freund steht, jedoch auch im achtlosen Umgang mit Einwänden und Verteidigungsversuchen, die Georg anbringen möchte.

Unter diesem Gesichtspunkt ist der Schluß der Geschichte von besonderer Bedeutung. Der Tod des Sohnes ist eine regelrechte Auslöschung, eine Selbstliquidierung mit Haut und Haaren. Der Urteilsspruch des Vaters ist so apodiktisch wie unbegreiflich: »Ein unschuldiges Kind warst du ja eigentlich, aber noch eigentlicher warst du ein teuflischer Mensch! – Und darum wisse: Ich verurteile dich jetzt zum Tode des Ertrinkens!« (LA, 52) Der Sturz von der Brücke in den Fluß wird von einem »Autoomnibus« übertönt und danach heißt es: »In diesem Augenblick ging über die Brücke ein geradezu unendlicher Verkehr.« (LA, 52). Auffällig ist, daß die Metapher des Fließens Georgs Tod vollständig umfaßt. Georg geht unter im Fluß, im Lärm und im Verkehr. Diese Häufung des Fließens im Kontext des Todes deutet auf ein Verstreuen und Sich-Verströmen hin, auf eine totale Auflösung des Opfers in einem Strom, der es aufnimmt. Das ist mehr als ein gewöhnlicher Tod. Es ist Eingehen in die Strömungsdynamik der Materie. Das sich um sich selbst und den Vater sorgende Subjekt stirbt ab. Aus seiner sterblichen Hülle entspringt ein Homunculus des fließenden Verkehrs. Eine Schreibtischgeburt, ohne Fleisch und Blut, Haut und Haare, Stumpf und Stiel. Das reine Sich-Verströmen. Auch das ist ein Traum von Erlösung.

Kafka exponiert im *Urteil* die Ausfaltung seiner familiären Situation unter dem Aspekt zweier einander zuwiderlaufender Konzeptionen des Schreibens. Die Vermutung liegt nahe, daß das *missing link*, von dem her sich die Widersprüche im Erzählverlauf zumindest erklären lassen, in dieser paradoxen und hochkomplexen Auffassung vom Schreiben zu sehen ist. Der Freund, der in der Ferne verwildert und scheitert, kann als das erste Modell jener Abspaltung verstanden werden. Dieses Modell, das eine moderate Emanzipation vom Vater beinhaltet, indem Georg den Freund mit dem Vater bekannt macht und es zu einer wenn auch kritischen Akzeptanz kommt, stellt sich zuletzt als vollkommen vom Vater kontrolliertes heraus. Der Freund wird damit zum Zeugen von Georgs Zögerlichkeit und Falschheit und geht als Freund verloren. Das bedeutet, das erste Modell des Schreibens scheitert, weil es sich nicht vom Einflußbereich des Vaters entfernen kann, vielmehr gerade diesem zuspielt und vom Vater durchschaut wird. Bleibt ein zweites Modell, das allerdings nur um den Preis des Todes und der Auslöschung der realen Person zu erlangen ist und in dem das Schreiben als ein Fließen und Zerfließen mit den Elementen begriffen wird, als totaler Auflösungsvorgang. Der Widerspruch, der bei diesem zweiten Modell bleibt, liegt in der Kontamination von Schreibfluß und Sterben sowie in der Verurteilung durch den Vater. Dieser letzte Punkt ist vielleicht am einfachsten zu erklären. Das Urteil des Vaters kommt einer existentiellen Unausweichlichkeit gleich, vor der Georg keine Wahl bleibt. Die Präsenz des Vaters ist so gewaltig, daß sie als ein Urteil für das eigene Leben aufgefaßt werden muß. So ist auch die Flucht in das zweite Modell des Schreibens nicht Ergebnis einer freien Entscheidung, sondern unterliegt restlos diesem Urteil.

Diese Flucht hat einen fatalen Doppelcharakter, in dem man eine Vorausahnung Kafkas auf die letale Dimension seines Familienkonflikts erblicken kann. Die Kombination von Fluß (Schreibfluß, Flucht, Auflösung im Signifikantenstrom) und realem Tod erzeugt den Doppelaspekt einer Befreiung in der Produktivität einerseits und andererseits der Einsicht in die absolute Unmöglichkeit, eine Konfliktlösung ohne tödlichen Ausgang zu finden. Schreiben und Selbstopferung werden hier von Kafka auf *einer* Ebene gesehen, sie unterliegen in ihrem gemeinsamen Auftreten jedoch eindeutig beide dem Urteilsspruch des Vaters. Darin besteht das Verhängnis für Kafka schlechthin. Was aber wäre beglückender für einen diesen Strukturen Verfallenen als sie plötzlich in ihrer verhängnisvollen Dimension vor sich ausgebreitet zu sehen, und das durch die eigene darstellerische Leistung? Das Verhängnis des eigenen Lebens ins Bild zu bringen, bedeutet hier keineswegs seine Überwindung, da die Methodik der Bewußtwerdung – Schreiben – zentral zum Aufbau und zur Konsolidierung der Verhängnisstruktur hinzugehört. Kafkas Glück als Gebärender besteht in der endlich erlangten Fähigkeit, das eigene Unglück herstellen zu können, selbst zu seiner Quelle zu werden, endlich das Monstrum des eigenen Untergangs ans Licht der Welt gebracht zu haben. Das ist ein schlechter, aber berauschender Ersatz für adoleszente Selbständigkeit. Indem Kafka die Unfähigkeit ins Medium der Omnipotenz erhebt, schwingt er sich zum einsamen Herrscher über das Familiendrama auf, zum eigentlichen Oberhaupt der Familie, zum besten aller möglichen Söhne in den Augen der Mutter, zum Märtyrer gegenüber dem Vater, der nun endlich, endlich die Waffen strecken muß. Gegen solches Märtyrertum ist keine Kritik mehr erlaubt. Wer sich aufopfert, ist gerechtfertigt, vor welcher Macht auch immer.

Damit hat Kafka seine Lebenssituation um das Jahr 1912 wie überhaupt die gesamte Fatalität seiner Existenz als Sohn, Schriftsteller und Mann in die Verdichtung gebracht. Der Vorgang wirkt wohl genau deswegen so erschütternd, weil er von einer durchgreifenden Einsicht in eben diese Situation kündet. Es ist, als habe Kafka die Dramatik seines Lebens beinahe ohne Komplexitätsverlust in Sprache transformiert. Das *Urteil* erscheint dem Leser schon auf den ersten Blick einfach und genial zugleich. Kafka führt die Kunst aus jeglicher Repräsentationslage heraus und rein auf sich und seinen Selbstbezug zu. Was sich hier eine Form sucht, gehört der privatesten und intimsten Ebene des Menschen an.

Kafka ist zweifellos der erste Schriftsteller gewesen, der den Innenraum des Menschen nicht wie ein Psychologe beschreibend seziert, sondern ihn unmittelbar auf eine Außenwelt zu projizieren verstanden hat, die ganz und gar die Züge dieses Innern trägt, die von diesem Innern gleichsam aufgebaut wird. In dieser Zusammenziehung der Innenwelt und der Außenwelt zu einem neuen *Chronotopos*[17] liegt die Unausweichlichkeit seiner Geschichten begründet. Die Außenwelt bildet das Innere des Menschen ab, ein Satz, den man auch auf die Romantik anwenden könnte, nur geht es jetzt, bei Kafka, nicht um eine harmonische Korrespondenz von Innen und Außen, sondern um die schicksalshafte Verfallenheit beider Bereiche an diesen einen monokausalen Prozeß, aus dem das Leben einzig und allein besteht. Zustande kommt dieser Eindruck jedoch aus der isomorphen Übertragung von Strukturmomenten des privatesten Konfliktpotentials auf eine fiktive Außenwelt, die sich ganz nach diesen Strukturen ausrichtet.

Dieser *Isomorphismus des Schaffens*, bei dem die geschilderte Welt in umfassender Weise die Züge des subjektiven Erlebens zugesprochen erhält, kann als wesentliches Kriterium des Kafkaschen Produktionsvorgangs gelten. Hinzu tritt die *funktionale Linearität* der Erzählführung, bei der alle Elemente auf den Fortgang der einsinnigen Handlung bezogen bleiben und in Dienst genommen werden. Beide Basiselemente finden im *Urteil* zum ersten Mal ihre volle Entfaltung. Kafka erkennt sie unmittelbar als die seinem Schreiben ureigensten Komponenten.

Das wesentliche Kennzeichen des Schreibvorgangs als Niederkunft besteht in der Tatsache, daß aus einem selbständigen Organismus zwei werden. Wobei der geborene Organismus nicht mehr auf die Funktionen des gebärenden zurückgeführt werden kann. Ganz genauso beurteilte Kafka diese Geschichte, die er in einer Nacht, in *einem* Zug, aus sich herausgeworfen hat, ohne ihre Bedeutung, ihren Sinn, aus seinen eigenen Überlegungen noch schlüssig ableiten zu können.

Kafka steht dem *Urteil* nach dessen Hervorbringung hilflos und verständnislos gegenüber. Felice gegenüber bekennt er noch nach Monaten, daß er keinen vernünftigen Sinn darin erkennen könne. Gleichzeitig bezeichnet er es immerfort als *Deine Geschichte*, wofür ja auch die unmittelbar nach der Entstehung gesetzte Widmung *Für F.* steht. Kafkas Lebenszeugnisse belegen insgesamt, wie hilflos er angesichts der Analyse literarischer Formen war, eigener und fremder. Das völlige Fehlen poetologischer Aussagen im engeren Sinne tritt als weiteres Indiz für seine Haltung gegenüber der eigenen Produktivität hinzu.

Sie ist zwanghaft und erzeugt ebensoviel Genuß wie Angst. In ihr liegen die Wollust des Zeugens und die Schmerzen der Geburt zusammengefügt zu einem Akt. Daher geht es Kafka immer um das Erreichen dieses Aktes. Es gibt kein Kontinuum der Schrift. Ihr Vorher und ihr Nachher sind die Sphären der Verzweiflung. Nur in ihrem Akt ist Erlösung, weil allein dieser Akt den Körper des Autors umwandelt in einen gebärenden Körper. Das Standbild des eigenen Unheils zu gebären, bedeutet, es zu überwinden und zu rechtfertigen – wobei sich beide Folgerungen gegenseitig aufheben. Das einzige Resultat, das aus diesem pseudotherapeutischen Akt im Schreiben folgt, besteht in der Notwendigkeit weiterzuschreiben.

Natur / Theater

Kafka erwies sich als unfähig, in einen einmal geschriebenen Text durchgreifende Korrekturen einzubringen. Auch verzweifelte er meist an der Frage, wie eine einmal begonnene Geschichte weiterzuführen sei; ein Grund, aus dem heraus er viele seiner Ansätze, auch weit vorangetriebene Manuskripte, abgebrochen liegen ließ. Alle handschriftlichen Erstniederschriften, auch der Fragmente, setzen sofort mit dem Eingangsteil ein und werden dann ohne jede Lücke bis zum endgültigen Abschluß oder Abbruch geführt. Eine Ausnahme macht hier nur das Kapitel im *Verschollenen*, dem Max Brod den Titel *Das Naturtheater von Oklahoma* gegeben hat und das handlungsmäßig nicht an die schon vorhandenen Teile des Romans anschließt.[18]

Kafkas literarisches Arbeiten entsprach wohl weniger einer genau kalkulierten Vorgehensweise, bei der die Niederschrift nicht mehr als eine konzentrierte Ausführung darstellt. Vielmehr muß bei ihm ein Zustand der Trance angenommen werden, wie ihn auch die Psychologie bei der Erforschung des Phänomens der Kreativität immer wieder herausarbeitet. Kafka fühlte sich im Vorgang des Schreibens als nicht bei Sinnen, er empfand ein Versinken und Eintauchen in die Tiefenschichten des Unbewußten. Wird eine solche innere Verfassung durch dauernde Wiederholung habituell, dann werden die üblichen Triebansprüche auf Glück, Zufriedenheit und äußeren Lebensgenuß gleichsam zurückgestellt und zum Verkümmern gebracht, d.h. sie schrumpfen zugunsten der schöpferischen Introspektion.

Der Prozeß des Schreibens nimmt eine Art Metamorphose des Menschen Kafka vor, eine halluzinatorische Vertiefung in unbewußte Zonen, auf die hin sich der gesamte Organismus nach und nach zentriert. Der so erlebte Rauschzustand fördert die Abhängigkeit von diesen Vorgängen. So wird verständlicher, weshalb Kafka stets auf der körperlichen und insgesamt wesensmäßigen Dimension seiner Literatur insistierte, etwa in dem berühmten Brief an Felice Bauer, in dem es heißt:»Ich habe kein literarisches Interesse, sondern bestehe aus Literatur, ich bin nichts anderes und kann nichts anderes sein. (14. August 1913, BaF, 444).

Auch diese Aussage, obgleich sie immer wieder zitiert wird, ist im Grunde unverständlich. Was soll das heißen: *Ich bestehe aus Literatur*? Eines kann man darin erneut nicht sehen, eine Metapher. *Ich bestehe aus Literatur* soll nicht heißen, ich widme mich ganz der Literatur, nichts anderes interessiert mich usw. Der Satz ist wörtlich zu nehmen und wird damit für eine vernünftige Beurteilung unbrauchbar. Es ist die Aussage eines Verrückten. Man müßte mißtrauisch werden, wenn man in einem persönlichen Brief so etwas liest. Oder man liest darüber hinweg, wie Felice.

Noch einmal: Keine Metaphern, nirgends. Kafka nimmt den Schaffensvorgang und dessen Folgen für seine Person ganz unmittelbar, als Textereignis. Mein Körper ist Schrift, sagt er, nichts anderes. Er vergleicht in demselben Brief sich und seine Beziehung zur Literatur mit einem vom Teufel in Form einer wunderbaren inneren Stimme besessenen Mönch. Als ein Exorzist bewirkt, daß der Teufel ausfährt, sinkt der Mönch tot zusammen und beginnt sofort fürchterlich zu stinken:»Ähnlich, ganz ähnlich ist das Verhältnis zwischen mir und der Literatur«, schreibt er weiter an Felice, »nur daß meine Literatur nicht so süß ist wie die Stimme des Mönches.«

Die Vertiefung ins Schreiben kommt einer Metamorphose gleich, einer Verwandlung; und zwar in einer mentalen Abspaltung vom Alltags-Ich und dem Gleiten in einen anderen körperlichen Zustand. Deshalb kann auch die Verwandlung Gregor Samsas nicht als dichterisches Bild aufgefaßt werden, sondern als ein Vorgang, der sich in der Realität abspielt, wofür nicht zuletzt die realistische Umwelt und die psychologisch nachvollziehbaren Reaktionen der Familienmitglieder sprechen. *Die Verwandlung* entstand wenige Wochen nach der Niederschrift des *Urteils* im November/Dezember 1912, also auf dem Höhepunkt der Schreibeuphorie, die das *Urteil* und die Bekanntschaft mit Felice Bauer bei Kafka ausgelöst hatten. Es scheint, als vollziehe sich in dieser Erzählung ein Umschlag der Euphorie in die totale Negativität, jedenfalls aber leitet die Entstehungsphase der *Verwandlung* in eine neue Auseinandersetzung mit der familiären Schuldfrage über.

Seit 1911 schreibt Kafka auch an einem Roman. In einer Tagebuchnotiz nennt er den Titel: *Der Verschollene.* Unschlüssig über die Fortführung des Manuskriptes hat Kafka das Romanschreiben nach einigen Monaten abgebrochen. Kafka erblickt im Roman die Möglichkeit, das Glücksgefühl des intuitiven Schreibakts, den Rauschzustand des Schreibflusses, auf Dauer zu stellen. Obwohl er in seiner Tagebucheintragung vom 23. September 1912 bemerkt, »daß ich mich mit meinem Romanschreiben in schändlichen Niederungen des Schreibens befinde« (T, 184), nimmt er jetzt, nach der Geburt des *Urteils* noch im September die Arbeit an einer zweiten Fassung des *Verschollenen* auf.[19]

Kafka ließ im Nachhinein aus dem gesamten Roman nur das erste Kapitel mit dem Titel *Der Heizer* gelten, alles andere hielt er für mißlungen. Das Problem scheint für ihn in der *Anlage ins Endlose* bestanden zu haben. Von Ende September 1912 bis zum 24. Januar 1913 arbeitet er regelmäßig an dem Manuskript, dann läßt er es liegen, wohl aus Unschlüssigkeit über die Weiterführung. Im März beurteilt Kafka Felice gegenüber die ganze Masse des Geschriebenen als mißlungen. Dennoch entschließt er sich im November 1914 kurz nach dem Abbruch des *Prozesses* überraschend und ganz gegen seine Art zu einer Wiederaufnahme der Arbeit am *Verschollenen*, die ein mit dem bisherigen

Handlungsverlauf nicht unmittelbar verknüpftes Fragment oder kleines Kapitel erbringt, welches Brod später unter dem Titel *Das Naturtheater von Oklahoma* als Abschlußkapitel in das Manuskript einfügte. Dieses gleichsam isoliert dem Manuskript beigefügte Fragment ist einer der umstrittensten Texte in der gesamten Kafka-Forschung. An ihm entzündete sich die Diskussion um die Manipulation der Texte im Deutungssinne Max Brods; auf dieses »Schlußkapitel«, das keines ist, stützt Brod u.a. seine religiös-heilsutopische Interpretation der Werke seines Freundes. Bis heute kommt diesem Schlußkapitel eine maßgebliche Funktion bei der Interpretation Kafkas zu.

Auf der Ebene der Handlung gelesen, präsentiert der Roman ein grandioses imaginäres Bild Amerikas, wie es sich Kafka vorgestellt hat. In diesem Amerika ist der Kapitalismus in Verbindung mit der Staatsform der Demokratie bereits zu einem bestimmten zivilisatorischen Punkt gelangt, an dem die Verhältnisse dieser Lebensformen alles durchdringen und beherrschen. Die Figuren, denen Karl Roßmann begegnet, sind allesamt diesem System Verfallene, ohne ein Bewußtsein für ihren Zustand aufbringen zu können.

Kafka betrachtet den Kapitalismus nicht unter rein wirtschaftlichen Bedingungen oder auch nur aus einer sozialkritischen Warte, sondern als Form der Entfremdung des ganzen Menschen und seiner sozialen Bezüge. Diese Sichtweise kommt im *Verschollenen* unzweifelhaft zum Ausdruck. Stärker noch als in den beiden späteren Romanen hat Kafka hier ein in gewisser Weise realistisches Bild von Amerika gezeichnet, das naturgemäß auf den Vorstellungen eines Menschen beruht, der nie in Amerika gewesen ist. Amerika ist aber für Kafka mehr als nur eine realistische Kulisse. Es beinhaltet die Tendenz zur Kulmination einer Entwicklung, wie sie sich in Europa bis zum Jahre 1912 nur angedeutet hatte: den Zerfall und das Verschwinden sämtlicher sozialer Formen zugunsten eines rein auf Profitmaximierung angelegten Wirtschaftslebens. Karls Onkel und seine Geschäftsfreunde stehen für diese Situation. Der Onkel beherrscht ein riesiges Handelsimperium, in dem nicht das Verhältnis Erzeuger-Verbraucher im Vordergrund steht; er betreibt einen großen Zwischenhandel: »Das Geschäft bestand nämlich in einem Zwischenhandel, der aber die Waren nicht etwa von den Producenten zu den Konsumenten oder vielleicht zu den

Händlern vermittelte, sondern welcher die Vermittlung aller Waren und Urprodukte für die großen Fabrikkartelle und zwischen ihnen besorgte.« (V, 54)

Die Tatsache der Vermittlung, das Mediative aller Vorgänge, das keinen Ursprung aufweist und kein eigentliches Ziel kennt, sondern im reinen Vermitteln eine ungeheure Profitsteigerung herstellt, bildet ein Basisphänomen des Lebens in Kafkas Amerika. Entsprechendes spielt sich im Straßenverkehr ab, in dem »immer wieder Automobile, wie schon während des ganzen Tages, leicht aneinander vorübereilen, als würden sie in genauer Anzahl immer wieder von der Ferne abgeschickt und in der gleichen Anzahl in der anderen Ferne erwartet. Während des ganzen Tages seit dem frühesten Morgen hatte Karl kein Automobil halten, keinen Passagier aussteigen sehen.«

Alles befindet sich im Fluß, der Fluß ist das alles Entscheidende, entsprechend dem Fließen des Kapitals, das den Kapitalismus vor allem anderen auszeichnet. Kafkas Beschreibungen dieses Amerikas nehmen zum Teil expressionistische Züge an. Alles wird beherrscht durch das ruhelose Unterwegssein, durch das Aufkommen von großen Menschenmassen, wie etwa streikenden Metallarbeitern oder den Anhängern eines Richters, der eine Wahlkampfveranstaltung abhält.

Diese Beschreibungen aber geraten bei Kafka nicht zum Selbstzweck. Es geht ihm nicht darum, Amerika zu mythisieren und ins Unheimliche zu mystifizieren. Das anonyme Leben in den Städten, die gewaltigen Produktions- und Verwaltungsapparate etwa der Firma des Onkels oder des Hotels Occidental, das Fluktuierende des Wirtschaftslebens, das aufständische Potential der Massen, das ursprungslose Fließen des Verkehrs und die überdimensionale Gegenwart der Bauwerke – all diese Phänomene tragen dazu bei, den Einzelnen verlorengehen zu lassen, aber nicht als Aufschrei und im Zuge einer apokalyptischen Vision, sondern in einem realistisch nachvollziehbaren Vorgang, einem Entwicklungsgang.

Karls Weg nach Westen führt ihn immer weiter und immer tiefer in die soziale Ausgestoßenheit hinein. Während er bei seinem wohlhabenden Onkel im Luxus lebt und im Hotel Occidental zumindest den Status eines unteren Angestellten einnimmt, verläuft sich seine Spur in den Niederungen einer insgesamt fragwürdigen Existenz. Karls Weg ist der einer Identitäts- und Existenzauflösung, eines Sich-Verlierens im großen

Kontinent Nordamerika. Früh schon ist in der Kafka-Forschung die Beobachtung aufgekommen, der Autor habe hier so etwas wie einen negativ ausgerichteten Bildungsroman verfaßt, in dem der Held, ganz im Gegensatz zu Goethes Wilhelm Meister am Ende nicht durch die Aufnahme in die Turmgesellschaft erlöst werde, sondern in der totalen Auflösung ende. In einem Aufsatz jüngeren Datums hat Gerhard Neumann darauf hingewiesen, daß Kafkas *Verschollener* in einer ineinander gehenden Bewegung von Ritualisierung und Theatralisierung verläuft.[20] Nach Neumann beschreibt der Roman einen Vorgang, den die Ethnologie eine *first-contact-situation* nennt, also das erste Aufeinandertreffen eines Menschen mit einer ihm fremden Welt. Dies allerdings in zweifacher Hinsicht, nämlich einerseits als Aufbruch in die geographisch-gesellschaftliche Fremde und als Konfrontation mit dem anderen Geschlecht, als Weg zur Entdeckung der Liebe, oder dem, was so genannt wird. Karl gelingt es nicht, den Überschuß des Wahrnehmbaren in dem ihm Fremden so zu inszenieren und durch Improvisation zu vergegenwärtigen, daß dieses Fremde zu Bewußtsein und wahrhaft zutage tritt. Diese Entdeckung im doppelten Sinne – die Entdeckung der fremden Welt wie die Entdeckung der Frau – endet in einem permanenten Abbruch von Versuchen, die Karl immer weiter in die Verlorenheit hineintreiben. Darin nehmen die Frauen eine ganz bestimmte Rolle ein, die hier schon für das gesamte weitere Werk Kafkas eine charakteristische Ausprägung erfährt.

In den Frauen offenbart sich das eigentliche Energiepotential dieser fremden Welt, die keine Liebe kennt, keine intimen menschlichen Kontakte zwischen den Geschlechtern herzustellen vermag, sondern auf einer rein sado-masochistischen Rudimentärerotik aufbaut. Die Frauen sind entweder vermännlichte, auf Herrschaft programmierte Frauen, die vor allem ihr männliches Gegenüber beherrschen wollen, wie Klara, die Kampfsportlerin, Johanna Brummer, das vergewaltigende Zimmermädchen, oder die Oberköchin in ihrer zwiespältigen Fürsorglichkeit und nicht zuletzt Brunelda, die in ihrer eigenen Beleibtheit untergegangene Diva. Oder sie sind den männlich geprägten Machtstrukturen Verfallene, die ihre Befriedigung aus der auch körperlichen Hingabe an den Machtapparat ziehen, wie etwa Therese, Fanny oder Leni und die Frau des Gerichtsdieners im *Proceß*. In diesem Spannungsfeld von Sadismus und

Masochismus treten die Frauen immer wieder auf, es gibt bei Kafka keine anderen Frauen. In ihnen verkörpert sich das Gewaltpotential einer Gesellschaft, das die Verkehrung von Liebe in Unterwerfung einfordert. Die Frauen sind die Agentinnen der Verfallenheit an eine falsche, niederträchtige Welt, die zum Untergang verurteilt ist. Gelegentlich wurde schon auf Kafkas ›Erotik des Schreibens‹ hingewiesen, ohne doch herauszustellen, daß es eine Erotik *gegen* die Frauen ist. Die Schrift ist als Waffe gegen die Frau gerichtet. Und nicht zuletzt Kafkas Briefe an seine Freundinnen lassen *eine* Tendenz immer wieder, durch Kafkas gesamtes Schreiben hindurch, deutlich werden: die Vernichtung der Frau durch die Schrift.

Den *Verschollenen* kann man problemlos als einen negativen Entwicklungsroman lesen. Karls erster Kontakt mit der Fremde endet in der Zerrüttung beider Seiten. Annäherungen sind unmöglich. Goethes *Wilhelm Meister* wäre das radikale Gegenkonzept, auch wenn Goethe das letztendliche Zusammenfallen von Ideal und Liebe mit unverkennbarer Ironie präsentiert. Kafkas *Verschollener* dagegen zeigt die Bewegung einer totalen Auflösung, einer Selbstauflösung Karls angesichts der Unmöglichkeit, einen praktikablen Kontakt mit der Außenwelt herzustellen, da vor allem das Kontaktmittel der Erotik völlig pervertiert ist.

Diese Auflösung ist identisch mit der Auflösung des Romankonzepts, das sich Kafka selbst gesetzt hat. Das meint, Kafka schreibt zwar einen Roman, bei dem er sich Nacht für Nacht hinsetzen muß, um die Handlung weiterzuspinnen, er arbeitet diesen Roman jedoch in derselben Art und Weise aus wie die Erzählung *Das Urteil*, vollkommen intuitiv und punktuell, ohne vorgefaßten Plan, nur den Eingebungen der jeweiligen Schreibsituation folgend. Das bedeutet, die Konzeption ist per se auf Endlosigkeit angelegt, mithin auf Unabschließbarkeit, eine Erkenntnis, die Kafka zwar selbst hatte, die ihn aber nicht zufriedenstellen konnte. Im *Verschollenen* kommt eine doppelte Ebene der Erzählführung zum Tragen, nämlich die gleichzeitige, in einem Vollzug verlaufende Linie von Schreibakt und Erzählverlauf. Beides spiegelt sich ineinander.

Die Selbstauflösung des Bildungsromans ist die Konsequenz. Kafka nennt diese Phänomene das »Unfertige« (Vgl. T, 31.12. 1914, 282) und spricht damit sein Problem direkt aus. Seine

Vorbilder im Romaneschreiben, Goethe, Flaubert und Dosto-
jewskij waren noch allesamt in der Lage, »fertige Romane« zu
schreiben, alle drei waren sie Perfektionisten der Form, und ein
zentraler Bestandteil der Perfektion ist in diesem Verständnis
das Abgeschlossensein. Kafka läßt die Kategorie des Abgeschlos-
senen hinsichtlich des Romans keineswegs außen vor. Im Gegenteil. Sie ist für ihn Inbegriff des Romaneschreibens. Er wagt
im *Verschollenen* den Aufbruch zu einer Dimension, die für ihn
selbst als Kritiker seiner eigenen Werke völlig im Unbekannten
gelegen haben muß. Im Unbekannten, muß man sagen, aber
eben auch im Unbehaglichen, Unheimlichen. Diese Tatsache
wiederum spricht für die durchgreifende Wirkung des Intuitiven in Kafkas Arbeit. Tatsächlich scheint es so gewesen zu sein,
daß das Schreiben bei ihm einen ganz eigenen Weg eingeschla-
gen hat, den der wache Kritiker des Selbstverfaßten nicht mehr
recht nachzuvollziehen vermochte. Er konnte die Hervorbrin-
gungen dieser Prozesse nicht mit sich selbst, mit seinem literarischen Urteilsvermögen in Übereinstimmung bringen. Das
Geschriebene zerfiel ihm unter den kritischen Augen. Das
Künstlerische betrachtete er zeitlebens und vor allem in seiner
Spätzeit unter diesem disparaten Eindruck als einen Zerfalls-
prozeß des Menschen. Was aber dokumentiert dieses intuitive
Schreiben, wenn wir einmal davon absehen, daß Kafka ihm
außerhalb des Schreibaktes selbst keine Wertschätzung mehr
entgegenbringen konnte?

Wie im *Urteil* so läßt sich auch im *Verschollenen* die doppelte
Ebene der Erzählführung erkennen, nur im Roman noch offen-
sichtlicher und noch aussagekräftiger. Die Bemerkung des Onkels, der erste Tag in Amerika sei doch für einen Ankommen-
den wie eine *Geburt*, bringt die Geburtsphantasie wieder ins
Spiel, die schon die Niederschrift des *Urteils* begleitet hat. Tod
und Geburt beziehungsweise Verbannung und Geburt hängen
ursächlich miteinander zusammen. Wo der Tod oder die Verbannung Platz greifen, setzt die Geburt ein. Wie im *Urteil* der
Vater den Sohn in den Fluß treibt, ins Verströmen seiner selbst,
so wird Karl Roßmann von seinen Eltern weg ins Innere Amerikas hineingetrieben, verliert immer mehr die Orientierung und
sich selbst immer mehr aus den Augen. Was Kafka damit intuitiv setzt, ist die Doppelstruktur von Handlungsverlauf und
Schreibbewegung, d. h. vom Schicksal einer fiktiven Figur in
einem fiktiven Raum und der gleichzeitig damit parallel lau-

fenden Flucht seiner selbst in die Literatur. Kafkas autobiographische ›Identität‹ löst sich im Aktionsbereich zwischen Autor und Romanfigur auf, in einem Raum, den allein der Schreibakt herzustellen vermag, der nur *als* Schreibakt existent ist.

Im Verlauf des Romans baut Kafka ein Muster auf, das alle seine Romane prägen wird und das die Struktur seiner Schreibphantasien als Fluchtphantasien minutiös wiedergibt. Es besteht in der »Abfolge von Verführung, Verfehlung, Verhör und Verurteilung«.[21] Beteiligt sind neben dem Helden Karl Roßmann eine dominante Vaterfigur und eine verführende Frauenfigur. Die Stationen, die über die Initiale »O« abfolgen (Onkel, Hotel Occidental, Oberköchin, Oberkellner, Oklahama) zeigen den Weg auf von der Autoritätsperson, hier dem Onkel, der das Urteil verhängt, bis in die Selbstauflösung als Realitätsauflösung. Hierin besteht die herausragende Rolle des Bruchstücks über das *Teater in Oklahama*, das Max Brod sicher nicht ganz zu unrecht am Schluß des Romans eingefügt hat, auch wenn man seine religiöse Auslegung vielleicht nicht teilen kann.

Das Theater, bei dem Karl um Aufnahme ersucht, verbindet Welt und Kunst zu *einem* Vorgang. Es ist, wie es heißt, das größte Theater der Welt. In ihm scheint die ultimative Verknüpfung von bürokratischem Ritual und Theatralität der Selbstinszenierung in Aussicht gestellt. Die Werbung zur Aufnahme, die Karl auf einem Plakat liest, klingt, als sei sie im Irrenhaus verfaßt worden:

Das große Teater von Oklahama ruft Euch! Es ruft nur heute, nur einmal! Wer jetzt die Gelegenheit versäumt, versäumt sie für immer! Wer an seine Zukunft denkt, gehört zu uns! Jeder ist willkommen! Wer Künstler werden will, melde sich! Wir sind das Teater, das jeden brauchen kann, jeden an seinem Ort! Wer sich für uns entschieden hat, den beglückwünschen wir gleich hier! Aber beeilt Euch, damit Ihr bis Mitternacht vorgelassen werdet! Um zwölf wird alles geschlossen und nicht mehr geöffnet! Verflucht sei wer uns nicht glaubt! Auf nach Clayton! (V, 295)

Auf dem Rennplatz in Clayton angekommen, vernimmt Karl sogleich »den Lärm vieler Trompeten. Es war ein wirrer Lärm, die Trompeten waren nicht gegeneinander abgestimmt, es wurde rücksichtslos geblasen. [...] Vor dem Eingang zum Rennplatz war ein langes niedriges Postament aufgebaut, auf dem hundert Frauen als Engel gekleidet in weißen Tüchern mit großen

Flügeln am Rücken auf langen goldglänzenden Trompeten bliesen.« (V, 297) Karl entdeckt die sogenannten Aufnahmekanzleien und erfährt, daß es über zweihundert sein sollen. Der Personalchef beantwortet die ängstlichen Fragen Karls immer wieder mit einem »Wir können alle brauchen«. Das Theater scheint unbegrenzt und macht im ganzen Land Werbung.

Karl wird, obgleich ihm die sogenannten Legitimationspapiere fehlen, aufgenommen. Auch hier, im Fehlen seiner Papiere, scheint das Ritual der Bürokratie wieder sein Fortkommen stören zu wollen, diesmal aber geht man darüber hinweg, schließlich kann man jeden brauchen.

Das Theater von Oklahama könnte tatsächlich so etwas wie ein Endziel Karls darstellen. In ihm verschmelzen Wirklichkeit und künstlerische Darstellung zu einem einzigen Vorgang. Seine Verwaltung ist geprägt von absoluter bürokratischer Akuratesse, ja Pedanterie, worin die Vorstellungen von der totalen Verwaltung der Welt und ihrer gleichzeitigen Auflösung in schönen Schein miteinander eine merkwürdige Synthese eingehen. Dieser Widerspruch wird im *Teater von Oklahama* nicht aufgelöst, sondern geradezu noch exponiert.

Indem Karl in den Bereich des Theaters eintritt, beginnt für ihn die letzte Phase seiner Selbstauflösung. Die Methoden einer totalitären bürokratischen Erfassung und Verwaltung des Menschenbestandes werden hier mit der Wirklichkeit eines allumfassenden Theaters gekreuzt. Karl erfährt eine doppelte Auslöschung seiner Person, im alles Individuelle kassierenden Erfassungsapparat einerseits und in der simulatorischen Verdoppelung seiner selbst auf dem Theater andererseits.

Aufgenommen wird Karl als »Negro, ein europäischer Mittelschüler mit technischen Kenntnissen«, und genau diese Rolle soll er auch im Theater einnehmen. Das bedeutet, die Darsteller des Theaters stellen dort genau das dar, was sie im ›richtigen Leben‹ auch gewesen sind, nur daß sie es jetzt unter dem Attribut des Simulakrums tun. Zuvor wird der Name des Individuums umgewandelt in eine Gattungsbezeichnung, die – das kommt hinzu – auf den Weißen Karl Roßmann keineswegs zutrifft. Das Simulakrum verneint die lebensgeschichtliche Authentizität des Subjekts und verwandelt es in eine Funktion der Selbstreproduktion. In dieser Metamorphose kann man die Auflösung der biographischen Basis Karls erblicken und zugleich Kafkas frappierende Vorausahnung von Entwicklungen der zivilisatorischen Grundlinien im 20. Jahrhundert erkennen. Der Trieb zur Selbstauflösung, der Karl wie seinen Schreiber Kafka leitet, mündet in jenen Zonen der Auflösung des Subjekts, durch die das 20. Jahrhundert im Übergang von der Moderne zur Nachmoderne charakterisiert werden kann: im bürokratischen Überwachungsstaat mit seinen monströsen totalitären Auswüchsen zum einen und im Simulationsprozeß der technischen Reproduzierbarkeit von Bildern, Handlungen und Menschen zum anderen. Das sind die beiden großen Tendenzen des Fortschrittsgedankens in der westlichen Welt. Sie sind es durch das gesamte 20. Jahrhundert hindurch, bis an sein Ende. Die Totalverwaltung aller Lebensvollzüge, repräsentiert in einer weltweiten Vernetzung, und das Verlöschen des Menschen in der Selbstreproduktion, medial und genetisch. Wobei auch die Genetik nichts anderes als ein Medium der Reproduktion ist. Wer wollte darin einen heilsgeschichtlichen Aspekt sehen?

Die Natur wird zum Theater ihrer selbst. Brods Begriff des *Naturtheaters*, den er arglos geprägt hat, um diesem Textteil einen Titel zu geben, beinhaltet eine Ungeheuerlichkeit. Er impliziert das Eingehen allen Lebens in der Simulation von Leben. Wobei Eingehen durchaus doppelsinnig zu verstehen wäre: hinübergehen und absterben. Karl Roßmanns Zielort ist eine Sphäre des subtilen Selbstmords ohne einen Toten. Daß auch der Tod ihm genommen wird, gehört zur Logik der Auslöschung des Individuellen. Nicht der Tod ist die Katastrophe, sondern ein endloses Weiterleben im Falschen. Das größte Theater der Welt wirkt wie eine Karikatur der Hölle. Und zugleich wie eine narrative Verdichtung der modernen Zivilisation.

Im *Naturtheater von Oklahoma* kommt es zu einer befremdenden Engführung dieser Auslöschungsphänomene auf der Ebene des Bildungsromans. Dieser aber erbringt in seinem anachronistischen Konstruktionsverfahren allererst die Idee vom organischen Individuum und seiner innerweltlichen Heilsgeschichte. Das Spiel der Zeichen, das Kafka, geleitet von einem Klassiker des desillusionierenden Bildungsromans, der *Éducation Sentimentale,* im *Verschollenen* neu ordnet und auf eine neue Linie bringt, ist ein Spiel mit dem Bildungsroman und zugleich die Entgrenzung seiner Rahmungen.

Das Problem für Kafka wie für seinen Roman besteht darin, daß der Text diese Rahmungen sprengt, indem er hergestellt wird, indem er sich schreibt. Dieses Schreiben bedeutet Sprengung des Rahmens, der aufgebaut wird, gleichzeitig aufgebaut wird. Die Destruierung des Romans geht im Fortlauf seiner Entstehung vor sich, nirgendwo anders. Wir haben es mit einer veritablen Dekonstruktion zu tun, die den Schlüssel zur *mythopoetischen* Dimension der Kafkaschen Schriften liefert. Wenn sich eine Struktur ausbreitet, wie es sich in Kafka Romanversuch sukzessive vollzieht, eine Struktur, deren konstruktiver Code allein im Vorgang der Destruktion wirksam werden kann, so hat der Leser keine Möglichkeit, das Prinzip dieses Prozessierens, seines internen Spiels, außerhalb dieses Spiels zu finden. Der Diskurs des Poetischen, aus dem sich eine mythologische Struktur entfaltet, ist selber *mythomorph*. Sie kann nicht einfach durch eine epistemologische Struktur ersetzt oder erklärt werden. In diesem Dilemma ist exakt das Problem der Deutung bei Kafka eingelagert. Der Text läßt keine Diskursivierung außerhalb seiner selbst zu, ohne seine mythologische Dimension einzubüßen.[22] Zwischen Text und Verstehen verläuft eine osmotische Wand, die den Austausch von Energien zuläßt, jedoch beide Seiten strikt voneinander getrennt hält.

Was man anhand des *Verschollenen* unmittelbar nachvollziehen kann, ist *das Ineinanderspielen von Schreibfluß und mythopoetischem Text*. Beide Phänomene gehören zusammen. Letztlich ist das Beharren Kafkas auf dem durchgehenden Schreibfluß einer Nacht oder wenigstens einiger aufeinander folgender Sitzungen die Voraussetzung für die Entstehung dieser ebenso planvollen wie intuitiven Arbeit an den Zeichen, die die Rahmungen des Verstehens sprengt, indem sie den Text aufbaut.

Das Gefühl, Unvergleichliches zu tun, das Kafka aus seinen Schreibakten ableitet, und das sich für ihn bei der erneuten Lektüre dieser Texte nicht mehr einstellen will, geht auf eine halluzinatorische Methode zurück. Kafka hielt diese für unabdingbar. Ohne sie hielt er sein Schreiben für unmöglich. Sie tritt besonders ungehemmt nach der Entstehung des *Urteils* in den Vordergrund und wird von Kafka unmittelbar auf die Arbeit am *Verschollenen* übertragen. An diesem Romanfragment läßt sich nachweisen, wie Kafka die Situation des Subjekts, die er vollständig aus seiner eigenen Lebenssituation ableitet und nur auf der Strukturebene dieser Lebenssituation zur Darstellung bringt, in die Dynamik des Schreibflusses einfügt: mit dem Ziel, die Auflösung des Subjekts in diesem Fluß zu bewerkstelligen.

Das sich im Text dokumentierende Parallellaufen von Handlung und Schreibvorgang produziert das Phantasma des impliziten Autors im Text. Zugleich aber verhindert dasselbe Phänomen eine identitätslogische Deutung im Sinne dieses impliziten Autors. Die psychobiographische Figuration präsentiert sich unmittelbar als mythomorph und damit als diskursiv unbegreiflich.

Der Entwurf dieses dekonstruktiven Entwicklungsromans und das Verschwinden des Autors im Schreibfluß bilden eine einzige Bewegung. Doch stößt diese Bewegung dort an ihre Grenze, wo das Schreiben aufhört. Schreiben ist ein Leben gegen das Leben, ein Leben im Toten, im Erstarrten. Liegt das Manuskript dann als das Substrat dieses Toten vor den Augen des Autors, fühlt er sich von ihm zurückgestoßen, erscheint es als unfertig und unvollendbar. Unbegreiflich bleibt dann, daß der Autor, diese unmöglichste aller Gestalten, immer noch lebt und nicht ebenso tot ist wie der Text. Die Auslöschung der biographischen Gestalt gelingt nie ganz, sondern nur momentweise im Akt des Schreibens.

Das Werk vor sich zu haben – das ist zumindest uneingeschränkt auf die Romane zu beziehen – bedeutet, dem Scheitern ins Auge zu blicken. Der metaphysische Rahmen kann nur mit den sprachlichen Mitteln seines Zusammenhalts aufgesprengt werden. Wir werden immer wieder ins Metaphysische zurückgestoßen, sobald wir sprechen. Bezogen auf Kafka heißt das, der erlösende Sprung in den Schreibfluß wird immer wieder bezahlt durch die unerbittlichen Forderungen einer Romanform, die nach Geschlossenheit verlangt. Der Roman mußte Kafka allein schon aufgrund seiner gattungsgemäßen Formforderungen immer wieder auf sein Mißlingen hinweisen.

Die *Mythopoetik* Kafkas ist das Ergebnis eines ungewöhnlich engen Selbstbezugs des Autors im Schreiben, in dessen Verlauf das Selbst gelöscht werden soll. Deshalb ist die Arbeit in der Schrift auch *Psychopoetik*. Kafkas enigmatische Bedeutung für die Moderne besteht in der *Kreuzung von Mythos und Psyche* im Horizont des Bewußtseins des modernen Menschen von sich selbst. Bereits im antiken Griechenland waren beide Bereiche in ein Vorstellungsmodell, nämlich das des griechischen Mythos, gefaßt. Dieses Modell auf den Autor Homer zurückzuführen, wäre falsch, da Homer die Mythen gewissermaßen erzählend zusammenfaßt, aber nirgends behauptet, er habe sie erfunden. Tatsächlich existieren sie schon lange vor ihm. Die Mythenforschung ist sich zumindest seit Lévy-Strauss und seinem Buch *Mythologiques* darüber einig, daß dem Mythos kein Ursprung und auch keine epistemologische Abschließung zuerkannt werden kann. Der Mythos ist von unabsehbarer zeitlicher Ferne her im Fluß und in unvorhersehbarer Ausdehnung begriffen. Der Bestand von Geschichten und Gestalten kann von unzähligen Autoren ins Unbegrenzte hinein variiert und erweitert werden. Bezeichnend für Kafkas Mythopoetik ist, daß sich in ihr der moderne Mensch als ein der unerklärlichen Welt ausgesetztes Ich selbst in seiner Autorphantasie dem Fluß der Erzählungen und Gestalten zu übergeben versucht. Darin erblickt er seine Rettung, die Aufhebung seiner selbst im Vexierraum der Geschichten und im Fluß der semiotischen Prozesse. Diese dürfen allerdings nicht zu einer echten Semiotik führen, also nicht zu einer fixierbaren Zeichensprache, die immer wieder in dieser festgelegten Form anwendbar wäre. Dann würde der Schreibfluß aufhören zu fließen. Deshalb ist Kafkas Problem nicht das einer Semiose, eines Bedeutendwerdens der Zusammenhänge, die sein Ich bezeichnen, sondern einer *Dissemiose*, dem Zerstäuben und Zerfließen eben dieser Zusammenhänge.[23]

Strafen

Junggesellenmaschinen

Die Situation Ende 1912: Kafka hat den Durchbruch erlebt, Schreiben als psychopoetischen und zugleich mythopoetischen Akt, der das biographische Ich phasenweise zu überwinden vermag. Der Roman *Der Verschollene* wird fortgeführt, auch schon von Oktober an, und im November und Dezember schiebt Kafka die Erzählung *Die Verwandlung* ein. Der Traum vom Leben als freier Schriftsteller scheint allein dadurch Realität zu gewinnen, daß Kafka seine Form des Schreibens gefunden zu haben glaubt. Zugleich nimmt er die Beziehung zu Felice Bauer auf, gleich im ersten Brief mit dem Hinweis auf eine Palästina-Reise, über die beim Treffen am 13. August gesprochen worden sei. Das Judentum und die Fragen des Zionismus bilden für Kafka Anknüpfungspunkte zunächst, mehr nicht. Worüber er schreibt in den folgenden Briefen, hat mit dem Judentum vordergründig kaum noch etwas zu tun. Es geht in der Hauptsache, ja fast einzig und allein um Kafkas Existenz als Schreibender. Die Briefe fassen das Problem klar zusammen. Zu einer echten Selbständigkeit, wie sie sich Kafka vorstellt, gehörte die Ehe unabdingbar dazu. Der Imperativ zur Ehe wurzelt zum Großteil in Kafkas Vorstellung vom Gegensatz von westjüdischer und ostjüdischer Zeit. Die westjüdische Zeit produziert einen Typus, der sozial vollkommen auf sich zurückgeworfen ist und dessen Existenzweise sich im Bild des Junggesellen zusammenfassen läßt.

Der Junggeselle ist der verstoßenste Mensch auf Erden, weil er aus jeglicher sozialer Integration entlassen ist, deren erste und wichtigste Form nach Kafkas Auffassung die Ehe darstellt. Die westjüdische Zeit ist für ihn die Zeit des totalen Identitätsverlustes, ein Fluch der Entfernung und Entfremdung von den ostjüdischen Wurzeln. Kafkas Art und Weise, darauf zu reagieren und damit umzugehen, ist das Schreiben, die typische Tätigkeit des westjüdischen Typus. Im Schreiben sucht der identitätslose westjüdische Junggeselle eine Simulation von Identität zu erzielen, die sein Stigma der Einsamkeit nur noch verstärkt. Schreiben ist zugleich Verarbeitung und Verfestigung der westjüdischen Existenz. Der Junggeselle wird bei Kafka zu einer feststehenden Größe, die sogenannte Junggesellenmaschine (machine célibataire), die Marcel Duchamp Anfang der 20er Jahre ›erfunden‹ hat, wird bei Kafka in allen Einzelheiten präfiguriert.[24] In Kafkas Fragment *Blumfeld, ein älterer Junggeselle* findet sich die vielleicht reinste Ausformung der Junggesellenmaschine. Zwei ständig auf und nieder springende Ping-Pong-Bälle erweisen sich als die genuinen Begleiter des völlig vereinsamten Junggesellen Blumfeld. Mit allen Mitteln versucht er sie loszuwerden, wobei offen bleibt, ob seine Versuche von Erfolg gekrönt sind. Die beiden Zelluloidbälle bilden so etwas wie die Pervertierung des sozialen Zusammenlebens, ihr Auftreten ist entnervend und nutzlos, sie verstoßen Blumfeld endgültig in jene tragikomische Lächerlichkeit, die das Ziel seiner Junggesellenexistenz ist.

In der ersten Phase seiner Bekanntschaft mit Felice Bauer versucht Kafka, Ehe und Schriftstellerei übereinzubringen. Er geht mit einiger Begeisterung auf den Hinweis von Felice ein, Abschreiben von Manuskripten bereite ihr Freude. Der Versuch, die Ehefrau in die Schreiberei einzubinden, wird auf dieser Stufe zumindest erwogen, auch wenn Kafka kaum noch einmal darauf zurückkommt. Vielleicht war die Vision einer seine Texte abschreibenden Ehefrau, die ansonsten eine rein pragmatische Existenz führt, auf die Dauer doch nicht allzu überzeugend.

Gleichzeitig mit seinen Heiratsphantasien konfrontiert er Felice mit einer perfekt eingespielten Junggesellenexistenz. Sein Tages- und Nachtablauf ist ganz und gar auf das Schreiben ausgerichtet. Ein solches Leben ist nicht mit der Ehe, wie sie Felice vorschweben mochte, vereinbar, das weiß Kafka von Anfang an. Zu Beginn des Jahres 1914, als sich die Situation auf eine Verlobung hin zuspitzt (die Kafka tatsächlich an Pfingsten mit Felice eingeht), notiert er schon das ernüchternde Resümee seiner Beziehungsunfähigkeit in seinem Tagebuch. (vgl. T, 225f.). Die aus dieser Situation resultierende »Selbstmordlust« (T, 226) spiegelt die Ausweglosigkeit wider, in die sich Kafka aufgrund dieses Dilemmas hineingetrieben sieht. Einen Monat später wird das noch einmal deutlich von ihm analysiert. Zu diesem Zeitpunkt sind die Hoffnungen, die Ende 1912 aufgekeimt waren, im Grunde alle wieder zunichte. Auch die Schreibanstrengungen von damals gelten Kafka, das *Urteil* ausgenommen, als verfehlt, ihre Ergebnisse als mißlungen. Im Oktober 1913 notiert er: »Nun las ich zu Hause ›Die Verwandlung‹ und finde sie schlecht. Vielleicht bin ich wirklich verloren, die Traurigkeit von heute morgen wird wiederkommen, ich werde nicht lange widerstehen können, sie nimmt mir jede Hoffnung. Ich habe nicht einmal Lust, ein Tagebuch zu führen, vielleicht, weil ich immer nur halbe und allem Anschein nach notwendig halbe Handlungsweisen beschreiben müßte, vielleicht weil selbst das Schreiben zu meiner Traurigkeit beiträgt.«

Man fragt sich, weshalb sich nach dem Durchbruch von 1912 so rasch eine vollständige Depression einstellen konnte oder mußte. Die psychische Doppelbindung beherrscht den gesamten Realitätsbezug in all seinen Konstellationen. Und sie zentriert sich im Schreiben. Dieses ist so gesehen eine Art Garantiehandlung für die Fortexistenz der Doppelbindung und der Lebensunfähigkeit. Nach zwei Seiten hin wirkt Schreiben als *double-bind*-Garant, nach der Seite der Familie und nach der der Ehe; also hinsichtlich der Rückbindung an die Gruppenstrukturen, aus denen man kommt, und hinsichtlich einer eigenständig aufgenommenen Einrichtung neuer Gruppenstrukturen in einer neu gegründeten, eigenen Familie. In dem Augenblick, da Kafka sein Schreiben als rauschhaften Akt der Selbstbefreiung ergreift – nämlich etwa bei der Niederschrift des *Verschollenen* im Herbst 1912 –, überfällt ihn die Angst, einen Gesetzesbruch zu begehen. Deshalb schaltet sich ein anders geartetes Schreiben an dieser Stelle ein, wie wir es im November 1912 sehen, als Kafka plötzlich, mitten in der Romanproduktion, die *Verwandlung* in Angriff nimmt. Schreiben hat in der ganzen Breite seiner Erscheinungsformen die Doppelbindung als System bereits in sich integriert. Kafka ist allein durch Schreiben dazu in der Lage, diese Doppelbindung darzustellen und aufrechtzuerhalten. Was sich nämlich jetzt, in der exzessiv ausgelebten Produktionsphase Ende 1912 unausweichlich aufdrängt, ist die Notwendigkeit der Strafe. Der sogenannte Durchbruch vom 23. September 1912 wirkt geradezu kontraproduktiv im Hinblick auf die Heiratspläne, die sich angesichts der neuen Bekanntschaft sofort melden. Mit dem gelingenden Schreiben könnte ja, so vermutet Kafka, die westjüdische Zeit überwunden werden, eine neue Geheimlehre könnte entstehen. Schreiben ist zwar die typische Tätigkeit des depravierten westjüdischen Junggesellen, aber im Schreiben liegt auch der Weg zur Überwindung dieses Zustandes.

Dies widerstrebt grundlegend den Absichten des assimilierten Westjuden und seinem Wunsch nach der Ehe. Die Verweigerung einer westjüdischen Existenz im Schreiben muß die Strafe nach dem Gesetz des Vaters herausfordern, ebenso wie der Heiratswunsch selbst diese Strafe herausfordert. Denn in der Absicht zu heiraten drückt sich die Tatsache der erstrebten Selbständigkeit des Sohnes gegenüber dem Vater in nicht zu überbietender Deutlichkeit aus. Jedoch, auch das darf nicht sein, auch das verbietet der Vater. Der verlangt zwar ein assimiliertes westjüdisches Leben von seinem Sohn, fordert dies aber mit der Autorität des ostjüdischen Patriarchen ein. Kafka ist weder die schreibende Überwindung des Westjudentums erlaubt, noch die Ausfüllung westjüdischer Lebensformen in einer bürgerlichen Ehe. Zugleich steht das Schreiben an sich quer zum Heiraten. Wer schreiben will, darf unter gar einen Umständen heiraten. Heiraten ist Verrat am Schreiben, Schreiben aber ist Verrat an der Braut. So stellt es sich Kafka in wechselnden Perspektiven dar. Da soll sich noch einer auskennen. Was auch immer Kafka anfängt, welchen Weg er auch immer für sich wählt, stets stößt er an die Schranken eines verinnerlichten Verbots. Dieses Verbot beruht auf der klaren Erkenntnis, schuldig zu sein. Schuldig woran? An allem, genauer, an der Situation, Mittelpunkt lauter unmöglicher Handlungen zu sein. Mein Leben ist unmöglich, weil ich schuldig bin. Ich bin aber schuldig geworden, weil mein Leben dieses Übermaß an Unmöglichkeit darbietet. *Einen* Ausweg gibt es, *eine* Erlösung kommt in Sicht: die Strafe. Das Vergehen unter der Folter, das Verlöschen im Schmerz.

Das Strafen wird zu einem festen Bestandteil der Kafkaschen Phantasien von 1912 an und wächst sich zu einem großen sadomasochistischen Komplex aus, der in der *Strafkolonie* seinen Höhepunkt erreicht. Die Bedeutung des Strafens geht nach 1917 in ihrer unmittelbaren Präsentation etwas zurück, offensichtlich deshalb, weil Kafka glaubte, die Strafe nun durch seine Krankheit selbst, am eigenen Leib zu erfahren.

Im Januar 1914 notiert er in sein Tagebuch: »Letzthin, als ich wieder einmal zu regelmäßiger Stunde aus dem Aufzug stieg, fiel mir ein, daß mein Leben mit seinen immer tiefer ins Detail sich uniformierenden Tagen den Strafarbeiten gleicht, bei denen der Schüler, je nach seiner Schuld zehnmal, hundertmal oder noch öfter den gleichen, zumindest in der Wiederholung sinnlosen Satz aufzuschreiben hat, nur daß es sich aber bei mir um eine Strafe handelt, bei der es heißt: ›so oft als du es aushältst‹«. (T, 221)

Das Leben ist mit der Strafe identisch. Das »so oft als du es aushältst« deutet zudem auf eine Strafe zum Tode hin, denn aushalten meint, unter allen erdenklichen Umständen auszuhalten. Die Strafe ist dadurch charakterisiert, daß sie ohne erkennbaren oder nachvollziehbaren Grund ausgesprochen und in die Tat umgesetzt wird. So trifft etwa Karl Roßmann im *Verschollenen* der Schuldspruch seines Onkels vollkommen unvermittelt und ohne nachvollziehbare Begründung. So wird Joseph K. am Anfang des *Processes* gleich verhaftet, auch das ohne Begründung. Und ebenso findet sich Gregor Samsa eines Morgens in ein Ungeziefer verwandelt, was durchaus auch als eine Strafe ohne zureichenden Grund aufgefaßt werden kann. Georg Bendemanns Strafe, die Verurteilung zum Selbstmord, liegt auf eben dieser Linie. Selbst wenn sich ein Grund für die verhängte Strafe rekonstruieren ließe, so sprengt doch die jeweilige Art und ihr Maß jede Vorstellung von Verhältnismäßigkeit.

Die ungeheuerliche Begebenheit, die im ersten Satz der *Verwandlung* beschrieben wird, ist der Ausgangspunkt zu einem in strenger Logik verfolgten Ablauf der Ereignisse, der auf Gregor Samsas Tod zuführt. In dieser strengen Linearität etabliert sich der Eindruck der totalen Ausweglosigkeit, die die Situation Gregors bestimmt. Er, der als Handelsreisender ein hartes und entbehrungsreiches Leben auf sich nimmt, arbeitet nur für die Familie, genauer für den Vater, dessen übriggebliebene Schuld gegenüber Gregors Chef dieser abzuarbeiten hat. Über die Konstellation ist Gregor selbst schuldhaft an den Vater gebunden, nämlich ironischerweise dadurch, daß er die Abzahlung von dessen eigenen Schulden zu übernehmen hat. Man muß angesichts der Tatsachen davon ausgehen, daß Gregor sich selbst in diese Lage gebracht hat, da er sich widerstandslos ihren Zwängen einpaßt. Als erwachsener Sohn ist er ganz den Nöten seiner Eltern und seiner Schwester verpflichtet, unfähig, ein eigenes, von dieser Familie unabhängiges Leben zu beginnen. An einer Stelle heißt es, Gregor habe sich einmal um eine Kassiererin beworben, ernsthaft zwar, aber zu *langsam*. Seine Freizeit verbringt er im Familienkreis, beschäftigt mit Laubsägearbeiten oder der Lektüre der Fahrpläne und der Zeitungen. Der einzige erotische Bezug, den er herstellt, besteht zu dem Bild einer Dame in einer Pelzboa, versehen mit Pelzhut und Pelzmuff, also der Darstellung einer vollständig in Pelz eingehüllten Frau, die zudem noch ihren im Pelzmuff steckenden Unterarm dem Betrachter wie zu dessen Abwehr entgegenhebt. Ein Bild, das Gregor aus einer Illustrierten ausgeschnitten und mit einem selbst gezimmerten, vergoldeten Rahmen versehen hat. Später wird sich Gregor an dieses Bild klammern, als die Mutter und die Schwester sein Zimmer ausräumen, weil sie ihm mehr Platz zum Herumkriechen verschaffen wollen.

Eine vollkommen reduzierte Existenz also in einer Umgebung, die geradezu parasitär von diesem Sohn und Bruder abhängt. Die Mutter asthmakrank, die Schwester zu jung und unerfahren, um selbst arbeiten zu können, und der Vater verfettet und behäbig, ein in die Passivität versunkener Bankrotteur. Gregor ist von seiner Familie umgeben wie von einer Ansammlung potentiell Toter, die ihre letzte Lebensenergie aus ihrer täglichen exzessiven Zeitungslektüre ziehen. Nicht nur, daß der Vater sein Frühstück stundenlang mit der Lektüre zahlloser Zeitungen hinzuziehen pflegt, er krönt diese seine offenbar einzige Tätigkeit damit, daß er am späten Nachmittag der Mutter und der Schwester aus der Abendzeitung *mit erhobener Stimme* vorliest. Die Zeitungen bilden für diese Moribunden eine Art Nabelschnur zur Welt und zum Leben, die ihre parasitäre Existenz aufrecht erhält.

Gregors Verwandlung ist ein Schock. Denn sie verwandelt zugleich die gesamte Familiensituation. Plötzlich sieht sich die Familie selbst zum Handeln aufgefordert, die Schwester bildet sich aktiv fort und der Vater erscheint in der Aufmachung eines Bankdieners, herausgeputzt und schlanker geworden. Die Verwandlung des Sohnes macht der Familie bewußt, daß sie fünf Jahre lang eine parasitäre Existenz geführt hat, mit der nun urplötzlich Schluß ist. Nicht aber die Familienmitglieder verwandeln sich in ekelerregende Käfer, sondern ihr Ernährer, das Wirtstier sozusagen. Er ist der Ermöglicher dieser Lebensweise, und zwar nicht nur durch seine Arbeit, sondern vor allem durch seine Unfähigkeit, den Schuldkomplex gegenüber der Familie abzulegen.

Darin liegt Gregors tiefere Schuld, in seiner Unfähigkeit, sich für sich selbst zu entscheiden. Aus ihm wird eben das Ungeziefer, zu dem er die gesamte Familie durch seine Handlungsweise gemacht hatte. Womit nicht gesagt ist, daß etwa der Vater keine Schuld daran hätte. Kafka beschreibt die Situation als eine von jeder klar fixierbaren Schuld losgelöste. Die Familie ist ein System, das bestimmte Verlaufsformen aufgrund bestimmter Verhaltensweisen einschlägt, die im Zusammenwirken aller Mitglieder begründet liegen. Dennoch gibt es einen Zentralkomplex, der diese Strukturen prägt und bei dessen Zerfall sie sich auflösen müssen. Dieser Zentralkomplex besteht zweifellos in der Rolle Gregors. Sein Tod läßt die zuvor wie tot erscheinenden Familienmitglieder auf einmal in eine aussichtsreiche Zukunft blicken. Erst Gregors Beseitigung führt zu einer Befreiung der gesamten Familie. Er war es, der die Familie in ihrer fürchterlichen Lage festgehalten hat, und zwar dadurch, daß er den Schuldkomplex, der auf dem Vater vor allem lastete, in unhinterfragter Loyalität auf sich genommen hat.

Aus dieser Sicht war Gregor der Parasit, der die Lebensenergien der anderen ausgesaugt hat, auch wenn alles, was er tat, nur zum Besten der Familie geschehen sollte. Bleibt nur die Tatsache der Verwandlung selbst als unerklärliches Vorkommnis in diesen Begründungszusammenhängen bestehen. Es wäre falsch, darin bloß eine Metapher zu erblicken. Damit würde die Geschichte zu einer Art Parabel stilisiert, die einen klar ermittelbaren Sinn birgt. Davon kann aber keine Rede sein. Vor allem deshalb, weil die Tatsache der Verwandlung auf der Ebene der Handlungslogik nicht zu erklären, andererseits aber ganz dieser Logik eingepaßt ist.

Die Verwandlung in einen Käfer vollzieht sich in einem völlig realistischen sozialen Rahmen und muß innerhalb dieses Rahmens von den Protagonisten bewältigt werden. Dadurch verliert die Geschichte die Merkmale einer Fabel oder Parabel von Anfang an. Die Ebene, auf die eine Deutung sich beziehen müßte, ist ja schon die Ebene der Erzählung selbst, die Realität nämlich oder das Leben, in jedem Falle aber ein Vorstellungsbereich von moralischer, sozialer und psychischer Logik, der der von der Erzählung gemeinte ist. Hier aber ist diese Ebene nicht die gemeinte, sondern die präsentierte. Ist das Präsentierte zugleich das Gemeinte, bricht die Dichotomie von Darstellung und analoger Ausdeutung in sich zusammen. Dann ist die

Geschichte kein Zeichen, das für etwas anderes steht. Was ist sie aber dann?

Der Käfer ist eine Junggesellenmaschine, deren Existenz innerhalb der Familie thematisiert wird. Damit erfaßt Kafka das gesamte System der Familie. Es geht um die Rolle des Junggesellen in seiner Familie, die er zu ernähren hat. Die Junggesellenmaschine markiert den Übergang von der bilateralen Struktur der Metapher in die monokausale Präsenz einer Textmaschine. Diese produziert statt eines Vergleichs, einer Kontemplation oder einer Reflexion einen Schock. Zugleich löst sie die Distanz zwischen Text und Leser auf. Es bleibt keine Möglichkeit der Verarbeitung nach bekannten Modellen. Also müssen neue Verarbeitungs- und Deutungsmodelle entworfen werden. Das ist die zentrale und unüberwindliche Herausforderung der Junggesellenmaschine als Textmaschine.

Unverkennbar zeigt Gregor Samsa Zeichen psychischer und sozialer Zurückgebliebenheit. Genauso unverkennbar zeigt aber auch die Familie Zeichen einer totalen Erschlaffung der Lebensenergie. Insgesamt präsentiert sich das System der Familie hier als ein völlig degeneriertes. Dieser Zustand geht unzweifelhaft von dem zentralen und in besonderem Maße degenerierten Familienmitglied, von dem unverheirateten Sohn, aus. Die Verwandlung in ein Ungeziefer kann sowohl als Offenbarwerden einer verdeckten Tatsache als auch als Strafe verstanden werden, vor allem angesichts der Unbewußtheit, mit der Gregor seinem Zustand gegenübersteht. Er agiert und reagiert tatsächlich wie eine Maschine, wenn er etwa den Prokuristen wieder zu gewinnen versucht und wenn er darüber nachdenkt, wie er die Verspätung dieses unglückseligen Morgens wieder gut machen könnte. Die Familienmitglieder behandeln ihn entsprechend, als er nicht rechtzeitig wie jeden Morgen aus seinem Durchgangszimmer herauskommt. Sein Versuch, dem Prokuristen nachzulaufen, endet damit, daß ihn der Vater gewaltsam in sein Zimmer zurücktreibt. Auch der zweite sogenannte Ausbruchsversuch Gregors, bewirkt durch das Möbelrücken, das Schwester und Mutter eines Nachmittags veranstalten, wird vom Vater mit Gewalt beendet. Der Vater bombardiert Gregor mit Äpfeln aus einer Obstschale, wobei eines der Geschosse in dem Panzer des Insekts steckenbleibt und eine sich entzündende Stelle bildet. Die Attacken des Vaters veranschaulichen, daß Gregors Rolle sich verschoben hat. Zwar wird er noch immer als Familienmitglied angesehen, doch eben auch schon als Ungeziefer, als Fremdkörper, nur kann sich in der Familie noch niemand dazu entschließen, diesen Fremdkörper zu entfernen.

Gregor, der sich besonders für das Wohl und das musikalische Talent seiner Schwester verantwortlich fühlt, wird von dieser versorgt. Sie sieht noch am ehesten den Bruder Gregor in dem Ungeziefer, das jetzt in seinem Zimmer lebt, testet seinen Geschmack an Speisen – wobei er die verdorbenen bevorzugt – verschafft ihm Platz zum Kriechen und reinigt das Zimmer von Essensresten und Unrat. Doch ist es gerade die Schwester, die Gregor schließlich zum Verhängnis wird. Angezogen von ihrem Geigenspiel, das sie den drei Zimmerherren vorführt, kommt er aus seinem Zimmer herausgekrochen, zum Entsetzen der Familie und zum amüsierten Erstaunen der drei Zimmerherren. Diese haben sich schon achtlos gegenüber dem Spiel der Schwester in eine Ecke zurückgezogen und rauchen nervös ihre Zigarren, als Gregor vorankriecht, magisch angezogen von der Musik, von der es dann heißt: »War er ein Tier, da ihn Musik so ergriff? Ihm war, als zeige sich ihm der Weg zu der ersehnten unbekannten Nahrung.« (LA, 146)

An diesem Punkt der Erzählung vollendet sich Gregors Schicksal, seine Vertierung wird ihm jetzt deutlich oder zumindest erahnbar in der Musik, jener ersehnten unbekannten Nahrung. Die Musik und also das Ästhetische wird als der Stoff des Ersehnten und Anderen empfunden, und das kann nur heißen, das andere des Junggesellenlebens, der Familie, des Leidens an sich selbst als einem ekelhaften Ungeziefer. In der Musik liegt ein Aufbruch, eine Entgrenzung, sie ist eine Speise, die den Essenden nun tatsächlich verwandeln könnte. Aber dazu kommt es nicht. Der Genuß dieser Speise ist an das erotische Moment gekoppelt, hier an die Vereinigung mit der Schwester, nicht in erster Linie die körperliche Vereinigung, sondern eine geistige und seelische: »Er war entschlossen, bis zur Schwester vorzudringen, sie am Rock zu zupfen und ihr dadurch anzudeuten, sie möge doch mit ihrer Violine in sein Zimmer kommen, denn niemand lohne hier das Spiel so, wie er es lohnen wolle. Er wollte sie nicht mehr aus seinem Zimmer lassen, wenigstens nicht, solange er lebte.« (LA, 146f.)

Damit hat Gregor seinen Wirkungsbereich klar überschritten. Und es ist ausgerechnet die Schwester, die ausspricht, was die Eltern nicht auszusprechen wagen: Wir müssen versuchen, es loszuwerden. Und kurz darauf: »›Weg muß es‹, rief die Schwester, ›das ist das einzige Mittel, Vater. Du mußt bloß den Gedanken loszuwerden versuchen, daß es Gregor ist.‹« (LA, 149).

Von diesem Zeitpunkt an ist Gregor selbst davon überzeugt, daß er verschwinden müsse, dem Urteilsspruch der Schwester hat er nichts mehr entgegenzusetzen. Der Zeitpunkt seiner totalen Vertierung ist zugleich auch der Augenblick seiner Verurteilung. Gregor sieht ein, daß er zu verschwinden habe. Er nimmt wie schon Georg Bendemann das über ihn verhängte Todesurteil an. Gregor und Georg bilden ohnehin füreinander Anagramme, Gregor spiegelt sich in Georg wie umgekehrt Georg in Gregor. Es sind Pseudonyme derselben Geste, desselben Schicksals. Aber welcher Art ist diese Geste? Weist sie überhaupt über sich selbst hinaus?

Gregors Opferung, die zuletzt eine Selbstopferung ist, bewirkt den extrem makabren und grotesken Charakter, den die Geschichte ausstrahlt. Das Ungeziefer, der Fremdkörper in der Familie hat sich selbst beseitigt. Diese Familie könnte im übrigen in der allergrößten Zufriedenheit und Harmonie leben, wenn Gregor nicht wäre; sein Tod offenbart auch dies.

Es liegt nahe, auch *Die Verwandlung* als eine Darstellung von Kafkas persönlicher Situation zu begreifen. Und doch bleibt der Text keineswegs auf dem Niveau einer Selbstreflexion oder einer Eigenanalyse zurück. Er übersteigt diese Ebenen ganz deutlich in den Bereich eines Perspektivismus, der das Geschehen wie die Figuren zu ganz eigenständigen Elementen werden läßt, die nicht bloß und vielleicht nicht einmal in erster Linie die Funktion haben, auf ihren Autor, auf Kafka, zurückzuverweisen. Der Bild- und Imaginationsbereich wird vielmehr autonom und löst sich von jeglicher Rückbindung ab. Er umfaßt eine Welt, die ganz gleichberechtigt und unangreifbar neben die sogenannte wirkliche Welt der kausallogischen Bezüge tritt. Zwischen beiden Welten besteht eine Beziehung, die ich eine *Beziehung der negativen Kombatibilität* nennen würde. Der Versuch, Vergleichspunkte oder gar Vergleichsstrukturen zwischen diesen beiden Welten herzustellen, liegt nahe und wird unmittelbar vom Leser in Angriff genommen, erfährt jedoch sogleich und jedesmal wieder eine herbe Enttäuschung. Eine Vergleichbarkeit ist nicht herstellbar, sei sie symbolisch, parabolisch oder gleichnishaft gemeint; jede Form von hermeneutischer Ausdeutung wird zurückgewiesen, gerade indem sie herausgefordert wird.

Eine Kunstform, die die Deutung nicht exzessiv herausforderte, könnte kaum deren Unmöglichkeit erfahrbar werden lassen. Sofern man den Käfer als Metapher versteht, muß man sagen, daß diese Metapher stumpf ist, daß sie kein *tertium comparationis* aufzuweisen hat, daß es folglich gar keine Metapher ist. Es ist nur noch die Leerform einer Metapher, die Erinnerungsspur des Bildhaften und seines hermeneutischen Rahmens.

Die Löschung des metaphorischen Gehalts wird nicht als Spiel vorgeführt, sondern bleibt gekoppelt an die existentielle Schicksalshaftigkeit des Erzählten. Es geht um die Vernichtung eines Menschen, dessen Existenz geprägt war von Infantilismus, übersteigertem Verantwortungsgefühl und sozialer Überflüssigkeit; um einen typischen Menschen der Moderne, einen *Man*, wie Emrich in Anlehnung an Heidegger formuliert hat, der an seiner Entfremdung zerbricht. Aber eigentlich zerbricht diese Kreatur an sich selbst, nicht an den Verhältnissen oder doch nur an den Verhältnissen, insofern sie sie selbst ganz und gar verkörpert. Es gibt ja ein Glück und ein aktives Leben, nur nicht mit und für Gregor. Gregor ist als ein Ich, als ein Selbstsein, ein Ungeziefer und Fremdkörper, er allein ist das Hindernis, das der Familie das Leben vorenthält und ihre Mitglieder zu Parasiten macht.

Es geht also um die Vernichtung eines Menschen und nicht um die Vernichtung eines Signifikats. Der Mensch ist das Signifikat, das Bedeutete des Zeichens, nicht mehr, sondern er ist das Zeichen selbst. Gregor, das verreckende Ungeziefer, ist das Resultat eines Schreibens, das nur sich selbst meint und nichts über sich selbst hinaus. Dadurch vollzieht sich etwas Unvorhersehbares. Die Literatur verliert ihren symbolischen Wert und büßt ihre ästhetische Position ein. Sie repräsentiert nicht mehr das Symbolische, den Abglanz der Wahrheit, sie ist keine Fabrikation von Fiktion mehr, sie repräsentiert gar nichts mehr, sie ist nur noch das, was sie ist. Was aber ist das?

Die Schuld ist immer zweifellos

Die Wahrheit ist unteilbar, notiert Kafka im Tagebuch. Könnte man sagen, was die Wahrheit ist, so hätte man eine Teilung bereits hergestellt, nämlich hier die Aussage und dort das Objekt der Aussage, die Wahrheit. Also geschähe diese Aussage, was die Wahrheit sei, durch ihr Gegenteil, durch die Lüge. Man kann nicht sagen, was die Wahrheit ist, es käme darauf an, selbst die Wahrheit zu sein. Diese Auffassung wird in unvergleichlicher Hellsicht in dem 1922 von Kafka verfaßten Text wiedergegeben, dem Max Brod den Titel *Von den Gleichnissen* gegeben hat (vgl. *Das Ehepaar,* 131). Darin ist eine Art versteckter Poetologie zu erblicken, die sich jedoch nicht speziell auf das Herstellen poetischer Texte bezieht. Es geht Kafka ausschließlich um die Wahrheit, nicht um den symbolischen Abglanz, den schönen Schein des Wahren, nicht um das sinnliche Scheinen der Idee. Damit bricht er mit einer zweihundert Jahre alten und gewiß noch älteren Tradition. Von Goethe, Schiller und Hegel an beherrscht die symbolisch-metaphorische Valenz des literarischen Textes die Vorstellungsfelder von Poetologie und Literaturtheorie. Kafka nun tritt definitiv aus dem damit abgesteckten Feld des Ästhetischen heraus. Seine Literatur ist in dem Sinne nicht mehr ästhetisch, daß sie die symbolische Referenzmechanik von Schein und Sein nicht mehr restituiert. Literatur wird, wie es Kafka ja auch gegenüber Felice Bauer zum Ausdruck gebracht hat, existentiell unmittelbar, wird von einem Aufschreibesystem zu einer Einschreibemaschine. Das Schreiben erschafft den Körper der Schrift, der ganz und gar an die Stelle des biographischen Körpers tritt. In und an diesem Körper der Schrift spielt sich die wahre Existenz oder die existentielle Wahrheit ab, die dem biographischen Körper verwehrt bleiben muß.

Das wäre gut und schön, hätte dieser Körper der Schrift nicht eine fatale Tendenz zum Untergang. Gerade das nämlich ist seine Wahrheit, ein Mechanismus zum Tode zu sein. Nicht mehr die Wahrheit zu meinen, sondern die Wahrheit zu sein, bedeutet, das Leben, die Gemeinschaft, ja vor allem die Kommunikation zu verraten und zu hintergehen, aus der Reihe der Lebendigen herauszutreten. Schreiben bedeutet in diesem Sinne, die Strafe auf sich zu ziehen, unmittelbar und aus Notwendigkeit. Das Gericht wird von der Schuld angezogen, heißt es anfangs in dem Roman *Der Proceß*. So ist es bei Kafka insgesamt. Eine literarische Existenz zu führen, impliziert, aus dem Menschlichen herauszutreten und dafür bestraft zu werden. Gregor, der plötzlich beim Geigenspiel der Schwester die Wahrheit als ganze erkennt, mit allen Sinnen fühlt wie ein Tier und sie eben nicht mehr durch dürre Begriffe umschreibt, umkreist und meint, wird von der Quelle dieser Schönheit – denn Wahrheit ist in diesem rein sensuellen Horizont nichts anderes als Schönheit – bestraft. Nicht die Verwandlung und Vertierung selbst ist die Strafe, sondern das Resultat der fortschreitenden Vertierung, die Sensualisierung für die erotisch-physiologische Attraktion des Ästhetischen, führt auf die Strafe, das Todesurteil zu.

Schreiben und Strafen hängen unmittelbar miteinander zusammen. Der Körper des Tieres ist gleichbedeutend mit dem Schriftstellerkörper, der nur noch gestenhaft mit der Welt des Vaters in Verbindung treten kann, von dieser aber gewaltsam zurückgewiesen und verletzt wird. Doch das Ungeziefer hängt noch immer an dieser Welt, weil es an der Schwester hängt, ihrer Hilflosigkeit und ihrem Talent. Erst als die Schwester die Vorstellung aufgibt, bei dem Käfer handle es sich noch um Gregor, gibt dieser sich selbst auf.

Das Prinzip der *leeren Metapher*, das man in der *Verwandlung* erkennen kann, regt die Interpretationslust an und treibt sie schließlich auf die Spitze. Herausgefordert wird ein Diskurs, den es nicht geben kann. Das Scheitern jeder Lektüre, die den Text auf eine andere, vor allem eine theoretische Ebene zu übersetzen versucht, ist vorprogrammiert. Dadurch, daß Kafka seine Schreibweise aus dem Feld des Ästhetisch-Symbolischen herausführt, stellt er seine Texte zugleich außerhalb des Schemas von Meinen und Deuten: Der Autor meint etwas, der Interpret mutmaßt, was es gewesen sein könnte. In Kafkas Erzählungen sind die Rudimente dieses Modells zu erkennen oder manchmal auch nur zu erahnen. Diese Texte fallen heraus aus einem kulturell verbürgten Aufarbeitungszusammenhang, sie sind buchstäblich nicht mehr zu klassifizieren und zu vermitteln. Sie vermitteln sich allein aus ihren eigenen Bedingtheiten heraus, nicht mehr in Verbindung mit den Hilfsmitteln kulturell eingeführter Diskurse. Ist es das, was Kafka unter dem *Ansturm gegen die letzte irdische Grenze* verstanden hat?

In jedem Fall wird Literatur damit zurückgeführt auf eine gleichsam ursprüngliche, wilde Ebene von Leben, eine Sphäre von vorkultureller Qualität, die sich bei näherer Überlegung als eine nachkulturelle Qualität zu erkennen gibt. Das *Heraustreten aus der Totschlägerreihe*, von dem Kafka im Kontext seiner frühen Schreibbemühungen gesprochen hat, dürfte hierin seinen Grund haben. Dahinter steht Kafkas Anspruch, Literatur zu einer existentiell-physiologischen Faktizität werden zu lassen, sie also aus der medialen Funktion zu befreien, die sie im abendländischen Kontext eingenommen hat. Die Bestimmung der Funktion von Literatur erfährt dadurch eine totale Neuorientierung. Der Bruch, den Kafka einführt, ist der vielleicht radikalste, der in den letzten Jahrhunderten vorgenommen worden ist.

Bei Kafka ist dieser Bruch eben nicht Ergebnis einer Reflexionsleistung, die abendländische Situation des Geistes betreffend, sondern ein Leidenskontext, der aus dem Kernbereich des Privaten, aus der Familie, hervorgeht und der alle diesen Kern durchkreuzenden Bereiche umfaßt: die Religion, die Emanzipation des Sohnes zur Ehe hin, die soziale Identität eines tschechischen Juden deutscher Sprache, den Konflikt mit der Vaterautorität und ihrer zeichenstiftenden Funktion und das utopische Phänomen des Schreibens als dem Versuch, all diese Probleme zu übersteigen und zu überwinden. Das Subjekt wird zu einer Leerstelle im kulturellen Raum, konfrontiert mit lauter Möglichkeiten, ohne jedoch die Notwendigkeit einer realen Bindung an eine von ihnen zu erblicken. In diese Latenzsituation tritt die Literatur ein, die dazu geeignet ist, alle Möglichkeiten durchzuspielen, ja sogar neue zu erproben. Der Bruch zwischen Möglichkeit und Wirklichkeit wird damit unüberbrückbar, er wird geradezu institutionalisiert und zum negativen Selbstbezug eines Ich stilisiert. Gelebt werden kann immer nur das Unmögliche. Oder das imaginär Mögliche, was dasselbe ist: Literatur also.

Kafka verkörpert diesen kulturellen Bruch und konzipiert auch seine Texte als Ver-körperungen, die keinen doppelten Boden aufweisen. Sie, die Texte, erfüllen oder sollen erfüllen, was die Wirklichkeit als Bezugsfeld nicht mehr zu leisten vermag; sie sollen zum äußersten Inbegriff des Wirklichen werden, indem sie ihren Spiel- und Entwurfscharakter auf die unmittelbar sich zeigende Wahrheit hin öffnen.

95

Kafka schreibt die *Verwandlung* inmitten einer Phase, die als sehr produktiv anzusehen ist und die sich in erster Linie auf den Roman *Der Verschollene* bezieht. In der Niederschrift dieses Romans erlebt sich Kafka auf exzessive Weise als Schriftsteller, was sein Schuldbewußtsein gegenüber der Familie, aber auch gegenüber Felice Bauer enorm anwachsen läßt. In der Folge werden die Strafphantasien immer drastischer. Sie gipfeln in der Erzählung *In der Strafkolonie*, die Kafka wiederum als ein eingeschobenes Werk verfaßt, nämlich innerhalb der kurzen Entstehungszeit des *Processes* im Dezember 1914. Kafkas private Situation hatte sich bis zu diesem Zeitpunkt – von Ende 1912 bis Ende 1914 – deutlich verändert. Die Beziehung zu Felice Bauer war in eine Krise geraten. Im Juni 1914 kam es zur Verlobung Kafkas mit Felice in Berlin, im Juli bereits zur Auflösung der Verlobung nach dem »Tribunal« im Hotel Askanischer Hof in Berlin. Kafka, der Verlobte, erscheint dort tatsächlich als Angeklagter, der bekennen muß, daß er unfähig zur Ehe ist; anwesend sind neben Max Brod Kafkas Mutter, Felices Schwester und zwei Außenstehende, gewissermaßen als Zeugen, der Schriftsteller Ernst Weiß und Felices Freundin Grete Bloch, mit der auch Franz Kafka in Korrespondenz stand. Die gegen Kafka geführte Verhandlung hatte zum Ergebnis die Auflösung der Verlobung und den vorläufigen Abbruch der Beziehung zu Felice.

Von nun an wird es immer schwieriger, unmittelbare Parallelen zwischen Kafkas Texten und seiner konkreten Lebenssituation herzustellen. Handelten das *Urteil* und die *Verwandlung* noch explizit im Familienmilieu, so ist die *Strafkolonie* in einer ganz anderen, geradezu exotischen Sphäre angelegt und der unmittelbar familiäre Bezug völlig gestrichen. Anders als in den früheren Erzählungen geht es jetzt nicht um das Urteil oder das Schicksal, das zu einer Strafe führt, sondern direkt um das Strafritual der Tötung von Delinquenten durch eine Maschine. Dieser Apparat ist gewissermaßen eine Schreibmaschine, jedenfalls aber eine Apparatur, die den Akt des Strafens als einen Akt des Schreibens ausführt. Dem Verurteilten wird mittels Nadeln das Urteil in die Haut eingeritzt und zwar solange, bis er es entziffert und seine zweifellose Berechtigung als Erlösung empfindet; dies aber ist zugleich auch der Augenblick seines Todes.

Das Gerät, das der stolze Offizier dem Forschungsreisenden anpreist, stand einst nach seiner Erfindung durch den alten

Kommandanten im Zentrum einer sadistischen Vorführung, bei der geladene Gäste, vor allem Damen, zugegen waren, um ihre Lust zu befriedigen. Die Vorgänge hatten sich zu einem Ritual verselbständigt. Jetzt aber, so bedauert der Offizier, werde dieses Ritual kaum noch in Anwendung gebracht, die Sitten hätten sich unter dem neuen Kommandanten geändert, alles sei laxer und weniger streng geworden. Dieser Entwicklung entsprächen die Verzärtelung der Damen und das geschwundene Interesse an der Apparatur.

Die Erzählung ist als Gespräch zwischen dem Reisenden und dem Offizier aufgebaut. Der Offizier erläutert dem Reisenden die Funktionsweise des Strafapparates und zugleich die rechtliche Grundlage seines Einsatzes. Der Grundsatz der Verurteilungen lautet: *Die Schuld ist immer zweifellos.* Das heißt, es wird von einem Schuldbegriff ausgegangen, der nicht auf den Tatsachen juristischer Verhandlungen beruht, sondern einen transzendenten Ursprung aufweist. Dadurch wird das Strafen zu einem Selbstzweck, jedenfalls aber zu einem höheren Zweck, der nicht darauf ausgerichtet ist, Gerechtigkeit zu erzielen, sondern den Delinquenten zur Erlösung zu verhelfen. Denn diese wissen bis zu ihrem Tod nichts von ihrer Schuld, sie kennen nicht einmal das Vergehen, dessen sie für schuldig gehalten werden; erst in der Minute ihres Sterbens werden sie sich ihrer Schuld über die tötende Schrift bewußt, die ihnen den Urteilsspruch in den Leib ritzt. Dieses Erkennen läßt den Anschein der Verklärung auf ihren Gesichtern erscheinen, Ausdruck ihrer, so der Offizier, schließlich eintretenden Erlösung.

Das ist der Zusammenhang, auf den sich der Offizier in seiner Begeisterung für den Apparat stützt. Ihm ist es um die heilsgeschichtliche Funktion der Maschine zu tun, nicht um Gerechtigkeit. Deshalb auch verurteilt er das Regime des neuen Kommandanten, der sich nurmehr für den Hafenbau interessiere und insgesamt eine Verweichlichung und Verzärtelung hat einreißen lassen, was dazu geführt habe, daß die Hinrichtungsprozeduren als unmenschlich empfunden wurden und mehr und mehr aus der Mode gekommen seien. Inzwischen würden die Hinrichtungen in dem abgelegenen Tal der Kolonie kaum mehr verfolgt und vollzögen sich unter Ausschluß der Öffentlichkeit. Der Reisende ist die letzte Hoffnung für den Offizier, der sich als glühender Anhänger des alten Kommandanten und von dessen hartem Regime zu erkennen gibt. Man begreift, daß der

Offizier, sozusagen als ewig Gestriger, inzwischen in der Strafkolonie auf verlorenem Posten steht. Als auch der Reisende ihm
zu verstehen gibt, daß er die von dem Offizier beschriebenen
Methoden der Hinrichtung mißbilligt, übergibt sich der Offizier selbst dem Apparat. In Abkehr von seinen alten Grundsätzen, von denen er nun auch den Reisenden nicht überzeugen
konnte, fügt er in den sogenannten Zeichner der Maschine seinen eigenen Urteilsspruch ein, der lautet »Sei gerecht«. Jedoch,
anstatt den Offizier nun der von ihm durch die Hinrichtungsprozedur angestrebten Erlösung und Verklärung zuzuführen,
zerstört die Maschine sich selbst und tötet den Offizier auf die
grausamste und brutalste Art und Weise. Am Schluß dieses
Vorgangs blickt der Reisende, der schließlich doch noch eingreifen will, in das Gesicht der Leiche und erkennt, daß der
Apparat diesmal nicht seinen von dem Offizier zuvor angeprie-
senen Zweck erfüllt hat: »Es war, wie es im Leben gewesen war;
kein Zeichen der versprochenen Erlösung war zu entdecken;
was alle anderen in der Maschine gefunden hatten, der Offizier
fand es nicht; die Lippen waren fest zusammengedrückt, die
Augen waren offen, hatten den Ausdruck des Lebens, der Blick
war ruhig und überzeugt, durch die Stirn ging die Spitze des
großen eisernen Stachels.« (LA, 193).

In der *Strafkolonie* hat Kafkas Thematik und Praxis des Schreibens eine neue Radikalität erreicht. Die Wunschphantasie des
Verschwindens in dem Strom der Schrift, der Selbstauflösung
im Schreiben wird nun zu der Idee einer Identität von Schrift
und Körper gesteigert. Der menschliche Körper wird jetzt auch
figurativ zu einem Körper der Schrift, die Schrift zu einer Körperinschrift. Diese beiden komplementären Vorgänge vollziehen sich allerdings in einer Strafaktion, in der die Schuld, wie
es heißt, *immer zweifellos* ist. Schreiben wäre demnach in seiner
extremsten Ausformung als Körper der Schrift im Sinne einer
durch eine Strafprozedur dem Subjekt endlich zukommenden
Erlösung zu verstehen. Erlösung kann jedoch nur am Ende der
Prozedur erfolgen, zugleich mit der Einsicht in das Begreifen
der Schuld. Erlösung, Schuld und Strafe hängen in dieser Auffassung von Schreiben untrennbar miteinander zusammen.

Es geht nicht zuletzt darum, daß das vom Offizier beschriebene Strafritual im Prinzip einer vergangenen Epoche angehört,
der der Offizier wehmütig nachhängt. Der Reisende stellt für

ihn den letzten Anker seiner Hoffnungen auf Rechtfertigung dar. Diese Hoffnungen aber werden enttäuscht. Der Reisende stimmt nicht der Zweifellosigkeit der Schuld und damit dem Prinzip einer transzendenten Schuld zu, sondern fordert Gerechtigkeit ein. Entsprechend übergibt sich der Offizier selbst dem Strafapparat und zwar nun mit dem Richtspruch »Sei gerecht«. Es liegt auf der Hand, daß die Funktionsabläufe des Apparats durch diesen Satz in Unordnung gebracht werden müssen. Schließlich ist die Handlungsweise der Maschine nicht auf Gerechtigkeit, sondern geradewegs auf das Gegenteil, nämlich *Zweifellosigkeit der Schuld* ausgerichtet gewesen. Indem der Offizier erwartet, daß er mit dem Schuldspruch »Sei gerecht« Erlösung auf die in der Maschine vorprogrammierte Art und Weise erwarten könne, täuscht er sich fundamental. Und zwar darüber, daß er mit seiner Schulderkenntnis an die Grenzen der alten Rechtsordnung, die zur Erlösung führen sollte, stößt und diese Grenzen überschreitend, die neue auf Gerechtigkeit aufbauende Rechtsordnung bejaht. Der Grundsatz der neuen Ordnung ist jedoch nicht auf die Verfahrensweisen und die Ziele der alten Ordnung anwendbar. Also *muß* sich die Maschine selbst zerstören, ihre Auflösung in dem Augenblick, als sich der Offizier ihr überantwortet, ist keineswegs als technischer Unfall zu begreifen.

Beide Ordnungen, die alte und die neue, sind nicht miteinander vereinbar. Die Tatsache einer transzendenten Schuld, die gleichsam wie die Erbsünde vor jeder schuldhaften Tat des einzelnen Menschen auf ihm lastet, ist nicht mit der immanenten Schuld, die nach den Grundsätzen des Rechtssystems nachgewiesen werden muß, auf eine konkrete Tat beschränkt bleibt und schließlich nach den Maßstäben der Gerechtigkeit gesühnt werden soll, vergleichbar. Beide Ordnungen stehen sich feindlich gegenüber. Die Selbstauflösung des Apparats und der heillose Mord an dem Offizier stehen für den endgültigen Eintritt in eine rechtsstaatliche Auffassung von Schuld und Strafe, wie sie in der neuen Ordnung vertreten wird. Nur in der alten ist die Wirkungseinheit von Schuld, Strafe und Erlösung gegeben, in der neuen ist sie gelöscht.

Das führt zu einer absolut kritischen Auffassung des Schreibens als einer Kulturleistung, die durch die Kultur selbst entwertet wird. In der Moderne, der neuen Ordnung, tritt an die Stelle der zweifellosen Schuld des Menschen, die von vornherein feststeht und damit alle irdischen Anstrengungen in gewisser Weise sinnlos erscheinen läßt, die Selbstbehauptung des Menschen auf allen Gebieten, auch auf rechtlichem Gebiet. Der Mensch büßt damit die Beziehung zur Erlösungsfähigkeit seiner selbst vollkommen ein. Zugleich wird die Möglichkeit einer Verschmelzung des Körpers mit der Schrift eliminiert. Der Körper bleibt zeichenlos, leer, und wird nurmehr sinnlos hingemordet, ohne noch mit den Zeichen zur Einheit eines finalen Erlösungsprozesses zu gelangen. Dies wäre das geschichtsphilosophische Grundmodell, in dem Kafka seine eigene Position als Autor wie als Subjekt ortet. An der Grenze von alter und neuer Ordnung und als *Schreibmaschine* zur Selbstvernichtung verdammt angesichts der Unmöglichkeit eines Funktionierens in der neuen Ordnung, die aber alle Rechte jetzt für sich beansprucht. Wie Gregor Samsa das überflüssig gewordene Ungeziefer innerhalb der Familie geworden war und sich zuletzt selbst aus dem Weg zu schaffen hatte, so löst sich die Schreibstrafapparatur in dem Augenblick selbst auf, in dem sie mit dem obersten Grundsatz der neuen Ordnung konfrontiert wird: »Sei gerecht«. Wilhelm Emrich schreibt dazu: »Die alte Ordnung hat für die Erlösung den Menschen geopfert. Die neue Ordnung hat die Erlösung für den Menschen geopfert. Beide Ordnungen sind barbarisch. Keine kann gegen die andere ausgespielt werden.«[25]

Wenn beide Ordnungen barbarisch sind – was sowohl die alte Hinrichtungsprozedur in ihrer sadomasochistischen Ausrichtung als auch die neue in ihrem schlichten und brutalen Tötungsvollzug erkennen lassen –, gibt es dann eine lebbare Ordnung? Sind nicht gerade auch die Rechtsprinzipien der Moderne menschenunwürdig, die den Menschen der Erlösung berauben, die Körperinschrift löschen und den Körper mit der Schrift entzweien? Ist das die historische Ausweglosigkeit, die Kafkas persönlicher entsprechen würde, die sich aus ihr ableiten ließe und die Kafka in der *Strafkolonie* in dieser Ableitung entwickelt hat?

An dieser Stelle bündeln sich die Deutungswege, die die Erzählung eröffnet. Sie bündeln sich, ohne eine Entscheidung zuzulassen. Denn der Text entzieht sich wiederum allen Versuchen, ihn interpretativ festzulegen. Die Ausweglosigkeit, die die Erzählung in einem geschichtslogischen Modell entwirft, entspricht der Ausweglosigkeit des Autors als eines Subjekts, das mit seinem Schreiben gleichsam zwischen die Zeiten geraten ist, der weder die archaische Struktur der alten Ordnung noch das rationale Arbeiten der neuen auf sich anwenden kann. Diese Situation gibt sich als Bankrotterklärung der Geschichte zu erkennen. Zugleich spiegelt sich darin der Bruch zwischen ostjüdischer und westjüdischer Zeit, zwischen einer religiös-archaischen und einer immanent-modernen Epoche. Das Schreiben als Zwangshandlung führt das Subjekt auf die Tatsache der Unlebbarkeit beider Epochen zu. Darin ist Kafkas Diagnose keine hohle Behauptungs- oder Beschwörungsformel, sondern beruht auf einem Höchstgrad bewußt erlebter psychophysischer Intensität. Was das 20. Jahrhundert in aller Radikalität ans Licht gefördert hat, nämlich die tatsächliche Unlebbarkeit der modernen Lebensverhältnisse für unendliche viele Menschen, sei es aufgrund politischer Verfolgung und Vernichtung, sei es aufgrund eines Totalverlusts religiöser und ethischer Werte, sei es im Selbstverlust angesichts der seelenlosen, anonymisierenden Herrschaft der Bürokratien und der Systeme, bei Kafka ist dieses Zeitgefühl in all seinen Konsequenzen ausgeführt. Es ist nicht bloß ins Bild gesetzt, sondern begegnet dem Leser als unübersteigbarer Erlebnishorizont. Deshalb konnte und mußte Kafka zu *dem* repräsentativen Autor einer barbarischen Moderne werden, weil er, wie Gershom Scholem schreibt, »eine Welt zur Sprache« bringt, »in der Erlösung nicht vorweggenommen werden kann«.[26] Eine Welt, müßte man fortfahren, in der Erlösung undenkbar und unmöglich geworden ist. Denn indem Kafka das Verschwinden der jüdischen Religiösität aus dem westjüdisch-assimilierten Leben festhält, zeichnet er zugleich ein Bild des modernen Lebens insgesamt und zwar von seinen innersten geistigen Voraussetzungen her. Darin nun wird sein Leidensweg als Schreibender zum exemplarischen Leidensweg Hiobs – Hiob als der Repräsentant des scheiternden Subjekts der Moderne.

Über die jüdische Religion und ihre exegetischen Horizonte gewinnt das persönliche Schicksal des Schreibenden in seinem Familienghetto weltgeschichtliche und philosophische Dimensionen. Doch ist es nicht so, daß Kafka das Judentum einfach noch einmal aus der Versenkung hervorholt, indem er es auf die moderne Lebenswelt anwendet. In seiner Bilderwelt durchdringen sich all diese Ebenen, ohne eine bestimmte als die

Ursprungsebene oder Substanzebene auszuweisen. Hierin ist Kafkas Schreiben selbst auch schon Exegese, eine Schrift, die unzählige und unendliche Lesarten freisetzt, zwangsläufig freisetzen muß.

Wenn Giuliano Buioni in *Kafka und das Judentum* behauptet, Kafkas Schuld habe für diesen immer nur und einzig und allein im Schreiben gelegen, so ist damit nicht mehr bloß das Schreiben in der Familie gemeint, also die Schuld gegenüber dem Vater als dem Familiendespoten, sondern die Schuld gegenüber dem Vater als dem Gott, gegen den man frevelt. Kafka, der Künstler der Moderne, die die Selbstverwirklichung des Menschen als des neuen Gottes in einem unendlichen Fortschreiten der Schreibarbeit betreibt, stößt hierin schmerzhaft und schuldhaft auf Kafka, den Juden, der die Schrift noch einmal schreibt, und zwar in der Absicht, sie ebenso zum Urtext einer unendlichen Exegese werden zu lassen wie Gott die heilige Schrift der Thora. Die Unzahl der Interpretationen, die sein Werk in wenigen Jahrzehnten hervorgebracht hat, dürfte diese These unterstützen.

Schuld und Strafe gehören für Kafka untrennbar zusammen und wurzeln als Gesamtkomplex im Schreiben. In der westjüdischen Zeit ist Schreiben in diesem Sinne *Teufelsdienst*, da es sich gegen die Autorität Gottes selbst richtet. Es ist ein fürchterliches, heilloses Aufbegehren. Die Schuld ist daher *immer zweifellos*. Aber die Strafe, die im Schreiben vielleicht einmal Erlösung und Heil bei aller Qual in Aussicht gestellt hatte, ist bloße Tötung durch Selbstzerstörung. Kafka verfaßt *In der Strafkolonie* als Einschub in die Arbeit am *Proceß*. In diesem Roman aber kommt es zur radikalsten Durchgestaltung des Problems von Schuld und Strafe.

Wuchernde Verfahren

Der Roman als Prozeß

Seit der Romantik laufen dichterische und theoretische Diskurs-
formen parallel, meist einander durchdringend und ergänzend.
Wenn wir den zum Frühwerk Kafkas gleichzeitig sich formie-
renden Expressionismus betrachten, so kann man von einem
regelrechten Überschuß an theoretischer Intentionalität gegenüber dem dichterisch Produzierten sprechen. Nicht anders verhält es sich mit dem klassischen Modernismus, der mit dem
Futurismus und dem Dadaismus einsetzt. Hier laufen die Manifeste einander permanent den Rang ab, ja die genuin dichterische Ebene wird fast vollständig ersetzt durch eine Linie des
Projektierens, der Provokation und der Konzeptualismen, die
gerade diesen traditionellen Begriff des Poetischen verabschieden wollen.

Die Gründung von Dada-Zürich im Frühjahr 1916 war eine
Reaktion auf den Ersten Weltkrieg, auf den Wahnsinn dieses
Krieges als Materialschlacht, der alle Rechtfertigungsbemühun-
gen, gerade auch solche der Kultureliten, als Heuchelei erscheinen lassen mußte. Die Schrecken von Verdun konnten nicht mit
dem feierlichen Pomp des bildungsbürgerlich-wilhelminischen
Kulturbetriebs kaschiert werden. Die alte Kultur war am Ende,
die schwülstigen Sinngebärden der wilhelminischen Avantgarden brachen zusammen, der Unsinn – Nonsens – eroberte
das Terrain der Traditionen, die Verlogenheiten des Kaiserreiches sollten erstickt werden in einem Exhibitionismus des Nichts.

Sinnauflösung und Zerschlagung der Bedeutungsebenen lagen also im artistischen Horizont der Zeit. 1912 hatte Gottfried
Benn seine Gedichtsammlung *Morgue* veröffentlicht, deren radikal naturalistische Desillusionstendenz die Bildbestände des
schönen Scheins direkt torpedierte. Der Dadaismus tat ein übriges, vor allem weil aus der Züricher Eizelle eine europaweite
und bald auch Amerika mit einschließende Bewegung wurde:
Dada-Berlin, Dada-Köln, Dada-Hannover (einzig vertreten
durch Kurt Schwitters), Dada-Paris und schließlich Dada-New

York. Natürlich nutzte sich die Provokationsmaschine rasch ab. Schon 1920 war der Dadaismus am Ende, Hugo Ball wurde fromm, und André Breton schickte sich mit einigen Mitstreitern an, den Nonsens der frühen Jahre auf eine metasymbolische Mystik hin zu übersteigen, die er Surrealismus nannte.

All diese Vorgänge aber, die Bewegungen und Gestalten, die die radikale Negation zwischen 1910 und 1920 betrieben, bildeten unverkennbar intentionale Prozesse, die mehr politische als poetische Ausrichtungen aufwiesen. Stellt man sie Kafka gegenüber, so fällt der Abstand zu dessen reiner Erzählbesessenheit auf. Die Masse des im Schreibfluß Entstehenden bleibt von ihrem Autor unkommentiert, auch die vermeintlichen Kommentare (in den Tagebüchern, in den Briefen) gehören ins Reservoir mythopoetischer Figurationen und erreichen nicht wirklich eine begrifflich deutende Metaebene. Hierin liegt zweifellos der fundamentale Bruch zwischen Kafka und den Hauptströmungen des Modernismus seiner Zeit, obgleich das Moment der totalen Negation der Sinn- und Bedeutungsebenen nicht zuletzt bei Kafka eine rücksichtslose Dynamik erzielt. Diese Dynamik kommt aus dem psychophysischen Zwang, mit dem er an das Schreiben herangeht. Der weist keine kulturpolitische Grundausrichtung auf, sondern fällt zunächst nur auf sich selbst zurück. Auch der Bezug zur Zeitgeschichte bleibt ausgespart. Als Kafka im August 1914 den *Proceß* zu schreiben beginnt, deutet nichts auf eine Beziehung zum Ausbruch des Ersten Weltkrieges hin. Am 2. August 1914 notiert Kafka in sein Tagebuch: »Deutschland hat Rußland den Krieg erklärt. – Nachmittag Schwimmschule.« (T, 261). Später spielt der Krieg für die Entstehung des Textes nur insofern eine Rolle, als Kafka sich als an der Heimatfront Verbliebener noch mehr als Versager vorkam. In der zweiten Hälfte des Jahres 1914 nimmt der Kampf um das Schreiben eine ausschließliche Position in Kafkas Reflexionen ein. Dieser Kampf überdeckt alles, auch die politischen Ereignisse.

Die Tatsache, daß der Zwang zu schreiben sich als absolut selbstreferentiell erweist, eine Art autistische Abschließung erzeugt und alle daraus resultierenden Produkte auf seine Quelle zurückverweist, auf den Autor also – diese Tatsache bringt uns immer wieder dazu, die Gründe und die Bedeutungen der Kafkaschen Texte in dessen eigener psychischer Problematik zu suchen, sie als deren Ausdruck zu begreifen. Doch erkennt man meist zugleich, daß dieser Ansatz viel zu kurz greift. Denn zwischen die Psyche des Autors und den Text schiebt sich die artistische Komposition, ein Perspektivismus, den diese Komposition eröffnet und mit dem sie bereits die Dezentrierung der Autorkategorie bewirkt. Indem der Text selbst alle in dieser Weise gearteten Kategorien durchkreuzt und aus dem Zentrum rückt, verweist uns die Lektüre in einem geradezu gewaltsamen Maße auf diesen Text und suggeriert, daß er die Kategorien seines Ursprungs und seiner Bedeutung in sein eigenes Prozessieren mit aufgenommen hat, um sie darin zu entwerten. Kafkas Schreiben bewirkt – das erkennt man in besonders eindringlicher Weise vor allem an dem Romanfragment *Der Proceß* – daß der Text als Organisationsform seiner selbst an die Stelle aller anderer Vorstellungsbereiche tritt, die sich normalerweise um einen Text herum gruppieren und gewissermaßen seine Umwelt darstellen. Dazu gehört eben auch die Ebene eines durch den Text hindurch identifizierbaren Autors.

Das Verschwinden des Autors in der Schrift impliziert das Verschwinden aller Außenbezüge, die ein Text herzustellen oder einzugehen in der Lage ist. Die Welt, die der Roman entwirft, *scheint* nur noch auf die sogenannte Realität zu weisen, bindet jedoch, indem sie das tut, all diese Bezüge in sich selbst ein. Jede deutende Lektüre muß deshalb auf den Text selbst zurückfallen.

Kafka hat den *Proceß* in zehn Quartheften, die er zum Teil auch für andere erzählerische Versuche oder für Tagebucheintragungen benutzte, niedergeschrieben. Aus diesen Heften löste er – vermutlich nach Beendigung der Niederschrift – die verstreut eingetragenen Romanteile heraus, um das Manuskript in die einzelnen Kapitel zu separieren. Dabei mußte er in einigen Fällen, wo Anfangs- und Endpassagen auf einem Blatt standen, eine der beiden Passagen auf einem neuen Blatt abschreiben. Für die Aufbewahrung der so gebildeten *Proceß*-Konvolute hat er zwei verschiedene Methoden verwendet, je nachdem, ob es sich um abgeschlossene Kapitel handelte oder um solche, deren Abschluß sich noch nicht abzeichnete. Im ersten Fall hat er die Konvolute jeweils mit einem Deckblatt versehen, auf dem er die betreffende Inhaltsangabe eintrug, während er im zweiten Fall jedes Konvolut in ein Einschlagblatt gelegt hat, auf dem er ebenfalls eine Inhaltsbezeichnung anbrachte.[27]

Die zehn Hefte lassen sich mit Hilfe einer Untersuchung von Wasserzeichen, Reißspuren usw. in ihrer ursprünglichen Blattfolge nahezu vollständig rekonstruieren. Diese Rekonstruktion ergibt Aufschlüsse über die Reihenfolge, in der die verschiedenen Textpartien des Romans entstanden sind. Vor allem aber wird durch die Rekonstruktion deutlich, daß Kafka seinen *Proceß*-Roman auf eine neue, bis dahin für ihn uncharakteristische Art und Weise geschrieben hat. Kafka läßt die streng lineare Arbeitsweise fallen. Vor allem wohl deshalb, weil er die Unübersichtlichkeit der Handlung bei einer noch dazu rein auf die momentane Intuition bauenden Schreibweise, wie sie sich beim *Verschollenen* eingestellt hat, vermeiden wollte. Kafka versucht jetzt, Anfang August 1914 und in den darauffolgenden Monaten, eine praktikable Strukturierung des Schreibens aufzubauen. Hatte der ins Endlose angelegte Weg des *Verschollenen* zu keinem Abschluß gelangen können, so sollte diesmal das im voraus festgesetzte Ziel des neuen Romans einen Weg zur Abschließung zwangsläufig entstehen lassen.

Kafka stützt sein neues Konzept auf eine Reihe von Einzelkapiteln, die er in unterschiedlichen Ansätzen zu verfassen beginnt, und deren Handlungsstationen nicht immer eine logische Abfolge beschreiben. Das gleichzeitige Arbeiten an unterschiedlichen Stellen des Textes führt ab einer bestimmten Größe des Manuskriptes zu einer Unübersichtlichkeit, bei der die einzelnen Handlungsfäden aus dem Blick geraten können. Kafka steigt jetzt an immer anderen Stellen des Romans ein, treibt einmal dieses, ein anderes Mal jenes Kapitel voran, beginnt dann wieder ein neues, so daß er immer mehr Fäden in der Hand hält, die er abwechselnd fortzuspinnen versucht. Es handelt sich um jenes System des Teilbaus, das Kafka in seiner Erzählung *Beim Bau der chinesischen Mauer* beschrieben hat. Er bleibt allerdings auch jetzt seiner ursprünglichen Kompositionsweise treu – einem intuitiv ansetzenden Schreiben, das das Ende (des jeweiligen Textteils) jeweils offen hält.

Der Beginn der Niederschrift läßt sich relativ genau bestimmen. Am 15. August 1914 heißt es im Tagebuch: »Ich schreibe seit ein paar Tagen, möchte es sich halten. So ganz ungeschützt und in die Arbeit eingekrochen, wie ich es vor zwei Jahren war, bin ich heute nicht, immerhin habe ich doch einen Sinn bekommen, mein regelmäßiges, leeres, irrsinniges, junggesellenmäßiges Leben hat eine Rechtfertigung.« (T, 263). Der Abbruch der

Niederschrift läßt sich zeitlich weniger eindeutig bestimmen, mehrere biographische Zeugnisse legen jedoch nahe, den 20. Januar 1915 anzunehmen. Bestimmte Methoden der Analyse der Manuskriptblätter (Zahl der Wörter auf den einzelnen Seiten) lassen darauf schließen, daß Kafka bis zu seinem Urlaub, der am 18. Oktober 1914 endete, etwa zweihundert Manuskriptseiten gefüllt hat, in der verbleibenden Zeit bis Januar 1915 nur noch etwa achtzig. Das Stocken der Arbeit, über das Kafka schon zu Beginn seines Urlaubs klagt (und aufgrund dessen er diesen Urlaub überhaupt erst genommen hat), scheint schon von Oktober an nicht mehr zu beheben zu sein. Das bedeutet, der Überblick und damit die Methodik seiner Weiterführung gerät Kafka außer Kontrolle.

Zwischendurch, wie zur Ablenkung, schreibt er *In der Strafkolonie* und das *Oklahoma*-Kapitel für den *Verschollenen*, woraus man ersehen kann, daß auch das Fragment seines ersten Romans ihn noch während der Arbeit am zweiten beschäftigt. Ab Februar 1915 arbeitet Kafka dann an der Geschichte *Blumfeld, ein älterer Junggeselle*. Allein angesichts dieser gleichsam chaotischen Koordination seiner Arbeitsprozesse erscheint eine Bewertung des *Proceß*-Manuskriptes als äußerst schwierig. Die Kürze der Entstehungszeit und das baldige Abebben der Schreibintensität lassen jedenfalls auf ein praktisch von Anfang an bestehendes Unbehagen und ein Gefühl des totalen Scheiterns gerade auch hier schließen. Alle Schreibansätze, außer der *Strafkolonie*, über deren Schluß sich Kafka jedoch keineswegs klar werden konnte, lassen die hohe Frequenz des Abbrechens erkennen, die weit höher liegt als in früheren Phasen. Alles bleibt jetzt Fragment, Kafkas Verzweiflung über seine Unfähigkeit zu schreiben erreicht ungeahnte Tiefen.

Das Schreiben in Heften, das Kafka für den *Proceß* eigens einführt, sollte zunächst dazu dienen, den Schreibstrom zu kontrollieren. Kafka glaubte, daß ein unkontrollierter Schreibstrom dem Gelingen eines Romans entgegenstehen könnte. Außerdem sollte die Arbeitsweise des Anlegens eines Heftes für jeweils ein Kapitel dafür sorgen, daß dieses jeweilige Kapitel ohne Abschweifung, eben wieder extrem linear, vorangetrieben werden konnte. Jedoch, je mehr Romankapitel er gleichzeitig in Arbeit hatte, desto mehr Hefte benötigte er. So kam es, daß er für die Neuansätze, die sich laufend einstellten, gerade beschriebene Hefte umzudrehen und vom anderen, noch leeren Ende her zu beschreiben begann. So wurden z. B. die Kapitel *Advokat/Fabrikant/Maler* und *Kaufmann Block* von entgegengesetzten Enden des gleichen Heftes lange aufeinander zugeführt, bis sie aufeinanderstießen und in anderen Heften fortgesetzt werden mußten.

Diese für Kafka zumindest in der Konzeption der Teile neue Art des Schreibens sollte die Möglichkeit eröffnen, einen Roman fertigzustellen und über das Fragment hinauszugelangen. Daß dieser Plan recht bald begraben werden mußte und daß der *Proceß* tatsächlich als Riesenfragment liegengeblieben ist, deutet nicht zuletzt auf die internen Probleme gerade dieser Methodik hin. Das Kombinieren des Teilbaus mit der intuitiv linearen Schreibarbeit läßt das ganze Textgebäude von vornherein als äußerst fragil erscheinen. Hinzu kommt Kafka Weigerung, das einmal Niedergeschriebene grundlegend zu überarbeiten und zu korrigieren. Kafkas Korrekturen sind reine Entstehungskorrekturen, das heißt Verbesserungen, die unmittelbar im Vorgang der Niederschrift vorgenommen worden sind. Der *Proceß* läßt keine Bearbeitungskorrekturen erkennen.

Wenn nun einerseits diese Arbeitsweise vielleicht der einzige Weg gewesen ist, eine mythopoetische Rede als zugleich psychopoetische Rede zu verfassen (also im Grenzbereich des Bewußten und des Unbewußten zu agieren), so ist doch in demselben Phänomen der Grund für das Fragmentarische der meisten größeren Kafka-Texte und vor allem des *Processes* zu erblicken. Der Schreibstrom wird gerade angesichts eines Manuskriptes, das immer größer wird, zu einer nicht mehr zu kontrollierenden Kraft, die dazu führt, daß der Schreiber den Überblick verliert und ihn folglich der Mut verläßt. Es ist angesichts dieser Erscheinungen leicht nachvollziehbar, wenn man sagt, Kafka habe sich buchstäblich in seinem eigenen Text verloren, als Schreiber und Autor. Hätte er andererseits das Ganze zu einem kontrollierten Abschluß gebracht, so hätte die damit implantierte Autorinstanz deutlich über den Schreibstrom triumphiert. Gerade dies jedoch konnte nicht eintreten. Insofern ist die in der Forschung geäußerte Ansicht verständlich, daß Kafkas Roman Fragment bleiben *mußte*. Gelingen also im Scheitern, könnte man sagen, wenn diese Kategorien hier noch eine Relevanz hätten. Sicherlich, das Subjekt Franz Kafka fühlte sich gescheitert, denn er mußte ja sein Geschriebenes und insgesamt sein Schreiben im Sinne eines Werkbaus verlorengeben. Dennoch vermittelt gerade das *Proceß*-Fragment den Impuls dieses Schreibens als eines sich von seinem Ursprung ablösenden wuchernden Verfahrens, das seinen eigenen Gesetzen (und nicht mehr denen der Autorschaft) folgt. Wir haben es also beim *Proceß* mit einem Text zu tun, den wir ohne Rücksicht auf seinen Urheber betrachten können, insofern er sich als ein sich selbst generierendes System von lauter kleinen Teilsystemen präsentiert. Das Zusammenspiel von psychopoetischem Anstoß, mythopoetischer Verarbeitung und dem Selbstverlust des Autors im Schreibstrom erreichte im *Proceß* einen ersten echten Höhepunkt.

Damit soll nicht gesagt werden, daß man statt eines vom Autor postulierten Scheiterns auf der ganzen Linie nun von einem Gelingen im Horizont einer impliziten Poetologie auszugehen habe. Erstens handelt es sich in gar keinem Sinne um eine Poetologie, die hier in Betracht käme, auch um keine implizite. Und zweitens gehört Gelingen auf die Bewertungsebene von Scheitern, das heißt auf die Autorebene, und muß als Kategorie ausfallen, wenn gleichzeitig das Scheitern als Kategorie ausfällt. Was wir vor uns haben, kann als metasubjektives Geschehen verstanden werden, und zwar in der vollen Konsequenz der Tatsache, daß die Einlösung dieses Vorhabens eben das Subjekt Kafka nicht mehr erreichen konnte. Metasubjektiv meint in jedem Sinne *jenseits* subjektiver Bezüge. Das Parallellaufen von Handlung und Schreibprozeß als das Ineinanderströmen zweier Prozesse generiert diese Textmaschine als einen von jeder Angreifbarkeit sich abschließenden Prozeß, in dem sich das Leben in die Schrift auflöst und die Schrift an die Stelle dessen tritt, was einmal das Leben genannt worden ist. Die von Kafka anvisierte Stellung des Schreibens als eines neuen, autonomen Körpers scheint hier bereits eingelöst, ohne daß dies der Autor voll begreifen könnte. Dieser Körper ist ein sich selbst progressiv reproduzierendes System, das keine Abschließung aufweist, weil solche Abschließung nur von einem Punkt außerhalb des Systems gesetzt werden kann, nicht aber von und in seinem Prozessieren selbst. Dieser Punkt wäre allein im Autor zu erblikken, und schon angesichts dieser Tatsache wird klar, daß das Eingreifen von diesem Punkt aus und also die Abschließung insgesamt als unmöglich anzusehen sind. Damit ist die traditionelle Form des Romans überwunden, der Roman als vom Autor gebautes und kontrolliertes Werk mit einem bewußt inszenierten Abschluß. Überhaupt bleibt jede Form von Inszenierung unwirksam. Was aber bedeutet das für die Lektüre? Der kardinale Unterschied zu der herkömmlichen Erscheinungsweise des Romans seit dem 18. Jahrhundert besteht darin, daß wir es hier nicht nicht mehr mit einer Form, sondern eben mit einem Prozeß zu tun haben. Der Unterschied zwischen Form und Prozeß ist kategorial hinsichtlich des Verständnisses dieses Textes oder besser, hinsichtlich der Möglichkeiten des Umgangs mit ihm.

Nach dem ersten Kapitel des *Processes* hat man bereits einen Eindruck, der den gesamten Roman über erhalten bleibt. Weder erscheint die Handlungsebene in irgendeiner Weise klargelegt, noch wird der Geltungsanspruch der Anklage bzw. der Verhaftung deutlich verifizierbar. Die kognitive Erfaßbarkeit des Textes wird erschwert durch vielschichtige Auslegungsfacetten und insgesamt durch eine Verwirrung, die mit den erzählten Vorgängen unmittelbar aufgebaut wird. Es entfaltet sich eine Welt, in der alle semiologischen Elemente mehrere Möglichkeiten konnotieren, in der, um es präziser zu sagen, sich alle Denotate tendenziell in Konnotationen auflösen. Doch darf man daraus keineswegs den Schluß ziehen, der in der Forschung noch bis in die jüngste Zeit gezogen worden ist, beim *Proceß* handle es sich um einen *semiologischen Roman*, also um einen Text, der genau diese Untergrabung und Vervielfältigung der Perspektiven anstrebt und sich gewissermaßen in der Durchführung dieses Verfahrens erschöpft.[28] Der Hintergrund, vor dem dies geschieht, ist kein linguistisch experimenteller, sondern ein – in Kafkas Sinne – durch und durch existentieller. Die Frage nach der Schuld und ihrer Geltung wird mit aller Radikalität gestellt, ebenso die Frage nach dem Gesetz und seiner Beziehung zum Ich. Die Durchkreuzung der Sphären des Realen und des Irrealen korrespondiert mit der Durchdringung der Sphären von Gesetz und Erotik, die unauflösbar sind und keine Eindeutigkeit in semiologischer Hinsicht zulassen.

Die Frage nach der Bedeutung und damit nach der Deutung wird in dem Maße aufgelöst, in dem sich die Eindeutigkeit der Handlungsvorgänge auflöst. Genau darin aber besteht eine Seite des Prozesses, der hier die Kategorie der Form ersetzt. Während Form Bedeutung repräsentiert oder konstruiert, kommt es im Prozeß zu einem permanenten Wechsel von Konstruktion und Destruktion, also von Aufbau und Abbau von Bedeutung, wobei aber immer neue, immer vielfältigere Bedeutung wiederum projektiert wird. Das heißt, Bedeutung ist ein Projekt, das sich im Prozeß gleitend ausfaltet und wieder zurücknimmt und das sich an Konstanten ausrichtet, die in ihrer tragenden Funktion gar nicht einsehbar und begreifbar sind.

Die eigentlich zentrale Konstante hier wäre das *Gesetz*. Dieses bleibt unerreichbar und unerkannt, ja geradezu unbekannt, wie es die Legende vom Türhüter veranschaulicht. Und dennoch dreht sich alles um eben dieses Gesetz. Dabei, und das ist die Pointe, liegt der Grund, weshalb das Gesetz nicht erreicht werden kann, gar nicht an diesem Gesetz selbst, sondern an den auf das Gesetz hin ausgerichteten Verhaltensweisen. Über das Gesetz selbst kann nicht einmal ausgesagt werden, daß es nicht zu erreichen sei; über das Gesetz selbst kann überhaupt nichts ausgesagt werden. Das Gesetz hat auch keine seiner suggerierten Bedeutung angemessene Erscheinungsweise – man denke an die Gerichtsverhandlung in dem völlig überfüllten Zimmer, an die pornographische Lektüre der Untersuchungsrichter oder an die verstaubten Kanzleien auf dem Dachboden eines Mietshauses. Das Gesetz entzieht sich nicht, weil es dafür gar nicht den notwendigen Grad von Präsenz hat. Das Gesetz ist aber auch kein Gerücht, das man einfach beiseite schieben, also verdrängen könnte. Seine Geltung erscheint unhinterfragbar. Sie legt sich in gleichsam unterbewußter Art und Weise auf die gesamte Person K.s, auch wenn dieser noch so sehr dagegen angeht.

Ausgeliefert

K. und das Gericht verschmelzen nach und nach immer mehr zu einer Funktion, die in sich allerdings die Spaltung beibehält und aus dieser Spaltung ihre prozessuale Energie bezieht. Es ist dann gleichgültig, ob man folgert, all dies sei ein innerseelischer Vorgang oder es sei bloß eine groteske Verzerrung der äußeren Wirklichkeit. Kafka setzt an die Stelle der Dichotomie von Innen und Außen eine dritte Funktion, die des textuellen Prozessierens. Der Text ist kein Beziehungsmoment, das in der Abgleichung mit der Dichotomie von Innen und Außen auflösbar wäre. Er verweigert sich einer solchen Auflösung, indem er diese selbst schon *in sich* vornimmt. Nicht der Leser entscheidet über die Zuweisung der Ordnungsverhältnisse von Text und Wirklichkeit, sondern der Text bestimmt über den Leser, insofern als er ihn in genau dasselbe Dilemma hineinstellt wie seinen Protagonisten Joseph K. Immer intensiver deutet sich die Tendenz an, daß der Leser dem Text in eben derselben Weise ausgeliefert ist, wie K. dem Gericht, daß der Leser in eben derselben Dringlichkeit Einlaß in das Begreifen dieses Textes begehrt wie der Mann vom Lande in das Gesetz. Der Text – das ist die Tendenz – *ist* das Gesetz: *Die Schrift ist unveränderlich und die Meinungen sind oft nur ein Ausdruck der Verzweiflung darüber.* Diese Aussage gewinnt im Verlauf des *Processes* immer klarere Konturen. Doch kann der Satz nicht einfach als Aussage oder Bestimmung gefaßt und verstanden werden. Der Text (die Schrift) *ist* das Gesetz – das kann nur im Textverlauf erfahren werden, das *ist* die Entgrenzung aller Bedeutungen und der Suche nach den Deutungen.

Kafkas Schreiben beansprucht genau dies: Gesetzeskraft. Jedoch im Sinne jenes Gesetzes, zu dem man nicht vordringen kann, von dem niemand genau zu sagen vermag, worin es besteht und ob es überhaupt besteht (was der Text des Romans selbst aufzeigt). Also *ist* der Text, den wir lesen und lesend interpretieren, auch wiederum *nicht* das Gesetz, bildet er nur den Zug zum Gesetz hin, das Prozessieren der Organe, die Verzweiflung der Angeklagten. Das heißt, um es in aller Deutlichkeit zu sagen: *Der Text ist das Gesetz – nicht.*

Also ist auch das Schreiben selbst nicht das, was es ist, sondern genau genommen immer das, was es nicht ist, Verschiebung, Verschleppung, Vertagung. Das kann nicht mehr identitätslogisch im Sinne von A=A begriffen werden, also auch nicht mehr im Sinne einer überprüfbaren und nachvollziehbaren ästhetischen Form. Auch darin erweist sich die Notwendigkeit des Prozeßhaften, das ein ewiges Verschieben und Verschleppen der Verhältnisse einfordert (wie es der Advokat Huld vehement gegenüber K. tut). Die Verschleppung ist in diesem Sinne die einzig mögliche Realität des Prozesses, sein Ende, seine Auflösung ist nur noch mit dem Tod des Angeklagten gleichzusetzen.[29]

Es geht also um den Prozeß des Textes und der Schrift, und das in einer Weise, die die Ebene des Autors, die des Protagonisten und die des Lesers in gleicher Direktheit betrifft. Zwischen diesen drei Textfunktionen besteht ein unmittelbar sich einstellendes Analogieverhältnis, das in seiner Funktionsfähigkeit allen Theoriegebäuden der Rezeptionsästhetik Hohn spricht. *Der Proceß*, dem sich ein auch nur in geringem Maße engagiert lesender Leser gar nicht entziehen kann, hat die Gesetzmäßigkeiten der Literatur auf fundamental neue Bedingungen gestellt hat, Bedingungen, die nur bei Kafka herrschen, nur bei ihm herrschen können. Diese Gesetzmäßigkeiten erwachsen aus der unübertragbaren Problemlage Kafkas heraus. Sie produziert von 1912 an eine Serie von Schreibakten, deren Komplexitätsgrad sich steigert und immer mehr Aspekte miteinbezieht. Beim *Proceß* nun ist eine Ebene erreicht, auf der die Sphäre des Textes nicht mehr zu trennen ist von der Sphäre des Schreibens und des Lesens. Kafka ist es gelungen, diese drei üblicherweise getrennt voneinander funktionierenden Elemente, die das literarische Werk konstituieren und, indem sie das tun, zu einer kritischen Konstellation auseinandertreten, in einen unauflöslichen Akt zusammenzuschließen. In diesem Akt werden Schreibprozeß, beschriebener Prozeß und Leseprozeß analog aufeinander zu gearbeitet, so daß man von einem analogen Prozessieren der drei Faktoren sprechen könnte. Das Kunstwerk als Form und damit als reines Repräsentationsphänomen hat sich damit in Richtung auf dieses Prozessieren aufgelöst. Der Text funktioniert so, daß das Problem von K. zum Problem des Lesers wird; der Leser wird aus seiner Position des interesselosen Wohlgefallens hinauskatapultiert und zum tragischen, tragikomischen Helden seiner eigenen Bemühungen. Auch darin muß man das Ende einer genuin ästhetischen Kunst erblicken. Die symbolische Differenz zwischen Werk und Rezipient wird getilgt. Die Wirkung der Kunst ist eine unmittelbare, vom Leser selbst nicht mehr zu kontrollierende. Das bedeutet, an die Stelle geordneter Wahrnehmung tritt der Schock, aber gegenüber der Tradition der Schockästhetik seit Kleist, Poe und Baudelaire in einer ganz neuen Weise. Es ist kein moralischer, kein bildlicher und kein brutalistischer Schock, der sich so einstellt. Der Schock besteht darin zu erkennen, daß zwischen dem Helden des Romans und mir selbst als dem Leser kein Unterschied besteht, daß ich also selbst der Held bin, daß ich erkannt werde von dem Buch (und also nicht zuerst das Buch selbst erkenne), daß ich durchschaut bin und damit ausgeliefert. Die Rezeptionsverhältnisse kehren sich um: War stets der Text das wehrlose Opfer des Lesers, so wird jetzt der Leser zum Opfer des Romans. Der Leser bleibt auf der Strecke, während der Prozeß unaufhaltsam weiterläuft. Die Kafka überschwemmende Interpretationsflut hat seine Texte keineswegs zum Verlöschen gebracht; vielmehr zeigen die Interpreten in ihrer Vielzahl und Hilflosigkeit ihre eigene Opferolle an. Ja, sie bekennen sich immer wieder mit einer unübersehbaren Lust dazu, Kafkas Opfer zu sein. Vielleicht ist das die einzige Möglichkeit, dem Ausgeliefertsein an die Texte noch irgend etwas entgegenzusetzen.

Fast unmerklich und dennoch mit aller Konsequenz gerät Joseph K. in seinen Prozeß hinein. Wenn sich auch sein Verstand noch immer gegen dessen Anerkennung wehrt, so zeigt sein Verhalten, daß er den Kampf schon längst aufgenommen hat. Dieses Vordringen des Prozesses im Unbewußten korrespondiert mit der Wirkung des Gesetzes aus dem Verborgenen und Unbegreiflichen heraus. Obgleich K. beim Anblick der pornographischen Bücher des Gerichts ein klares Urteil über die ganze Sphäre gefällt haben müßte, wirkt die Anklage gegen ihn weiter und läßt ihn nicht los. Es sind also nicht die Ausdrucksformen des Gerichts, die die Wirksamkeit des Gesetzes und seine Bedeutung abschwächen könnten. Diese Bedeutung ist unantastbar. Das spürt auch K. Schließlich aber wird ihm seine vordergründige, vom Verstand diktierte Weigerung der Anerkenntnis des Prozesses zum Verhängnis. Die Entwicklung läuft auf einen Höhepunkt zu, auf dem sich seine unbewußt gehegte Sorge und sein bewußtes Herunterspielen nicht mehr als zwei getrennte Bereiche aufrechterhalten lassen: Ich meine das vergleichsweise kurze Kapitel mit dem Prügler.

Man hat gelegentlich dazu tendiert, die Vorkommnisse in diesem Kapitel als grotesken Scherz auszulegen, der vor allem darin besteht, daß sich die Szene mit dem Prügler, der die beiden Wärter in einer Rumpelkammer der Bank auspeitschen soll, einen Tag später, als K. erneut die Tür zu der Kammer öffnet, in genau derselben Formation wiederholt, wie K. sie tags zuvor verlassen hatte. K. wirft die Tür entsetzt zu und ordnet bei den Dienern der Bank an, daß die Rumpelkammer endlich einmal gesäubert werde. Die Diener versprechen, es am nächsten Tag zu tun.

Auch in dieser Szene gleiten reale und irreale Welt ineinander, bilden dabei aber einen singulären Kulminationspunkt. Die Sphäre des Gerichts rückt ganz nah an die Realitätssphäre in der Bank heran, ja, sie tritt mitten hinein und erweist sich, da sie sich am nächsten Tag auf exakt dieselbe Weise wiederholt, nicht als Halluzination, sondern selbst als unabweisbare Realität.

Die Wiederholung ist eine strukturbildende Komponente unserer Wahrnehmung. Was sich wiederholt, prägt sich ein, erweist sich als wirklich in dem Sinne, daß man damit rechnen muß. Was sich einmal wiederholt hat, kann sich immer erneut wiederholen. Das Wichtigste hier nun aber ist K.s Reaktion auf diesen Vorfall. Er ordnet an, daß die Kammer sauber gemacht wird. Er versucht das Gesehene zu verdrängen, er weigert sich, eine offensichtliche Tatsache zur Kenntnis zu nehmen und sich ihr zu stellen. Gleichzeitig gerät er immer tiefer in seinen Prozeß hinein. K. vermag die Realität des Gerichts als eine Zeit und Raum enthobene, als Irrealität nicht anzuerkennen, er zieht sich unmittelbar auf seine Alltagswahrnehmung und auf seinen sogenannten ›gesunden Menschenverstand‹ zurück. Von diesem Punkt an arbeitet das Verdrängte vehement gegen ihn, dreht sich die Lage um, seine Abwehr ist nicht mehr berechtigter Widerstand gegen den Prozeß, sondern nur noch Leugnung seiner Unabwendbarkeit.

In den folgenden Kapiteln wird sich diese Entwicklung bestätigen. Der Besuch des Onkels, der sich äußerst beunruhigt zeigt, führt K. zu dem Advokaten Huld und seiner Pflegerin Leni. Der Advokat, der zunächst sterbenskrank in seinem Bett liegt, erfreut sich bald besserer Gesundheit, als er erfährt, daß er K. in dessen Prozeß vertreten soll. Aus dem Dunkel taucht dann noch der Kanzleidirektor auf, der in der Ecke auf einem Stuhl sitzt. Die Sphäre des Gerichts rückt also näher, der Advokat ist sogar über K.s Fall informiert. Doch K. ergreift bei der erstbesten Gelegenheit die Flucht aus diesem Kreis, bei dem vielleicht einiges zu erreichen wäre, und gesellt sich zu der Pflegerin Leni in die Küche, wo er sich von ihr als Geliebter erobern läßt. Obgleich Leni alles andere als anziehend zu sein scheint – die Verbindungshäute zwischen ihren Fingern sind bis zum obersten Glied zusammengewachsen und von ihrer Haut geht ein »bitterer, aufreizender Geruch wie von Pfeffer aus« (P, 116), läßt K. schließlich zu, daß sie sich ihm an den Hals wirft, daß er von ihr auf den Teppich gezogen wird und hören muß, wie sie flüstert: »›Jetzt gehörst du mir.‹« (P, 116)

Leni wird offenbar von den Angeklagten und ihrer Schuld angezogen, sie entwickelt ein erotisches Bedürfnis nach den Angeklagten und ihrer Unterwerfung, die ihre Hingabe herausfordert. Das zeigt sich bald darauf an dem Kaufmann Block, der Lenis Willkür hilflos ausgeliefert ist. Die sadomasochistische Disponiertheit dieser Frau reiht sich ein in die Abfolge der Frauen, bei denen K. Hilfe sucht, nur daß er nun selbst das Objekt der Begierde ist und nicht mehr nur hilflos auf die Frauen zugeht. Diese Wendung aber bildet eine beunruhigende Tendenz. War noch Fräulein Bürstner gänzlich unberührt von der Welt des Gerichts und war die Frau des Gerichtsdieners nur ein Opfer der Rücksichtslosigkeit des Untersuchungsrichters und des Studenten, so offenbart sich an Leni der prostitutive Charakter der gesamten Sphäre, die in einem Sumpf aus Erniedrigung und Unterwerfung versinkt. Daß K. auch in diesen Sumpf hineingerät, liegt wiederum an seinem Fluchtbedürfnis, an seiner Verdrängungswut. Er meint, in der Küche bei Leni fände er Ablenkung von seinem Prozeß und wird gerade dort noch tiefer in ihn hineingezogen. Indem er sich Leni ausliefert, liefert er sich den Unterwerfungspraktiken des Gerichts aus. Auch darin ist ein weiterer Schritt im Verlauf des Prozesses zu sehen. Nicht grundlos bekommt K. später von seinem Onkel den Vorwurf zu hören, er habe mit seinem Verhalten seiner Sache aufs Äußerste geschadet.

In all seinen Verhaltensweisen zeigt K., daß er den Prozeß einerseits verfolgt und alles versucht, um ihn einem günstigen Ausgang zuzuführen, andererseits aber das Ganze gar nicht unter dem Aspekt der Schuld akzeptieren kann. Diese Gespaltenheit setzt sich fort, ja verstärkt sich noch im Laufe des Textes. Er geht zu dem Advokaten und beschließt gleichzeitig, ihn nicht zu bezahlen, weil er nichts für ihn tun kann. Er läßt sich von Leni einfangen, der untersten Kreatur im Gerichtsbereich, und glaubt, gerade damit diesem Bereich entgehen zu können. Einige andere Beispiele könnten hier angeführt werden, die belegen, daß das in sich paradoxe Verhalten K.s in der Tatsache begründet liegt, daß er seinen Prozeß zwar betreibt und damit annimmt, ihn aber auf einer anderen Ebene zu fliehen versucht. Die Gespaltenheit treibt ihn in die Widersprüche seiner Situation erst hinein. Wir können hierin eine für Kafka zentrale Thematik wiedererkennen, nämlich die des *westjüdischen Junggesellen*.

Der Westjude ist von seinen Ursprüngen abgeschnitten; in diesem Abgeschnittensein sammeln sich das gesamte Entfremdungspotential des modernen Lebens, die zurückgedrängten Ängste, die als Heimsuchungen wiederkehren (Blumfeld), die pervertierten Gefühle im erotischen wie insgesamt im zwischenmenschlichen Bereich. Der Westjude ist nicht einmal mehr dazu fähig anzuerkennen, daß es das Gesetz gibt, seine Realität zu begreifen, die eine andere Realität als die seiner Alltagswahrnehmung ist. Diese Unfähigkeit offenbart sich gerade angesichts der Prügler-Szene, und sie verstärkt sich im weiteren Verlauf des Geschehens. Die einzelnen Aspekte aus dem Prozeß-Bereich sind von einer Schäbigkeit, die immer wieder auf K.s eigene miserable Situation hindeutet. Das Erotische wird angesichts Lenis als eine Form der Prostitution erfahren, die Kunst bei dem Maler Titorelli als Anbiederung an das Gericht, an die untersten Untersuchungsrichter, die selbst kaum Befugnis haben, die Titorelli aber als die allerhöchsten Autoritäten darstellt. Bei dem Maler finden sich mehrere Darstellungen immer ein- und derselben Heidelandschaft, auf die sich seine Kunst zurückgezogen hat. Diese Kunst ist erstarrt, reproduziert das immergleiche reizlose Motiv und erblickt auch in ihrem Absterben keine Gefahr, nicht einmal ein Problem. Titorelli versucht, die verstaubten Bilder an K. zu verkaufen, und K. kauft sie. Auch darin präsentiert er seine Verfallenheit an das Gericht, zu dem, wie Titorelli erklärt, *alles* gehöre. *Alles* meint in diesem Zusammenhang praktisch die gesamte Außenwelt; die gesamte Realität in ihrer Dürftigkeit, ihrer Verkommenheit und ihrem Stumpfsinn ist Repräsentant des Gerichts, während das Gesetz selbst unerreichbar und ohne direktes Abbild in der Wirklichkeit bleibt.

Die Realität als Ganze gehört zum Gericht, wie der Maler, wie die Mädchen, die im Treppenhaus spielen und immer wieder ungebeten hereinschauen, wie die Frau des Gerichtsdieners und wie Leni. Mit dem Gericht haben praktisch alle direkt oder indirekt zu tun, so der Fabrikant, von dem K. die Adresse Titorellis erfährt, der Angeklagte Block und auf sehr undurchsichtige Weise der Direktor-Stellvertreter. Die Welt erscheint insgesamt gegenüber dem Gesetz als eine gefallene, sie repräsentiert zwar die Sphäre des Gesetzes, soweit sie sich auf das Gericht bezieht, bleibt aber hinter der Größe und Bedeutung des Gerichts weit zurück. Das Gesetz ist völlig unerreichbar, unvorstellbar, seine Richter sind nicht von dieser Welt. Genau dies aber vermag K. nicht zu realisieren. Gerade weil er das Gesetz nicht kennt und damit nicht anerkennt, ist er schuldig.

K. erhält den Auftrag, einem italienischen Geschäftsfreund der Bank einige Sehenswürdigkeiten der Stadt zu zeigen. Da der Italiener nicht viel Zeit hat, möchte er nur den Dom besichtigen, diesen aber gründlich. Verabredet ist man für zehn Uhr im Dom. Als K. im Dom ankommt, schlägt es elf Uhr, »der Italiener war aber noch nicht hier«. (P, 216) Diese Verschiebung der Zeitwahrnehmung ist bezeichnend für K.s Zustand. Es fällt ihm gar nicht auf, daß er eigentlich für zehn Uhr verabredet war, und es will ihm nicht in den Sinn kommen, daß der Italiener womöglich schon wieder gegangen ist. Auch fragt man sich, wo denn die Stunde zwischen Zehn und Elf hingekommen ist, da es bei K.s Aufbruch heißt, es sei gerade halb zehn.

In diesen Szenen kommt es erneut zu einer Überschneidung der beiden Sphären von Realwelt und Gerichtswelt, diesmal jedoch in ungewöhnlicher Verdichtung. Daß K. das Zeitbewußtsein verlorengeht nach Lenis Anruf, die bedeutungsvoll verkündet: *Sie hetzen dich*, dürfte kein Zufall sein. Mit Leni durchbricht eine Stimme aus der Prozeßwelt die Arbeitssphäre der Bank und deren raumzeitliche Disposition. Leni nämlich ist die Vertraute K.s und gehört doch ganz dem Advokaten Huld an. Obwohl K. diesem Anwalt gekündigt hat, bleibt ihm Lenis Beistand erhalten. Lenis Aussage *Sie hetzen dich,* transformiert die Verdrängungsleistung K.s kurzzeitig in ein Zugeständnis seines eigentlichen inneren Zustandes, indem er diese Feststellung nachdenklich bekräftigend wiederholt. In diesem Augenblick ist die Geschäftssphäre durchbrochen, K. taucht in eine andere Zeit ein, nämlich die seines Prozesses. So kommt es, daß er gar nicht realisiert, daß er den Italiener schon verpaßt haben muß.

Im Dom selbst ist es so dunkel, daß kaum etwas zu sehen ist. Einige Kerzen, die brennen, *vermehren*, wie es heißt, *nur die Dunkelheit*. Da bemerkt K., daß auf einer kleinen Nebenkanzel scheinbar eine Predigt vorbereitet wird. Eine Predigt in der leeren Kirche? »Aber konnte denn wirklich gepredigt werden? Konnte K. allein die Gemeinde darstellen?« (P, 220) Der Geistliche, der nun die Kanzel betritt, ruft K. bei seinem vollen Namen an. Der Geistliche stellt sich als Gefängniskaplan vor und fährt fort: »›Ich habe Dich hierherrufen lassen [...], um mit Dir zu sprechen.«»Ich wußte es nicht«, sagte K.»Ich bin hierhergekommen, um einem Italiener den Dom zu zeigen.‹« (P, 222) Der Kaplan erinnert K. an seine Schuld, worauf dieser erwidert:»›Es ist ein Irrtum. Wie kann denn ein Mensch überhaupt schuldig sein. Wir sind hier doch alle Menschen, einer wie der andere.‹ ›Das ist richtig‹, sagte der Geistliche, ›aber so pflegen die Schuldigen zu reden.‹« (P, 223). Auch darin wird K.s Schuld ex negativo bestätigt, nämlich in dem Hinweis, gerade in seiner Ableugnung der Schuld offenbare diese sich in besonders deutlicher Weise. Der Geistliche ermahnt K., er möge sich im Gericht nicht täuschen und erzählt ihm zur Verdeutlichung die Geschichte vom Türhüter aus den einleitenden Schriften zum Gesetz.

K. versucht diese Geschichte zu deuten, indem er annimmt, der Türhüter habe den Mann vom Lande getäuscht. Dies aber weist der Kaplan weit von sich und entgegnet:»›Du hast nicht genug Achtung vor der Schrift und veränderst die Geschichte.‹« (P, 228) Daraufhin erläutert der Geistliche mehrere Deutungsversionen, die sogenannten Meinungen, die es zu der Geschichte gibt. Sie widersprechen sich in einigen wesentlichen Punkten. Hier nun kommt es zu der Aussage, die die gesamte Situation, auch und gerade die des Romans selbst, charakterisiert:»Die Schrift ist unveränderlich und die Meinungen darüber sind oft nur ein Ausdruck der Verzweiflung.« (P, 230) Offenbar kommt es also nicht so sehr darauf an, die Schrift auszulegen, als sie in ihrer Unveränderlichkeit zu achten. Denn, so der Geistliche,»man muß nicht alles für wahr halten, man muß es nur für notwendig halten.« (P, 233)

Tatsächlich sperrt sich die Geschichte vom Türhüter gegenüber jeder eindeutigen Interpretierbarkeit. Zwar ist sie angelegt wie eine Parabel, deren Deutung gewissermaßen parallel zum Text zu lesen wäre, doch ergeben sich bei jedem Deutungsversuch derart gravierende Widersprüche, daß jede Interpretation unschlüssig erscheint. Der Text besteht aus lauter paradoxen Konstellationen und Aussagen, die, indem sie einander widersprechen, die Geschichte aufbauen. Auch hier wieder erkennt man das Grundmuster einer Dekonstruktion, das in seiner Anwendung bei Kafka den Text nach außen hin abschließt, ihn als *absolut* erscheinen läßt.

Wenn Derrida betont, daß jede Lektüre eine andere Version des Textes herstellt, so bezieht er genau die Kafka entgegengesetzte

Position angesichts des Vorgangs der Dekonstruktion. Denn der Text ist als Schrift ja unzweifelhaft vorhanden. Kafka erhebt die Frage, ob nicht diese Faktizität des Textes selbst eine ganz eigene, unantastbare Schicht darstelle, deren Unantastbarkeit sich gerade *in* der Variabilität und Relativität der Versionen erweisen müsse. Damit aber führt er ein Paradox ein, das in der philosophischen Spielart von Derrida nicht vorkommt: die Behauptung einer gesetzhaften Substanz, die gerade dadurch nicht erreicht werden kann, daß sie gesucht wird. Das Resultat dieser Operation wäre dann nicht das Eingehen ins Spiel der Differenzen, sondern die Anerkennung des Gesetzes. Die Vorzeichen haben sich also von Kafka zu Derrida grundlegend geändert, und damit eben auch das Verhältnis zwischen dem Denken und den Texten. Für Kafka geht es darum, daß das Gesetz gleichbedeutend mit der Schrift ist und daß beides zusammenfließt im Horizont des Unbegreiflichen. Das ist eine metaphysische Position. Indem nun Derrida den Vorstellungsgehalt des *Gesetzes* durch den des *Spiels* ersetzt, entkommt er der bannenden Kraft dieser Gewalten. Das Unbegreifliche ist einfach eine Tatsache, die sich aus dem Zusammenspiel von Text und Lektüre unausweichlich ergibt, ohne daß dahinter noch ein Funken Hoffnung oder gar Heilserwartung aufleuchten würde. Gerade dieser Zusammenhang aber ist bei Kafka gegeben. *So gnadenlos wie hier brannte noch nie das Feuer der Offenbarung*, schreibt Scholem an Benjamin und trifft damit ins Zentrum der Sache. Die Unbegreiflichkeit der Schrift ist das Ziel des Schreibens. Denn erst sie kann den Text ins *Reine, Wahre, Unabänderliche* heben. Die Interpretationen sind Ausdruck der Verzweiflung daran. Aber an ihnen erweist sich besonders eindringlich das Faktum der Unbegreifbarkeit.

Das ist die Problemlage des *Processes*. In ihr treffen sich wiederum die drei Grundelemente von Autor, Figur und Leser in einem Prozeß, dessen Interferenz sich in dem Kürzel K. zum Ausdruck bringt. Hinter K. verbirgt sich die Figur im Roman, hinter K. verbirgt sich aber auch der Autor Kafka, und hinter K. verbirgt sich die Frage des Lesers, wer denn K. sei, die ihn immer nur auf sich selbst zurückwirft.

Die Verwirrung wird noch gesteigert von den Sätzen, die der Geistliche beim Abschied von K. äußert. Dieser fühlt sich durch die Reden des Kaplans zum erstenmal bei einer Person aus dem Umkreis des Gerichts verstanden oder zumindest angemessen behandelt und glaubt nun, der Kaplan habe eine Bindung zwischen sich und K. herstellen wollen. Darauf antwortet der Geistliche: »›Warum sollte ich also etwas von Dir wollen. Das Gericht will nichts von Dir. Es nimmt Dich auf, wenn Du kommst und entläßt Dich, wenn Du gehst.‹« (P, 235)

Ist das noch eine juristische Ebene? Sicher nicht. Was aber bedeutet dann diese rätselhafte Aussage? Der Text hat uns wieder hinausgeführt aus dem engeren Kreis seiner Selbstoffenbarung. Die Schrift zeigt sich erneut als undurchdringlich. Und als unabschließbar. Dieser *Proceß* hat kein Ende. Die Hinrichtung K.s in dem Kapitel *Ende* repräsentiert die von Kafka gleich zu Beginn seiner Arbeit am *Proceß* entworfene Verlegenheitslösung. Der Roman sollte eine Form erhalten, sollte einen Abschluß finden. Aber was ist das für ein Abschluß, der Tod? Angesichts der Unveränderlichkeit der Schrift ist der Tod bedeutungslos, nicht einmal eine Erlösung stellt er dar, nur ein Abblenden der endlosen Handlung.

Der *Proceß* ist nur ganzheitlich, das bedeutet, psychophysisch zu begreifen. Man muß sich das Ausmaß dieser Vorstellung vor Augen halten, die grenzüberschreitende Dimension der Schrift, die Autor, Figur und Leser in *einen* Prozeß hineinzieht, dem sie nicht entkommen können. Die Welt ohne Erlösung ist somit keine Erkenntnis, sondern eine unmittelbare Erfahrung, ein Erlebnis. Das schließt eine Lehre oder Moral des Erzählten aus. Das Erlebnis trifft uns unvermittelt und bleibt rätselhaft, also deutungsvirulent. Die Deutungen aber erreichen es nicht, sondern bilden eigene Welten, die miteinander im Streit liegen. Dennoch, und das wendet sich gegen die Beliebigkeitsthese im Zusammenhang der Dekonstruktion, bleibt die Urschicht der unabänderlichen Schrift bestehen und behält ihre Wirkung. So wollte Kafka sein eigenes Schreiben verstanden wissen, doch konnte er es gerade deshalb nicht zu einem Abschluß bringen. Der Prozeß muß seinen Autor transzendieren, um die physiologische Intensität der Schrift freisetzen zu können. Jede Kontrolle des Autors über die Geschlossenheit oder Formvollendung des Textes würde dem entgegenlaufen.

Darin besteht ursächlich der Mythos, den Kafka geschaffen hat. Ihn kann es nur geben, wenn die Schrift den Autor überwindet. Wem oder was wäre sie dann aber zuzuordnen? Ist nicht vielleicht ein solcher Mythos in der Moderne nur ein Bluff, eine große Falschmünzerei? Bleibt nicht Franz Kafka doch der Autor, der Gescheiterte? Und wie können wir behaupten, sein Text habe ihn als Autor überstiegen und in sich aufgenommen, wenn wir doch vom Text selbst auch diese Versicherung nicht erhalten? Wir bleiben also zurück in einer Welt der Schrift und ihrer Deutungen, ohne echten Anhaltspunkt, ausgesetzt und umgetrieben aber von dieser Situation und damit mehr denn je mit Kafka und seiner Literatur konfrontiert.

Letale Onomastik

Die Wissenschaft der Interpretation, die Kafka begründet, wurzelt in der Onomastik, der Namensforschung. Es handelt sich hier allerdings um einen besonderen Zweig dieser Disziplin. Onomastik, wie Kafka sie versteht, ist nicht mehr Teil einer allgemeinen Semantik, sondern Antriebsmoment einer umfassenden Antisemantisierung, einer Dissemiose, die alles andere als deskriptiven Charakter hat. Die Zerstörung der Zeichen ist gleichbedeutend mit der Zerstörung von Körpern. Kafkas Dissemiose hat die Energie eines Auslöschungsverfahrens. Deshalb ist das Durchdringen der undurchdringlichen Namen, ist ihr Schrumpfen zu kryptischen Kürzeln, die mehr zu bedeuten scheinen, als sie in ihrer Funktion als Namen bedeuten können, ein Vordringen des Körpers der Schrift an die Ränder des Verschwindens. Kafkas Namenforschung ist letale Onomastik.

Das Verschwinden des Autors in der Schrift vollzieht sich in der Form, daß dieses Verschwinden seine eigene Spur legt. Das ist Abwesenheit und Anwesenheit in einem, genauer: Anwesenheit als Abwesenheit. Die Schrift prozessiert das Verschieben der Identität in die Nicht-Identität hinein und dokumentiert *als Schrift* genau den Zustand des zwischen der Identität und ihrer Negation Stehens. So erbringt der Text einen permanenten Hinweis auf denjenigen, der sich durch das Schreiben zu löschen versucht. In diesem Horizont werden die Kryptogramme und Namenskürzel erklärbar, die Kafka seit dem *Urteil* einsetzt. Sie sind Restzeichen einer Verneinung, einer Auslöschung. Als solche verweisen sie weniger auf das Subjekt, das sich im Schreiben zu löschen versucht, als auf den Vorgang des Löschens selbst.

K. verweist nicht umstandslos auf Kafka, der sich im Schreibprozeß diesem Kürzel angeglichen hätte, sondern auf den Prozeß selbst, oder noch genauer auf den Schreibprozeß und sein Produkt, den Körper der Schrift. K. wäre also die kryptogrammatische Kurzform des Textes als Prozeß. Natürlich denkt man jetzt sofort an den Roman *Der Proceß* selbst. Darin ist Josef K. als das Spurenelement des Verschwindens des Autors Kafka zu begreifen und zugleich als das Zeichen für den alles mit sich fortreißenden Schreibprozeß, in dem das kausale Wechselspiel von Autor und Text keine Geltung mehr beanspruchen kann. In dem Kürzel K. ist der Prozeß der Negation von Identität aufgehoben und somit als *Spur des Verschwindens* immer noch gegenwärtig. Damit präsentiert sich der Text in der doppelten Disposition als ein ursprungsloser Perspektivismus (mythopoetisch), der noch immer den rudimentären Verweis auf seinen psychischen Ursprung im Subjekt transportiert (psychopoetisch). Die Namenskürzel, die Kafka vor allem in seinen Romanen präsentiert, wären demnach als Zeichen eines zugleich mythopoetischen *und* psychopoetischen Schreibens zu verstehen. Sie sind, indem sie die Spur ihrer Entstehung aus der Negation tragen, Verweise auf etwas, das nicht mehr rekonstruierbar ist. Sie weisen auf die Unbegreiflichkeit ihres Ursprungs zurück und damit auf die Dimension des Unbegreiflichen selbst.

Kafka hat mit obsessiver Genauigkeit seinen eigenen Namen erforscht. Sein Name hatte für ihn einen Sinn und nicht bloß eine bezeichnende Funktion. Der Sinn des Namens *Kafka* liegt nicht im Deutschen, sondern im Tschechischen. Dort bedeutet *kavka* Dohle. Eine Dohle figurierte als Firmenemblem auf den Briefköpfen von Kafkas Vater, so daß man davon ausgehen kann, daß auch dieser bereits die Übersetzung seines Namens spielerisch genutzt hat. Übersetzt man einen Eigennamen in seine Wörtlichkeit, so wird daraus nicht wiederum ein Name, sondern ein Begriff. Man nennt diesen Vorgang in der Sprachwissenschaft *Antonomasie*.

Im strengen Sinne meint *Antonomasie* die Umschreibung eines Eigennamens durch einen Tropus, dem feststehende Bedeutung und Verwendung zukommt: *der Korse* für *Napoleon*; oder *der Erlöser* für *Jesus*. Bei einer Antonomasie, wie Kafka sie vornimmt, werden nicht nur die singulären Züge des Eigennamens verwischt, darüber hinaus wird der Begriff, der ihm in der Übersetzung entsprechen soll, als Instrument einer klaren Bezeichnung untauglich. Das Bedeutungsfeld, das so erzeugt wird, hat eher eine verwirrende, vernebelnde Funktion – und zwar nach beiden Seiten, nach der des Begriffs wie nach der des Namens – als eine distinkte. Die dadurch entstandenen Wörter werden nicht in die normale Kommunikation eingebracht, sondern nehmen, werden sie nicht als leer sofort wieder fallengelassen, eine eigene assoziative Richtung. Kafka kommt von Dohle auf Rabe, Krähe, Amsel, Geier, Storch. Geht es nun in den Texten um eine Krähe, so wird daraus nicht unmittelbar erkennbar, daß es sich um assoziative Ableitungen aus Kafka handelt. Das bedeutet, die assoziativen Resultate der Antonomasie bekommen einen absoluten Wert zugesprochen und verweigern – anders als im herkömmlichen Sprachgebrauch – die Bezeugung ihrer Herkunft. Gleichzeitig tragen sie die Bedeutungslast dieser Herkunft besonders stark in den Text hinein. Sie verbergen und überdeterminieren durch ein und denselben Vorgang.

Ein einfaches Beispiel hierfür wäre *Samsa*, das schon in der Lautstellung auf *Kafka* verweist, ohne diesen Verweis jedoch durchzuführen; er bleibt latent. Andererseits ist das französische Wort *Cafard*, fast homonym zu Kafka und heißt *Küchenschabe*, kann aber auch *Heuchler* und *Trübsinn* bedeuten. Man erkennt allein hier also mehrere Zugänge zum Namenskomplex in der *Verwandlung*. Die Namenspraxis, die Kafka verwendet, hat, das zeigt sich an der *Verwandlung* in besonders deutlichem Maße, in sich eine multiperspektivische Verweisungsstruktur, die im Prinzip beliebig weit ausdehnbar ist und auch schon vom Autor her immer wieder ausgedehnt wird. Die Antonomasie behält bei Kafka ihre assoziative Dimension stets bei, anstatt klare Bedeutungszuweisungen zu suggerieren. Gregor Samsa meint dann aber nicht bloß eine kryptogrammatische Verkehrung, sondern steht für dieses gesamte Assoziationspotential.

Das bedeutet, in dem Namen *Samsa* findet sich *Kafka* als assoziative Unendlichkeit eingeschrieben und also aufgehoben. Die Entstellung des eigenen Namens wird so zur Entstellung der eigenen Person. Kafka wird zu Cafard und Samsa, die Schabe ist der Inbegriff von Trübsinn und Samsas Dasein Inbegriff der Heuchelei. In all diesen Facetten verliert sich der Name *Kafka*. Das unendliche Verweisungssystem tritt an seine Stelle. Die Namen des Schriftkörpers setzen sich an die Stelle des Namens, der den Autorkörper bezeichnet. Daraus folgt zwangsläufig, daß der Schriftkörper den Autorkörper vollständig ersetzt.

Kafka praktiziert neben der Antonomasie noch eine andere Form der Namenstransformation, nämlich den *Rebus*, ein Ding, das nur aus Worten besteht. Die Onomastik Kafkas mündet geradezu in die Praxis des Rebus. Das zeigt sich schon anhand der *Verwandlung*. Nimmt man den Assoziationsweg von *Kafka* über *Cafard* zur Rückübersetzung *Küchenschabe*, so sind wir bei dem großen ekelerregenden Käfer, in den sich Gregor Samsa verwandelt sieht. Dieses Ungeziefer ist aber weniger eine phantastische Fiktion als ein Wortding; es präsentiert die genaue Übersetzung des Ausdrucks Rebus, nämlich *durch die Dinge*.

Das Ding Gregor trägt den Inbegriff der Namenwörter, wobei sich Kafka noch einmal in Samsa abspiegelt. Nur durch diese Abspiegelung werden wir auf den Autornamen Kafka zurückverwiesen, nicht aber durch das Wortding des Käfers. Es erscheint uns gar nicht als Wortding, sondern als Bild, nur stellen wir fest, daß es als solches nichts abbildet. Es ist nur, was es ist. Ein riesiges Ungeziefer, das in einer Wohnung inmitten seiner Familie haust, eine Verwandlung, von *Kafka* in *Cafard* in *Samsa*. So wäre also der Hintergrund der Geschichte, auf den hin man sie interpretieren könnte, nicht in der Bedeutung des Bildes zu erblicken, sondern in der Kombination von Antonomasie und Rebus.

Diese Tatsache erhärtet die These, daß ein strikt metaphorisches Lesen bei Kafka scheitern muß. Die Bilder sind Dinge, die Dinge sind Namen und die Namen wieder Bilder, und so verweist eine Ebene permanent auf eine andere, ohne daß sich eine als die erste oder die letzte erwiese. Diese Kombination birgt den Vorgang der Verwandlung von Kafkas Körper in den Körper einer Küchenschabe, die zugrunde geht. Man kann die Bewegung aber von hier aus auch nach rückwärts verfolgen. Dann wird aus der Schabe über Cafard und Samsa wieder Kafka, nun jedoch aufgehoben in einem anderen Körper, den die Schrift und das ihr zugrunde liegende unendliche Verweisungssystem geschaffen haben. Der Körper des heuchlerischen Sohnes und Bräutigams findet sich erlöst in der Textur einer langsam eingehenden Küchenschabe. Damit wäre der reale, biographisch-biologische Körper zu einem Körper der Schrift geworden. Auch das ist auf keine Weise noch metaphorisch zu verstehen.

Sollten die Körper und die Namen also doch auf fundamentale Weise und notwendig zueinander gehören? Hat sich die

moderne Sprachwissenschaft mit ihrer Grundthese vom arbi-
trären Verhältnis zwischen Bezeichnetem und Bezeichnendem
vielleicht geirrt? Auszuschließen ist, daß Kafka in seiner Na-
menspoetik bloß zaubert oder spielt. Die Magie seiner Sprach-
spiele scheint vielmehr darauf hinzuweisen, daß der innere
Zusammenhang zwischen Signifikat und Signifikant wenn auch
kein logisch zu rechtfertigender, so womöglich ein existentiell
irreduzibler sein könnte. Den Aspekt des Existentiellen aber
schließt die Linguistik aus systemimmanenten Gründen aus
ihren Verfahren aus. Selbst in der Pragmatik kommt er nur
holzschnittartig vor. Das Existentielle ist das die Wissenschaft-
lichkeit der Sprachwissenschaft vom Innern der Sprache aus
bedrohende Irrationale. Kafkas Onomastik wirft die Frage auf,
was die Rationalität der Linguistik wert ist, wenn sie sich nur
durch die Ausgrenzung jener sprachlichen Akte aufrechterhalten läßt, die die Not und die Verzweiflung diktiert. Ist nicht die
Definition der Sprache als eines Zeichensystems im Dienste
sozialer Akte ein Hohn angesichts des Gebrauchs, den Kafka
von ihr macht? All das sind nur Fragen, aber es sind Fragen,
mit denen man sich auch sprachwissenschaftlich ernsthaft be-
fassen sollte. Kafkas Gebrauch der Sprache führt diese nicht in
eine poetisch-esoterische Ecke, wo rationale Wissenschaft und
Mystik aufeinanderstoßen, um ihre wechselseitige Ausschließlichkeit zu erproben. Er demonstriert, daß die Sprache eine phy-
siologisch-existentielle Tiefendimension hat, die ihren Gebrauch
fundamental beeinflußt. Das *ist* die Ebene der Sprachmagie;
doch ist das Magische hier nicht transzendent oder übersinn-
lich motiviert, sondern physiologisch und damit pragmatisch.
Das ist – auch linguistisch betrachtet – ein neuer Aspekt im Verhältnis von Dichtung und Sprachphilosophie.

Haben wir es in der *Verwandlung* noch mit einer Kombination
aus mehreren Elementen zu tun, so begegnen in anderen Texten reine Wortdinge, die als Dinge den gesamten Assoziations-
raum der Namensentstellung Kafkas tragen. Als Beispiele können die beiden Texte *Eine Kreuzung* und *Die Sorge des Hausvaters*
herangezogen werden.

In *Eine Kreuzung* spricht der Erzähler von einem eigenarti-
gen Tier, einem Erbstück aus dem Besitz des Vaters, das sich
aber erst bei ihm und in seiner Zeit entwickelt habe. Es handelt
sich um ein Zwitterwesen zwischen Katze und Lamm, um ein

Katzlamm also, das, bei aller Harmlosigkeit, die es ausstrahlt, doch als Monstrum erscheint. Zudem hat es die unglückliche Disposition des Zwitters: *vor Katzen flieht es, Lämmer will es anfallen* – also die sich selbst neutralisierende Gleichzeitigkeit von Raubtier und Opfertier. Die Beschreibung des Katzlamms läßt in wenigen Sätzen eine Dilemmasituation durchscheinen, die existentieller, ja sozusagen biologischer Art ist. Am liebsten geht es nachts über die Dachtraufe, ist als einziges seiner Art Lämmern wie Katzen ähnlich, doch keinem dieser Tiere wirklich gleich. Es heißt, das Tier habe auf der Erde viele Verschwägerte, aber keinen einzigen nahen Blutsverwandten. Die Haut ist ihm begreiflicherweise zu eng. Aber Erlösung durch das Messer des Fleischers kann ihm, da es ein Erbstück ist, nicht zuteil werden.

Ein reines Wortding also, wobei die Wörter, aus denen das Ding zusammengesetzt ist, dieses in seiner phänomenalen und existentiellen Lage genau bezeichnen. Das *Lamm* ist auf eine Paronomasie von *Amschel*, Kafkas Großvater seiner Mutter von der Mutterseite, die hebräische Übertragung von *Franz* (T, 133) zurückzuführen. Die *Katze* kann als assoziative Erweiterung des *Ka* bei Kafka, aber auch durch die Umformung des Familiennamens seiner Mutter Löwy, über die Gattung der Katzen auf *Katze* begriffen werden. Obgleich diese Übertragungspraxis keine reine Methode widerspiegelt und vielmehr alle nur gerade brauchbaren Transformationsformen vermischt, faßt Kafka ihre Ergebnisse nicht bloß als Spiel auf, sondern sieht darin einen prophetisch bindenden und also im Sinne des *Nomen est Omen* schicksalhaften Semioseprozeß. Gewiß bleibt das spielerische Moment auch auf der Ebene des Humors dabei erhalten. Doch wird es überlagert von der existentiellen Aporie des geschilderten Wesens, das die Paradoxie und das Dilemma als gleichsam genetische Disposition darlegt. Im übrigen kam hier der ganze Familienname des Großvaters der Mutter Kafkas in unvergleichlicher Weise zustatten: *Amschel Porias*. Kürzt man den Vornamen in der üblichen Weise ab, so wird daraus A. Porias und im nächsten Schritt problemlos APORIA.

Das Spiel mit den Namen führt bei Kafka zu einer biologisch-genealogischen Prägung der eigenen Gestalt, oder genauer: der Gestalt, die im Schreibspiel mit diesen Namensentstellungen entsteht. Der Rebus *Katzlamm* ist einer der Schriftkörper, in die Kafka sich schreibend einprägt. Und zwar nicht mit all seinen

Fasern, sondern mit all seinen Nuancen von Bedeutung. Erst und einzig im Schreiben entstehen diese Wesen; die Namenstransformationen *lassen* sie entstehen.

Ihre typologische Disposition ist die Aporie, anders gesagt: die Unmöglichkeit zu existieren. Der Name wird in diesem Zusammenhang in eine Richtung getrieben, die seiner eigentlichen Funktion in der Sprache diametral entgegengesetzt ist. Seine Entstellung, Zerlegung und phantastische Interpretation führen dazu, daß die Funktion der Identifizierung des Menschen in der Gesellschaft über den Namen zu einem monströsen Identitätsverlust umgebogen wird. Denn in der Aporie ist Identität unmöglich geworden. Wird aus Amschel Porias *Aporia*, so bleibt vom Großvater der Mutter Kafkas nur der Vorstellungsgehalt einer in sich selbst begründeten Unmöglichkeit. Was einmal einen Menschen in seinem Leben bezeichnet hat, wird zum Zeichen für die Unmöglichkeit jeglicher Bezeichnung. Aus Amschel und Löwy wird das Katzlamm, das nichts so sehr ersehnt wie das Messer des Fleischers. Interessant ist der letzte Satz des Textes: »[...] eine Erlösung, die ich ihm aber als einem Erbstück versagen muß.« (Beim Bau der Chin. Mauer, 93) Allein die Tatsache des Erbes hält hier die Existenz aufrecht, auch wenn das Resultat dieses Erbes eine Perversion und die Traditionslinie eigentlich funktionslos geworden ist. Das Katzlamm bleibt im Beistand des Erzählers, weil es aus Gründen zu ihm gehört, denen er sich unterwerfen muß, aus Gründen einer verblaßten Tradition. Einzig aufgrund dieser unsinnigen Tradition existiert es noch, obgleich seine Existenz es gleichsam in der Mitte auseinanderreißt.

Eine vergleichbare Situation erkennen wir in dem Text *Die Sorge des Hausvaters*. Kafka führt den Leser hier unmittelbar auf die Frage nach der Bedeutung des Namens zu. Daß sich die Sorge des Hausvaters um das Wesen Odradek zuerst auf die Erforschung dieses Namens bezieht, überrascht zunächst. Doch ist der Name auch hier der Wegweiser auf die richtige Fährte. Tatsächlich gibt es das Wort *Odradek* im Tschechischen und in anderen slawischen Sprachen nicht. Der Hinweis auf das Deutsche als die zweite etymologische Quelle öffnet den Blick auf Kafkas Zwischenstellung zwischen den beiden Sprachen Deutsch und Tschechisch. Aber auch im Deutschen gibt es keine entsprechende Etymologie, die das Wort erklären könnte. Verfolgt man es überhaupt etymologisch, so führt es auf eine

Reihe ähnlicher Lautfolgen im Tschechischen. Max Brod weist in einem noch zu Kafkas Lebzeiten veröffentlichten Aufsatz darauf hin, daß in Odradek »eine ganze Skala tschechischer Wörter anklingt, die ›Abtrünniger‹ bedeuten, abtrünnig vom Geschlecht, *rod*, vom Rat, dem göttlichen Schöpfungsbeschluß, *rada*.«[30] Wilhelm Emrich schreibt: »Im Tschechischen gibt es das Verbum odraditi = jemandem etwas abraten. Dieses Wort stammt etymologisch aus dem deutschen (rad = Rat). Die slawische Beeinflussung erstreckt sich danach auf das Präfix od (= ab, weg von) und auf das Suffix -ek, das eine Verkleinerung ausdrückt [...] Odradek würde [...] demnach ein kleines Wesen bedeuten, das jemandem etwas abrät, bzw. überhaupt immer abrät.«[31]

Hinzuzufügen ist, daß *rada* im Tschechischen sowohl der Rat wie Reihe, Zeile, Richte, Rang und Linie bedeutet; *rád* Reihe, Ordnung, Klasse, Regel und geraten, ratsam, *rádek* kleine Reihe, Linie und Zeile bedeuten, »so daß Odradek dasjenige wäre, was außerhalb der sprachlichen und schriftlichen Ordnung, außerhalb der Rede, abgetrennt von der Ordnung des Diskurses, außerhalb jeder genealogischen und logischen Reihe, als *Verräter* jeder Partei und jedes erdenklichen Ganzen sein Unwesen treibt.« Odradek also bedeutet »Dissidenz oder Dissenz, Ausscheren aus der Ordnung des Sinns, bedeutet also, daß es nicht bedeutet.[...] Sein Name heißt, daß er nicht heißt.«[32]

Allerdings gibt es, so Hamacher, noch eine andere Lesart: Od-rade-K und Od-Rabe-K, also eine doppelte Referenz auf den Namen *Kafka* selbst. Auch der Name *Kafka*, seine Schrumpfung zu K. und seine Transformation über Dohle zu Rabe ist nicht die Quelle des Sinns, der Ursprung der Rede, die Wurzel der Referenz, daß ›Kafka‹ sich in Odradek gerade von seiner Wurzel, von seiner Radix trennt. Er ist die Od-Radix, die Ohne-Wurzel, tschechisch *odrodek*, die Ab-Art, das aus der Art Geschlagene. Hamacher schreibt: »Odradek ist der Sprung aus der Reihe der normativen Stellungen der Rationalität; er ist ihre Ex-Position.«[33]

Wir können von Odradek als von einem Ohne-Namen, einem *Anonym* sprechen. Diese Entwertung des Namens ist aber der Zielpunkt von Kafkas gesamter Onomastik. Erst wenn auch noch der Name entwertet ist, ist die Löschung von Identität in der Schrift und damit die Auslöschung des Körpers der Schrift ganz vollzogen. Namen sind bedeutungsfreie Stellen im Sprachsystem. Kafkas Praxis geht dahin, diese bedeutungsfreien Stellen, die die Identitäten derer markieren, die sich des Systems der Bedeutungen bedienen, in den Prozeß des Semiotisierens hineinzuziehen. Daraus ergibt sich die Tilgung auch noch der bedeutungsfreien Elemente und also des gesamten rationalen Aufbaus der Sprache als System. Zu diesem nämlich gehören die Namen ursächlich dazu. Damit Sprache gebraucht werden kann, müssen die Gebrauchenden durch Zeichen markiert werden, die nicht im semiologischen Kursieren der Elemente des Systems aufgehen.

Kafkas onomastisches Talent zielt dahin, die Semantisierung seines Namens in eine paradoxale Situation hineinzutreiben, die wie im Falle des Katzlamms eine biologisch-existentielle Unmöglichkeit repräsentiert oder im Falle Odradeks ein aus aller rational-sprachlichen Ordnung herausfallendes Wesen darstellt. In jedem Falle geht es Kafka um den Nachweis der Unmöglichkeit, der Aporie seiner selbst im Medium und im Körper dieser Wortdinge.

Kafkas Odradek, der Ohne-Name, ist immer noch ein Name. Wenn der Ohne-Name noch immer als Name fungiert, dann bedeutet das ein Bezeichnen durch ein Nicht-Bezeichnendes, eine leere Signifikation. Das aber kann es nicht geben. Eine leere Signifikation ist keine Signifikation, also kein Bezeichnen mehr, sondern von Anfang an Leere und nichts als das. In Odradek also wäre die Leere oder das Nichts zu einer merkwürdigen Inkarnation gelangt. In Umkehrung einer Grundthese der griechischen Philosophie der Eleaten, die darauf hinweist, daß man das Nichts nicht ohne ein Etwas bezeichnen könne, woraus folge, daß es das Nichts nicht geben könne, gelangt Kafka zu der Epiphanie des Nichts durch ein leeres Etwas hindurch. Kafka beweist, daß es das Nichts gibt. Das ist die Paradoxie schlechthin. Wenn es das Nichts gibt, kann das Nichts nicht nichts sein. Das Nichts aber *ist* das Ergebnis von Kafkas Sprachphilosophie als einer Strategie des Verschwindens. Und zwar aus einer äußersten Konsequenz heraus. Erst wenn im Geschriebenen das Nichts sich verwirklicht, ist die Auslöschung von Existenz vollzogen, ist der Autor in seiner Schrift gänzlich verschwunden. Odradek, der Name des rätselhaften Wesens, das die Sorge des Hausvaters darstellt, ist dann nichts anderes als die Spur, die zu dieser Leere geführt hat, zugleich aber auch Inbegriff dieser Leere selbst.

Schwer zu sagen, wo in solchen Interpretationen die Willkür anfängt und die Notwendigkeit aufhört. Das aber ist nicht Kafkas Kriterium. Er sucht nicht, er findet. Was er aus seinen Funden macht, weicht deutlich von den Auslegungsmustern bestimmter esoterischer Lehren ab, zu denen nicht zuletzt die Kabbala zu rechnen wäre. Kafkas Deutung dieser Funde erfolgt auf der Ebene des Schreibens und führt die aporetische Dimension, die sich in der Schrift bei ihm entfaltet, auf neue, andere Ebenen hin. All diese Vorgänge stehen im Zeichen der Auflösung des Autors in der Schrift. Also ist die Entschlüsselung gewisser kryptischer Phänomene, in denen der Name verschlüsselt oder assoziativ entstellt auftritt, zu keinem Zeitpunkt Selbstzweck. Sie dient der Vervollständigung einer Transformation des Autorkörpers in einen Körper der Schrift. Und sie dient zur Auslöschung des Autorkörpers *im* Körper der Schrift.

Dichterisch treibt Kafka die Sprachkritik der Moderne in die äußerste Radikalität. Davon haben weder Sprachwissenschaft noch Sprachphilosophie bislang Notiz genommen. Im Konzert der Protagonisten der modernen Sprachkritik taucht Kafka nicht auf. Doch ist es gerade er, der für die Moderne einen Begriff von Sprachmagie aktualisiert, der mit der Romantik in seiner alten abendländischen Form untergegangen war. Bei Kafka ersteht er in einer traumatischen und alptraumhaften Mimikry wieder zum Leben. Kafkas physiologische Sprachmagie ist die dunkle Rückseite einer linguistisch-philosophischen Pragmatik, für die ein klarer und distinkter Zusammenhang zwischen Sprechakten und mentalen Intentionen die Basis jeglichen sozialen Handelns darstellt. Festzuhalten wäre, daß jene nicht weniger Geltung beanspruchen kann als diese.

»Das Ganze erscheint zwar sinnlos, aber in seiner Art abgeschlossen.« (LA, 223) Hierin liegt Odradeks eigentliche Dimension, die Abständigkeit von allem Sinn. Emrich weist darauf hin, daß Odradek einen menschlichen Endzustand vorstellt, worauf vor allem seine abgerissene Gestalt und sein Lachen ohne Lungen deute. Dann aber heißt es auch von ihm, er könne wohl nicht sterben, weil er kein Ziel und keine Tätigkeit im Leben habe, an der er sich »zerreiben« könne. Die Sorge des Hausvaters, Odradek könne ihn selbst überleben, wird als eine »fast schmerzliche« bezeichnet und meint wohl den Schmerz über das Überdauern der Leere gegenüber den menschlichen

Sinngebilden und der geordneten Welt der Bedeutungen. Der Hausvater steht für die Ordnung des Sinns und der Bedeutungen, und seine Sorge ist die Sorge ganzer Berufsgruppen, Gesellschaftsschichten und Klassen, nämlich die der Aufrechterhaltung und der kontrollierten Umgestaltung von Bedeutung und ihren Ordnungen. Auch die Kafka-Philologie hat sich dieser Sorge angeschlossen und versucht, Kafkas Texte von ihrer Tendenz zum Freiwerden von Bedeutung zu befreien und eine deutliche Signifikation darin auszumachen. Was die meisten Interpreten nicht berücksichtigt haben, ist die autonome und autarke Ebene des Schreibens, auf der eine ganz eigene Art von Logik stattfindet. Die Logik des Schreibens als Prozeß ist die Zwangsvollstreckung der Dissemiose; denn da der Prozeß immer weiterlaufen muß, kann Bedeutung nicht festgestellt werden. Ja, der Prozeß selbst darf nicht einmal auf diese Fixierung zusteuern, sondern nimmt die entgegengesetzte Richtung, die Auflösung aller Bezüge und Sinneinheiten.

In das so erzeugte Nichts ist Kafkas Name eingeschrieben, im Sinne einer Wunschenergie. Der Wunsch, dieses Nichts zu sein, geht im Ablauf der Schrift in Erfüllung. Aber eben nur in der Schrift, im Schreibvorgang, der die Spur des Wunsches aufzeichnet. Wenn also Schreiben die Freisetzung von Wunschenergien bedeutet, dann haben wir es in Kafkas Texten nicht mehr mit den bekannten Formen der Darstellung zu tun. Dann wird nicht nur eine spezielle Form von realistischer Literatur transzendiert, also nicht nur Mimesis im Sinne von Abbildung sozialer Wirklichkeit überwunden. Dann wird das Prinzip der *Darstellung von Etwas* überhaupt zurückgewiesen. Der synergetische Effekt von Textproduktion und Lektüre läßt viele mögliche Texte (Lektüren) aus einem bestimmten von Kafka produzierten Textkörper entspringen. Diese *Synergetik von Produktion und Rezeption* tritt bei Kafka an die Stelle der Darstellung von Etwas, an die Stelle von Mimesis. Die auf ein Verschwinden in der Schrift ausgerichteten Wunschenergien betreiben das Geschäft einer Dissemiose, deren Prozessieren beim Leser permanent neue Semioseansätze herausfordert. So erzeugt die Zersetzung der Bedeutung eine Fülle möglicher Bedeutungen. Das Unbegreifliche gewinnt eine umfassende gestalterische Energie. Es bildet den Fokus einer bis dahin unbekannten Auffassung von Literatur. Kafkas letale Onomastik führt dahin zu begreifen, daß wir es mit einem Schreiben auf Leben und Tod zu tun haben. Ist das heute überhaupt noch vorstellbar? War das jemals vorstellbar? Die Überbesetzung des Schreibens bei Kafka ist nicht mehr mit Begriffen des literarischen Schaffens abzudecken. In ihr kommt es zur profanen Kulmination eines Wahns, der religiöse Züge trägt. Die Überdeterminierung der Produktionsästhetik in der Moderne schießt zusammen mit einer Heiligsprechung der Schrift, deren Körper mit dem Körper des Produzenten eins geworden ist. In diesem Kontext entwickelt Kafka Schreibweisen, die auf die einfachsten Formen des Erzählens zurückgreifen.

Einfache Formen

Alchimistengasse

Kafka hatte sich seit 1915 in einer eigenen Junggesellenwohnung in der Langen Gasse installiert, war also aus dem familiären Rahmen ausgebrochen. In dieser Wohnung war ihm allerdings das Schreiben unmöglich, weil sie sich als zu laut erwies. Ein Glücksfall für Kafka war vor diesem Hintergrund die Anmietung eines kleinen mittelalterlichen Häuschens durch seine Schwester Ottla auf dem Schloßberg, in der Alchimistengasse. Ottla überließ diese Wohnung ihrem Bruder zum Schreiben. Kafka behielt zunächst die Wohnung in der Langen Gasse bei und ging am Nachmittag nach der Arbeit in der Versicherung in die Alchimistengasse, wo er dann meist bis in die Nacht schrieb, um gegen Mitternacht in seine Hauptwohnung zurückzugehen. Diese befand sich bald schon im Schönbornpalais unterhalb des Hradschin, also auf der Prager Kleinseite, die von der Alchimistengasse aus über die Schloßstiege leicht und schnell erreichbar war. In der Alchimistengasse wurde Kafka von seiner Schwester Ottla ›bedient‹, das heißt, sie sorgte dort für Essen, Trinken und Heizung (im Kriegswinter 1916/17 ein schwieriges Unterfangen). Später übertrug Ottla diese Dienste auf eine Bekannte namens Ruzenka Wettenglova, ein buckliges Blumenmädchen, das sich, wie Kafka an Milena Jesenská schreibt, aufopferungsvoll um ihn gekümmert habe.

In der Alchimistengasse entstanden innerhalb von sechs Monaten viele kleinere Texte, zu denen *Die Sorge des Hausvaters* ebenso gehört, wie etwa *Eine kaiserliche Botschaft*. Texte, die Kafka in ihrer Mehrzahl für gelungen hielt und deshalb zu einem Band von Erzählungen zusammenstellte, den er nach dem Titel des Haupttextes *Ein Landarzt* nannte und bei Kurt Wolff zu veröffentlichen gedachte. Die Veröffentlichung verzögerte sich jedoch bis ins Jahr 1919, da der Verleger selbst zum Kriegsdienst eingezogen war und da aufgrund der Versorgungslage Papiermangel herrschte.

Die Grundausrichtung von Kafkas Selbstbezug im Schreiben

hat sich jetzt verändert. Der monomanische Identifikationspunkt in einem männlichen Protagonisten (Georg Bendemann, Karl Roßmann, Gregor Samsa, Joseph K.) wird zugunsten einer Vielzahl von Erzählperspektiven aufgelöst. In ihnen ist der Selbstbezug des Autors im Sinne einer Spur des Verschwindens vielschichtig eingeprägt.

Die *Landarzt*-Erzählungen konkretisieren durchgehend das Vorstellungsfeld der verkörperten Aporie und bringen damit eine Objektivität ins Spiel, die den Geschichten auf den ersten Blick Gleichnischarakter verleiht. Die Hypersymbolisierung des Erzählten verleitet nicht nur zu einer mimetischen Interpretation, sie bildet nichts weniger als einen Imperativ dazu. Das betrifft nicht nur die von Kafka als abgeschlossen angesehenen Texte, sondern auch die Fragment gebliebenen, wie etwa den kurzen Text, dem Max Brod den Titel *Der Schlag ans Hoftor* gegeben hat.

Die ›Erzählung‹ (nennen wir sie weiterhin so, weil uns adäquate Gattungsbegriffe fehlen) bot Anlaß zu vielerlei Interpretationen. Zusammengefaßt könnte man den Tenor wie folgt beschreiben: Die Idylle geschwisterlicher Zweisamkeit, die sich im natürlichen Umfeld in stummer Körpersprache genügt, zerbricht, sobald die selbstgenügsame Geste an die Welt der anderen stößt und damit deren Urteil als Definition durch die allgemeine Sprache provoziert. Die Naturidylle der Zweisamkeit wird zum Tribunal, sobald sich die Gesellschaft ihrer stummen Zeichen bemächtigt. Mir scheint diese Interpretation, die Gerhard Neumann im *Kafka-Handbuch* auf der Grundlage sämtlicher bis dahin geleisteter Interpretationen gibt, bei einer aufmerksamen Lektüre beinahe genauso absurd wie der Text selbst. Es zeigt sich hier erneut, wie fast überall in der Kafka-Philologie, eine typische Inversion von Textbegehren und Interpretationsbegehren. Während der Text auf der ganzen Linie eine diskontinuierliche, inkohärente und unlogische Handlung ausbreitet, unternimmt die Interpretation den Versuch, diese Geste als Ausdruck eines kontinuierlich vorgetragenen, kohärenten und in sich logischen Ausdrucks zu begreifen. Der Interpret geht fest davon aus, daß Kafka mit diesem Text etwas Essentielles über seine existentielle Erfahrung von Intimität und Öffentlichkeit habe aussagen wollen. Dabei wird der Bezug zur Schwester (Ottla) als maßgeblich angesehen und als Signal genommen. Im Privaten ist wortloses Verstehen möglich, während auf

der Ebene der sozialen Zeichen das Ich in die Sphäre des Tribu-
nals gerät. Darin spiegelt sich die klassische Deutung Kafkas
wider. Die Interpretation hat den Text umgedreht und ihn damit aussagefähig gemacht. Die Frage, die sich bei der Lektüre
stellt, ist aber gerade die nach der Aussagefähigkeit im Sinne
eines kohärenten Problembezugs. Gibt der Text Anlaß, einen
solchen herzustellen, oder nicht?

Man kann angesichts des Verhältnisses zwischen dem Ich und
der Schwester kaum von einer Idylle sprechen. Das Ich ist auf
dem Nachhauseweg, die Schwester begleitet ihn. Mehr wird
nicht gesagt. Ob beide in schweigendem Einverständnis neben-
einanderher gegangen sind oder ob sie sich gerade einen hefti-
gen Streit geliefert haben, wird nicht erwähnt. Es spielt für den
Text auch keine Rolle. Entscheidend ist die Tatsache, daß die
Schwester ans Hoftor schlägt. Jedoch ist diese Feststellung gleich
wieder einzuschränken. Denn der Erzähler weiß gar nicht, ob
sie überhaupt ans Hoftor geschlagen hat: »Ich weiß nicht, schlug
sie aus Mutwillen ans Tor, oder in Zerstreutheit oder drohte
nur mit der Faust und schlug gar nicht.« (Beim Bau der Chin.
Mauer, 83). Es bleibt offen, ob überhaupt ein Schlag ans Hoftor
erfolgt ist. Die Leute aus dem Dorf, die dem Paar darauf entgegenkommen, winken »freundschaftlich, aber warnend, selbst
erschrocken, gebückt vor Schrecken. Sie zeigten nach dem Hof
an dem wir vorübergekommen waren und erinnerten uns an
den Schlag ans Tor.« Das muß verwundern, wenn doch nicht
einmal der Ich-Erzähler ganz sicher ist, ob ein solcher Schlag
überhaupt erfolgt ist.

Noch beruhigt sich der Erzähler: »Sie hatte den Schlag wahrscheinlich gar nicht getan und hätte sie ihn getan, so wird deswegen nirgends auf der Welt ein Proceß geführt.« Der Erzähler
versucht die Plausibilität der Erfahrung aufrechtzuhalten. Dann
erfährt man, nicht nur die Schwester, die sich den Schlag ans
Hoftor hat zuschulden kommen lassen, werde angeklagt, sondern auch ihr Bruder. Es handelt sich also um eine Art Sippen-
haft, die in dem Dorf herrscht, das, nebenbei bemerkt, den beiden unbekannt ist, obwohl es auf dem Nachhauseweg des Erzählers liegt.

Die Szene wird immer dramatischer. Reiter preschen heran,
halten kurz im Hof hinter dem nun weit offenstehenden Hoftor und sprengen auf die wartende Gesellschaft zu. Inzwischen
ist die Schwester nach Hause geschickt worden. Nach ihr wird

gesucht, nachdem sie aber nicht mehr da ist, nimmt man auch mit dem Bruder vorlieb. Beim Eintritt in die Bauernstube, die als Verhandlungsraum dient, erwartet der Richter (!) den Angeklagten mit den Worten »Dieser Mann tut mir leid.« – »Es war aber über allem Zweifel, daß er damit nicht meinen gegenwärtigen Zustand meinte, sondern das was mit mir geschehen würde.« Sogleich verändert sich auch das Ambiente: »Die Stube sah einer Gefängniszelle ähnlicher als einer Bauernstube. Große Steinfliesen, dunkelgraue kahle Wand, irgendwo eingemauert ein eiserner Ring, in der Mitte etwas, das halb Pritsche halb Operationstisch war.«

Hier endet der Text, aber wir haben genug gehört. Gegen Ende spitzt sich die Szene immer mehr zu. Was als ländliche Sommerszenerie begann, endet zwei Seiten weiter vor einem Operationstisch, der offenbar als Vernehmungs- oder Strafinstrumentarium dient.

Erneut greift Kafka das Thema ›Schuld und Strafe‹ auf. Der Ich-Erzähler wird für etwas angeklagt, das er gar nicht begangen hat und von dem er nicht einmal sagen kann, ob seine Schwester, die eigentlich Beschuldigte, es begangen hat. Es liegt nahe, in der Doppelung von Ich und Schwester eine Spaltung des Ich-Bildes zu sehen, zumal Kafka in seiner jüngsten Schwester Ottla eine Art weibliche Ausgabe seiner selbst erblickt hat. Nimmt man diese Annahme als Axiom, so wäre der Schlag ans Hoftor die Tat eines zweiten Ich, welches vom ersten nicht in jeder Situation kontrolliert werden kann. Bemerkenswert ist ja, daß der Bruder die Schwester nicht fragt, ob sie tatsächlich einen Schlag ausgeführt hat. Statt dessen wird sie nach Hause geschickt und der unschuldige Bruder nimmt die Verhandlung und ihre Folgen auf sich, als sei das ganz selbstverständlich.

Das erste Ich hat die Rolle und die Schuld des zweiten für seine eigene Person akzeptiert und stellt sich den Anklagen. Das zweite Ich (Schwester) tritt dabei wie eine Verkörperung des Unbewußten auf, das in dem Augenblick die Szene verläßt, wo die Gefahr, die es heraufbeschworen hat, bewußt vor Augen tritt. Jetzt muß das bewußte Ich den gesamten Fall allein durchstehen. Begreift man den unüberlegten Schlag der Schwester ans Hoftor als eine Tat des Übermutes, die ohne Not ausgeführt wird, so kann man dahinter leicht Kafkas Bezug auf sein eigenes Schreiben erblicken, in der gesamten Erweiterung, die der Ausdruck *Schreiben* bei Kafka annimmt. Schreiben steht ja für Leben, Befreiung von sozialer Determination, Auflösung des Ich in der Tat des Schreibens und damit im Körper der Schrift, bedeutet letzthin Lust und Lustbefriedigung im Sinne der unbewußten Wunschpotentiale der Libido. Schreiben bedeutet, sich einer Perversion hinzugeben, die sich als sexuelle selbst bejaht. So gesehen wäre die Pritsche ein Bett und der Operationstisch eine Geburtsstätte. Die Leute, »gebückt vor Schrecken«, sehen deutlich, daß eine Tabuübertretung stattgefunden hat, und sie sehen es, obwohl sie es nicht gesehen haben können. Die Leute wissen, daß ein Tabubruch vorliegt, weil es nicht anders sein kann, weil Bruder und Schwester in ihrem gemeinsamen Auftreten nichts anderes als dieses Verbrechen zur Schau stellen. So gesehen ist die Idylle, von der Neumann gesprochen hat, als *locus amoenus* einer perversen Tat zu identifizieren, des Inzest. Dieser besteht hier in der Übertragung der sexuellen Energien des bewußten Ich auf den Körper der Schwester, die den Körper der Schrift repräsentiert. Es ist tatsächlich die Gesellschaft, die das richtet und mit einem Urteil belegt. Denn die Gesellschaft kann den Inzest nicht zulassen, auch wenn die, die ihn betreiben, sich über die Rechtmäßigkeit ihrer Tat untereinander einig sind. Der Ausspruch des Richters: »Dieser Mann tut mir leid«, deutet darauf hin, daß man es hier mit einem besonders schweren Vergehen zu tun hat.

Auf dieser Stufe findet der totale Bruch zwischen Ich und Gesellschaft statt. Die Bauernstube, in die der Städter geführt wird, verwandelt sich im Handumdrehen in eine Gefängniszelle und in eine Folterkammer. Das Ich fällt binnen Sekunden durch den gesamten Raum der Ausgrenzung. Zurückbezogen auf das Schreiben, das hier als Anlaß im Hintergrund steht, erweist dies die unmögliche, abartige Existenz des Schreibenden, der einer Bestrafung notwendig zugeführt werden muß, auch wenn er bewußt bis kurz vor seiner Bestrafung nichts über sein Vergehen weiß.

Bemerkenswert ist die Behandlung des Themas. Kafka fügt die Problematik in eine legendenhafte Sphäre ein und verleiht ihr dadurch einen Gleichnischarakter, den sie selbstverständlich in der herkömmlichen Ausführung nicht hat. Das Gleichnis- oder Parabelhafte liegt nicht auf einer klar festgelegten Deutungsebene wie etwa auf dem theologischen oder mythologischen Sektor. Die Gleichnisse von Jesus Christus sind letztlich Verbildlichungen einer klaren religiösen oder ethischen

Tatsache. Bei Kafka hingegen geht es um die Verbildlichung der Bildlosigkeit. Das impliziert, daß eine Parabel keine Parabel mehr ist, sondern nur *wie* eine Parabel in Erscheinung tritt. Ferner, daß ein Gleichnis auf nichts ihm Gleiches verweist, sondern auf sich selbst als das Gleiche ohne Gleiches. Wir können daher von *eingestürzten Parabeln* und *tautologischen Gleichnissen* sprechen. Das Tautologische würde darin bestehen, daß das Geschriebene immer nur wieder auf seine eigene Entstehung, mithin auf sich selbst im Schreiben zurückweist. Dem Schreiben aber liegt der gesamte Existenzbegriff Kafkas zugrunde, nur daß es nicht als Metapher zu verstehen ist. Schreiben bedeutet nicht Existenz. Schreiben und Geschriebenes sagen über das Leben nur insofern etwas aus, als sie etwas über das Schreiben aussagen. Bezogen auf den *Schlag ans Hoftor* kann man sagen, daß eine inhaltliche Interpretation, die die Selbstreferenz des Textes in der Sphäre des Schreibens unberücksichtigt läßt, die also rein auf die Ebene des sexuellen Tabus abhebt, unfehlbar eine Bedeutungskohärenz vermittelt, die der Text selbst gerade zu umgehen versucht. Der Geschwisterinzest ist nicht als reale Tat gemeint, sondern als Schreibvorgang. Das Schreiben ist für Kafka inzestuös, weil sich in ihm der begehrte Körper der Schwester als das andere des eigenen Körpers allererst aufbaut.

Ein altes Blatt führt direkt in die Welt der Kafkaschen Legenden hinein. Schon der Titel besagt das. »Ein altes Blatt«, das meint ein Fundstück, ein lose und zufällig überliefertes Schriftstück aus unvordenklicher Zeit. Kafka hatte zuerst den Titel »Ein altes Blatt aus China« gesetzt, ließ dann aber auch noch die Ortsbezeichnung weg, wohl um das historische Dunkel, das die Erzählung aufgrund ihres Titels umgibt, zu vergrößern.

Die Residenzstadt wird von Nomaden aus dem Norden heimgesucht. Ihre Anzahl im Zentrum der Hauptstadt scheint beständig anzuwachsen. Sie vandalisieren, leben unter freiem Himmel und machen aus dem Platz, auf dem sie hausen, »einen wahren Stall« (LA, 208). Den Versuchen der Anwohner, wenigstens notdürftig für Ordnung und Sauberkeit zu sorgen, ist kaum Erfolg beschieden, werden sie doch immer sofort von der gewalttätigen Ausstrahlung der Nomaden in ihre Häuser zurückgetrieben. Diese Besetzer gehen offensichtlich keiner geregelten oder auch nur sinnvollen Tätigkeit nach und leben mehr oder weniger ziellos in den Tag hinein. Auch kann man sich mit ihnen nicht verständigen. Untereinander verständigen sie sich durch Tierlaute, mit dem Schrei der Dohle. Das Unzivilisierte, Gewaltbereite und Tierhafte ihres Auftretens gestattet den Nomaden, die vermutlich einer Hochkultur angehörende Welt der Residenzstadtbewohner widerstandslos einzunehmen, ohne jedoch ein Interesse daran zu haben, sich die Errungenschaften dieser Kultur selbst anzueignen. Ihre barbarische Wildheit zeigt vor allem das Zerreißen und Verzehren eines Ochsen bei lebendigem Leibe. Offenbar kennen die Nomaden keinerlei humane Regungen, was sie fundamental von den Stadtbewohnern unterscheidet. Die kaiserliche Macht kann die Nomaden nicht vertreiben, der Kaiser zeigt sich nur einmal kurz und vermittelt einen ganz und gar ratlosen Eindruck, die Wachen bleiben hinter vergitterten Fenstern. »Uns Handwerkern und Geschäftsleuten ist die Rettung des Vaterlandes anvertraut; wir sind aber einer solchen Aufgabe nicht gewachsen, haben uns doch auch nie gerühmt, dessen fähig zu sein. Ein Mißverständnis ist es und wir gehen daran zugrunde.« (LA, 210)

Damit endet die Erzählung, die einen grundlegenden Eindruck vermittelt: das Ausgeliefertsein an eine vollkommen unkontrollierbare und unberechenbare Bedrohung, ohne Aussicht auf ein Ende. Was demgegenüber in Aussicht gestellt wird, ist ein namenloses Zugrundegehen an einem Zustand, dem niemand, schon gar nicht die kaiserliche Macht, beizukommen weiß. Es ist ein Verstoßensein ins Unglück, was sich darin zum Ausdruck bringt. Das Ganze wird durch die Legendenstruktur des Erzählten in weite historische und geographische Ferne gerückt, zugleich aber durch das Keyword *Dohle* wieder unmittelbar mit dem Namen Kafka in Verbindung gebracht, wobei der Name diesmal in purer Translation, also in der Übersetzung aus einer Sprache in die andere, auftritt, nicht in verschlüsselter oder verdinglichter Form. Da Kafka diesen Kunstgriff ganz bewußt vorgenommen haben dürfte, ist darauf zu schließen, daß er hier seinen eigenen Namen und damit seine eigene Gestalt direkt ins assoziative Spiel bringen wollte.

Was mit der Dohle identifiziert wird, ist der deutlichste Ausweis der Vertierung der Nomaden, nämlich ihre Kommunikation in Tierlauten. Damit stellen sie sich nicht nur außerhalb der Zivilisation, sie stehen dadurch auch noch außerhalb des Menschlichen überhaupt. Ähnlich wie der Affe Rotpeter oder das Pferd Bucephalus in *Der neue Advokat* sind die Nomaden

Gestalten im Zwischenreich zwischen Mensch und Tier. Diese Gestalten sind gewöhnlich die ins Unglück Verstoßenen, Umherirrenden, die keine Ruhe, ja nicht einmal den Tod finden können. In *Ein altes Blatt* ist das aber nicht ganz so. Hier sind die ins Unglück Verstoßenen die Bewohner der Residenzstadt, die Träger der Hochkultur, seien damit nun die politischen Machthaber gemeint oder die Einwohner insgesamt. Ihr Unglück ist auf unabsehbare Zeit gestellt, und zwar deshalb, weil sie mit den Nomaden auf engstem Raum zusammenleben müssen.

Die Nomaden repräsentieren so etwas wie das wilde Unbewußte. Bezeichnenderweise wird dieses mit dem Namen der Dohle, also *Kavka*, klar in Verbindung gebracht. Der Laut der Dohle ist das Hauptkennzeichen ihrer Vertierung. Das Ausgeliefertsein der Stadtbewohner – der Seßhaften, Zivilisierten, auf Ordnung Bedachten – ans Unglück, beruht auf der Abhängigkeit von diesen Chimären des Untergangs. So betrachtet repräsentiert die gesamte Erzählung eine klare Aussage, der innerhalb der *Landarzt*-Stücke wegweisende Bedeutung zugesprochen werden kann. Das Zusammenspiel des bewußten, kulturell geprägten Daseins mit dem unzivilisierten, tierhaften Unbewußten bilden den Grund für ein Unglück, dessen Ende unabsehbar ist. Dieses Unglück wird vom Erzähler auch noch auf ein Mißverständnis zurückgeführt. Die Tatsache, daß es keine Rettung vor diesem offenbar auf Dauer gestellten Zustand geben kann, führt der Erzähler auf ein ordnungspolitisches Problem zurück und nicht darauf, daß die Nomaden von keiner noch so gerüsteten Ordnung zurückgewiesen und beherrscht werden können.

Dahinter steht ein tragisches Mißverständnis in der Bewertung des Unbewußten durch das Bewußtsein. Das Bewußtsein kann nicht akzeptieren, daß es den Mächten des Unbewußten im Grunde chancenlos ausgeliefert ist. Die von Freud beschriebene Kränkung des narzistischen Selbstbewußtseins des Mitteleuropäers, nicht Herr im eigenen Haus zu sein, wird von Kafka aufgegriffen. Jedoch nicht, um diesem Phänomen eine plastische Anschauung zu verleihen, sondern um sich selbst, seine eigene Person, mit dem damit aufgerufenen Problem in eine bestimmte Art von Beziehung zu setzen. Das Schreiben stellt diese Beziehung her. Durch die Verbindung der Textsorte *Legende* mit dem deutlichen Hinweis auf das eigene Unbewußte in dem Kryptonym *Dohle* wird das Phänomen des wilden Unbewußten mit dem daran geknüpften Verstoßensein ins Unglück kurzgeschlossen. Das heißt, es wird nicht eine von Freud dargelegte Weisheit der Psychoanalyse bebildert, vielmehr projiziert Kafka die Konsequenzen dieser Tatsache in eine Deutung des eigenen Lebens hinein. Diese wiederum wird durch die Legendensphäre ins Unergründliche gesteigert. Der Text des alten Blattes ist weder zu datieren noch örtlich zu bestimmen. Das auf diesem Blatt geschilderte historische Geschehen erlangt dadurch mythischen Wert, gleichsam Ewigkeitswert. Das semiologische Kennzeichen des Mythos besteht darin, daß seine Erzählungen ursprungslos und unausdeutbar, das heißt durch keine diskursive Logik einzuholen sind, ohne daß die Geltung des Mythos in eben diesem Vorgang beseitigt würde. Was sich also in dem Text darlegt, ist eine neue Ebene des Zusammenspiels von Psychopoetik und Mythopoetik bei Kafka. Nun aber präsentiert sich diese Erscheinung gegenüber ihren früheren Spielarten in einem anderen, einem seriellen Rahmen.

Von Serien oder Reihen haben Deleuze und Guattari gesprochen als von den Kafkas Schreiben von Grund auf bestimmenden Faktoren seiner Produktivität. Jedoch hatte die Serialität der Wunschmaschinen und Motivvariationen bis zum Jahre 1915 keine bewußt gestaltete Erscheinungsweise. Vom *Urteil* über die *Verwandlung* bis hin zum *Proceß* treten die Serien als zwanghafte, den Autor überrollende und ihn mit sich fortreißende Phänomene auf den Plan. Der Autorwille ist ihnen ganz und gar ausgeliefert. Der Autor verschwindet buchstäblich in der Schrift.

Jetzt profiliert sich der Autor gegenüber diesen Mächten, ohne sie jedoch als prägende Kräfte seines Schreibens und damit seiner selbst hinter sich zu lassen. Er profiliert die Gestaltungsautonomie seiner Rolle gerade durch die Wahl der *Legende* als Textform. Dabei kommt es zur bewußten Gestaltung einer artistischen Sphäre, die das triebhafte Zusammenwirken von Psyche und Mythos neu ausrichtet. Diese artistische Sphäre schiebt sich jetzt wie ein Scharnier zwischen die Komponenten des Psychischen und des Mythischen, jedoch keineswegs mit dem Ziel, das präsentische, ereignishafte Zusammenwirken ihrer Kräfte zu unterlaufen. Vielmehr wird das Ergebnis dieser Schreibprozesse noch stärker, als es zuvor möglich war, auf eine mythische Ebene gehoben. Die bewußte Artistik der *Landarzt*-Texte bedeutet einen Zuwachs an dem, was man die Eigenständigkeit der Schrift nennen kann. Die Legendenform erweist sich damit als neu gestaltetes Textkorpus, in dem die Selbstaufhebung des Autor-Ichs im mythischen Bereich noch vollendeter möglich wäre als in den Texten, die die Autorrolle vollständig aufsaugen.

Der Akzent liegt auf dem Wort *Vollendung*. Bei aller Aufsprengung der Werkidee durch den Triebaspekt der Schrift wird die Hoffnung auf die Abschließbarkeit eines Textes von Kafka in keiner Weise aufgegeben. Auch hier arbeiten unbewußte und bewußte Energien gegeneinander. Das konnte man schon an der Art und Weise nachvollziehen, in der Kafka den *Proceß*-Roman zu schreiben begonnen hatte. Der Wunsch nach der Abschließbarkeit eines Werkes setzt sich nun fort, wird aber strategisch anders behandelt. Was Kafka anstrebt, ist die Abschließbarkeit im Prozessualen, also wiederum ein unauflösbares Paradox. Die *Landarzt*-Texte bilden hierbei eine bemerkenswerte Zwischenstufe, weil in ihnen ein Modus gefunden zu sein scheint, wie sich Schreibfluß und Werkidee möglicherweise könnten verbinden lassen. Das jedoch liefe darauf hinaus, das Verschwinden des Autors im Körper der Schrift mit dem Hervortreten des Autors im Korpus des Werkes zusammenzuschließen. Das ist per se unmöglich. Demnach konnte diese Stufe gar keine Lösung erbringen, so nah man sie auch vor Augen zu haben glaubt. Wir erkennen also in dieser Reihe von Texten wiederum eine Variante des Kafkaschen Problemsyndroms, eine deutliche Variante zwar gegenüber den vorausgehenden Stufen, aber eben keine Lösungsebene.

Die Texte bleiben in dem Maße unausdeutbar, wie Kafkas eigene Schreibsituation, die ja immer als Existenzsituation zu denken ist, aporetisch, paradox und unbegreiflich bleiben mußte. Der Synergetik von Produktion, Text und Lektüre fügt diese Beobachtung eine weitere Erklärungsebene hinzu. Nicht aus poetologischer Berechnung sind diese Texte inkommensurabel, vielmehr erweisen sie sich als unausdeutbar auf allen drei Stufen: ihrer Herstellung, ihrer Präsentation und ihrer Interpretation. Die Ratlosigkeit befällt den Leser ebenso wie den Autor. Alle Beteiligten stehen vor einem Rätsel. Die Fronten von Produktionsästhetik einerseits und Rezeptionsästhetik andererseits verschwinden. Überhaupt wird die Vorstellung von einer genuin ästhetischen Situation hinfällig. Kunst und Leben treten zu einer Synthese zusammen, die noch nie da war. Auf der Ebene des Unbegreiflichen nimmt die Kunst das Leben mit hinein in ihr Spiel der Negation, so daß nichts mehr bleibt als der Text, der dieses Spiel spielt. Die Synthese von Kunst und Lebenspraxis, von der Peter Bürger im Kontext der historischen Avantgarden gesprochen hat,[34] nimmt bei Kafka die markante Gestalt an, daß die Lebenspraxis vollständig von den Prozessen der Kunst aufgesogen wird, diese Prozesse selbst aber gleichzeitig jeglicher ästhetischer Funktion entzogen werden. Zuletzt hat man es weder mit Kunst noch mit Lebenspraxis zu tun. Genau das aber ist die Stelle, die das Schreiben bei Kafka besetzt hält. Historisch betrachtet, handelt es sich um eine völlig neuartige Position.

Ursprünglich war die Legende die Darstellung einer vorbildlichen Lebensgeschichte oder einzelner exemplarischer Geschehnisse daraus. Meist handelt es sich um die Lebensgeschichte der Heiligen. Die Bezeichnung ›Legende‹ rührt von dem besonders im Mittelalter verbreiteten kirchlichen Brauch her, am Jahrestag eines Heiligen erbauliche Erzählungen aus seinem Leben in Kirchen und Klöstern vorzulesen. Sie wurden zu einem religiösen Gegenstück der profanen Sage, gleichsam zu einer kirchlichen Heldendichtung. Nicht die biographisch genaue Nachzeichnung eines Lebens bildete den Zweck der Heiligenlegende, sondern die Demonstration eines vorbildlichen, gottgefälligen Erdenwandels, in dem sich Wunderbares manifestiert. Literarisch ist die Legende zu den sogenannten *einfachen Formen* zu zählen. Es handelt sich dabei um die von A. Jolles geprägte Bezeichnung für Grundtypen sprachlichen Gestaltens wie Mythe, Sage, Märchen, Legende, Sprichwort, Witz, Rätsel. Charakteristisch sind einfache Verknüpfungstechniken, Erzählhaltungen, Grundmotive, schlichter Sprachduktus.

Die ältesten Legenden finden sich bereits in apokryphen Evangelien und Apostelgeschichten. Wie keine andere Textgattung eignete sich die Legende dazu, das statische Weltbild mit seinem didaktischen Verweisungszusammenhang zwischen Irdischem und Transzendentem zu exemplifizieren. Auch die höfischen Epiker des 12. und 13. Jahrhunderts griffen Legendenstoffe auf, wie etwa Hartmann von Aue mit *Der arme Heinrich* und *Gregorius*. Bei Hartmann muß man von der exemplarischen Bedeutung der Legende ausgehen. Auch in der Neuzeit spielt die Legende eine nicht unerhebliche Rolle. Im 18. Jahrhundert wurde sie für die moderne Dichtung gleichsam wiederentdeckt, nachdem die Aufklärung sie dem Fundus des düsteren Mittelalters zugerechnet hatte. Insbesondere die Romantiker wie Wackenroder, Tieck oder Ludwig Uhland bis hin zu Eduard Mörike griffen auf die Legende in der Absicht einer lehrhaften Versinnbildlichung von phantastischen oder rational schwer nachvollziehbaren Ereignissen zurück. Man denke an Wackenroders und Tiecks *Legende vom nackten Heiligen* in den *Herzensergießungen eines kunstliebenden Klosterbruders*.

Die Epoche der psychologischen Prosa, in deren Zentrum der Realismus steht, kann von der Legende kaum noch Gebrauch machen. Eine Ausnahme bilden Gottfried Kellers *Sieben Legenden*. Erst die Überwindung eines psychologischen Realismus, wie er sich bei Kafka darstellt, läßt die Legende wieder in den Vordergrund treten, jetzt aber in einer ganz neuartigen und überraschenden Version.

Kafka präsentiert seine *Landarzt*-Texte, deren Großteil alle Merkmale einfacher Formen und hier vor allem der Legende aufweisen, in einer gleichsam mittelalterlichen Ausstattung. Psychologie der Figuren oder erzählerische Ironie spielen keine Rolle. Statt dessen wird der Aspekt des ›Wunderbaren‹, wie man im Mittelalter gesagt hat, betont. Das Phantastische tritt bei Kafka wie bei den Heiligenlegenden des Mittelalters als das Vorbildliche in Erscheinung, als das Exemplarische. Während aber die Heiligen vorbildlich im Sinne eines gottgefälligen und glaubensfesten Lebenswandels dargestellt wurden, muß man sich fragen, was im Falle Kafkas Vorbildlichkeit bedeuten kann.

Es geht Kafka um zwei auf den ersten Blick einander entgegengesetzte Punkte. Einmal um die Transformation seines biographischen Körpers in einen Körper der Schrift, also um das Verschwinden des Autors in der Schrift, und um die Exposition dieses Phänomens im Sinne eines Exempels. Nicht der Autor ist der Vorbildliche, sondern der im Schriftkörper aufgehobene Autor. Man kann sich das am Beispiel Odradeks vor Augen halten. Odradeks phantastische Existenz wird nicht als Phantasieprodukt präsentiert, sondern als Teil der Realität, als Faktum aus einem erweiterten Seinsbereich. Der Sinn Odradeks, der sich als Paradox in der Nicht-Bedeutung des leeren Namens zum Ausdruck bringt, wäre in seiner legendenhaften und damit exemplarischen Existenz zu sehen. In Odradek kommt Kafka als beispielhafte Gestalt zur Geltung, ohne auf sich selbst direkt hinzuweisen. Ja, er exponiert sich darin selbst, indem er diese seine Gestalt fundamental negiert und in einem Namen auflöst, dessen letzte Bedeutung *Nicht-Sein* wäre.

Religiös gesprochen wäre das die Erscheinung des Heiligen in der Verbergung. Diese Denkweise geht im Horizont Kafkas höchstwahrscheinlich zurück auf ein Glaubenselement des Chassidismus, der sich im 18. Jahrhunderts in der Ukraine und in Polen entwickelt hat und eine zentrale Lehre des Ostjudentums darstellt. Es geht um die Vorstellung von den sogenannten ›verborgenen Gerechten‹. Von ihnen berichtet eine weit verbreitete Legende, die auf alte Wurzeln zurückgeht, von den Anhängern des Chassidismus besonders geschätzt und herausgestellt wurde und bis in Kafkas Zeit im Judentum zirkulierte: In jeder Generation gibt es 36 Zaddikim (Gerechte), die die Welt schützen, weil Gott sie um ihretwillen erhält. Sie bleiben in der Regel unerkannt, ja oft wissen sie selbst nicht, daß sie zu den Erwählten gehören. Deshalb ist ihnen jegliche Eitelkeit fremd. Einer der 36 wird sich offenbaren, wenn die Zeit der Erlösung gekommen ist: der Messias. Wird er jedoch zu früh entdeckt, muß er sterben. Niemand soll wissen, wer ein solcher ›verborgener Gerechter‹ ist. Man glaubt, ein jeder könne potentiell dazugerechnet werden, auch wenn er kein frommes Leben führe. So daß die Chassidim mit der Vorstellung existieren, auch in ihrem Nachbarn, auch in einem Bettler, prinzipiell in jeder Person könne sich der Messias als einer der 36 ›verborgenen Gerechten‹ verbergen.[35]

Diese Legende zeigt, wie intensiv der Chassidismus die mythische Dimension des Glaubens auf die Lebenswelt der Gläubigen projizierte. In der Idee von einem unerkannten Messias, der sich in jeder Generation unter 36 Gerechten auf der Erde bewege, liegt die Grundstruktur der abwesenden Anwesenheit, wie Kafka sie in seinen Erzählungen vielfach umsetzt, beschlossen. Es käme darauf an, daß der Messias, wenn er in dieser Weise auf die Erde gekommen ist, nicht erkannt werde, ja daß er sich nicht einmal selbst als solcher erkenne. Geschähe dies, so müßte er sterben. Die Erlösung bliebe also ein weiteres Mal aus.

Aus dieser Konstellation läßt sich das eigenartige Ineinanderwirken der Sinnauflösung und der gleichzeitigen exemplarischen Hervorhebung ihrer Strukturen bei Kafka ableiten. Bis zu einem gewissen Grad muß diese Sichtweise aber im Bereich der Spekulation bleiben, da Kafka selbst nirgends darauf hingewiesen hat. In jedem Falle läßt sich auch aus den Textbefunden schließen, daß die *Landarzt*-Texte die legendenhafte Exemplarität eines Heiligen oder besser, bezogen auf den chassidischen Glauben, eines Zaddik, eines Gerechten, herausarbeiten, der als solcher nicht zu erkennen ist und nicht erkannt werden darf.

Hinsichtlich eines Textes wie *Ein altes Blatt* und auch die *Sorge des Hausvaters* reichen die Überlegungen noch weiter. Kafka modelliert darin nicht nur den Schriftkörper der Abwesenheit des Heiligen, er zeigt zudem die Daseinsverfassung dieses nicht zu erkennenden Heiligen. Diese besteht in der Wechselwirkung zwischen sinnhaften und sinnlosen Elementen, oder auch zwischen Ordnungsfunktionen (Hausvater, Residenzstadtbewohner) und ordnungsaufhebenden Funktionen (Odradek, Nomaden), insgesamt zwischen der Kultur als einem überlieferten Zusammenhang und dem Anderen dieses Zusammenhangs, einem wilden, bedrohlichen Außen. In diesem Kontext kommt wiederum die Gestalt Kafkas selbst ins Spiel, was sich an der mystischen Meditation über den Namen ›Kafka‹ angesichts des Wortdings ›Odradek‹ ebenso zeigt wie an dem Schrei der Dohle, mit dem sich die Nomaden verständigen. Der Kafka des Schriftkörpers, der in der Schrift zum Verschwinden gebrachte Kafka, wäre dann die verdinglichte Form des nicht zu erkennenden und sich selbst unbekannten Gerechten, der sich unter keinen Umständen selbst als solcher erkennen darf.

Darin hat Kafka das Zusammenspiel von psychopoetischen und mythopoetischen Elementen unverkennbar ins Mythische überhöht. Das ist die Gestaltungsstufe, die sich mit den *Landarzt*-Erzählungen zur Darstellung bringt. Der Kafkasche Legendentext generiert also zwei einander zuwiderlaufende Funktionen: Die exemplarische Exposition des Heiligenlebens und seine Verbergung in der Unerkennbarkeit. Wenn das aber die Problemstellung der Texte ist, muß jede Interpretation notwendig an ihnen scheitern, ist ihr innerstes Ziel doch die Unauslegbarkeit. Es geht nicht darum, daß der Text aufgrund seiner artistischen Verfaßtheit nicht interpretiert werden *kann*. Es geht vielmehr darum, daß er nicht interpretierbar sein *darf*. Der Text, der den verborgenen Gerechten birgt, muß sich zwangsläufig jeglicher Deutung verschließen. Sonst wäre der verborgene Gerechte seiner wichtigsten Eigenschaft, der Verborgenheit, beraubt. Das Gestaltungsprinzip des Textes ist also ganz auf dieses eine Ziel, auf die Unausdeutbarkeit, ausgerichtet.

Wenn wir unter diesen Voraussetzungen einen Text wie *Eine kaiserliche Botschaft* betrachten und die Geschichte im Sinne einer exemplarischen Aussage interpretieren, stoßen wir auf lauter logische Ungereimtheiten, die eine befriedigende Deutung im Sinne einer existentiellen Wahrheit praktisch ausschließen: Das kleinste Licht des Reiches wird mit der letzten Botschaft des höchsten Herrschers beauftragt, kann aber nicht einmal aus dem Kaiserpalast und der den Palast umgebenden Stadt herauskommen. Die Botschaft findet ihren Adressaten nicht, allerdings, und hier ergibt sich die erste Ungereimtheit, war zunächst von einem Adressaten auch nicht die Rede. Der Bote wird mit der unbekannten Botschaft losgeschickt, doch bleibt die Frage, wohin?

Die Instanzen eines gewöhnlichen Kommunikationsmodells jedenfalls sind vorhanden – die höchste Instanz, der Kaiser also, der Untertan, der vom sterbenden Kaiser beauftragt wird, und die Botschaft, ja selbst der Empfänger – alles ist im Text vorhanden, alle Positionen sind besetzt. Sie sind besetzt, werden aber nicht durch den Text aneinander gekoppelt. Das heißt, der Text versagt auf der Inhaltsebene den Elementen die Kohärenz, die er auf der Strukturebene, gleichsam als Kommunikationsmodell, aufruft.

Das allein ergibt ein Problem für den Leser, das dieser im Verlauf der lesenden Herstellung einer Textkohärenz bereits zu lösen versucht. Im Regelfall übergeht der Leser den Bruch zwischen Inhalts- und Strukturebene und versucht eine inhaltliche Kohärenz dadurch herzustellen, daß er den gesamten Erzählablauf als Darstellung eines philosophischen Problems betrachtet. Diese Prämisse führt sehr schnell dazu, daß das eigentliche philosophische Problem, das sich ergibt, darin besteht, zu fragen, um was für ein philosophisches Problem es sich denn wohl handeln möge und ob es sich überhaupt um ein philosophisches Problem handle. Dies führt schließlich dahin, daß man erkennt oder zu erkennen meint, daß das eigentliche Problem bei diesem Text darin besteht, daß man nicht genau sagen kann, um was für eine Problem es sich handeln *soll*. Etwa um das Problem der Kommunikation? Oder um die unüberwindliche Fer-

ne zwischen einer transzendenten Instanz und einer auf sie bezogenen Lebenswelt?

Festzuhalten bleibt: Ohne inhaltliche Kohärenz kann kein
philosophisches Problem zur Darstellung gebracht werden.
Dieses Resultat ist ein Haupteffekt des Bruchs zwischen Inhalts-
und Strukturebene. Der Text bringt den Leser dahin zu ahnen,
daß die Probleme von Philosophie, Theologie und Mythologie
in ihrer exakten Formulierung und ihrer Erfassung durch das
Denken von einer vorgängigen sprachlichen Gestaltung abhängig sind. Geht diese Gestaltung in eine Richtung, in der der logische Kontext und die Textkohärenz auf einer inhaltlichen
Ebene zerfallen, so bleibt von einer Erzählung, die im Sinne eines philosophischen Problems zu interpretieren wäre, nur die
Hülle übrig, der Duktus; auf einer narratologischen Ebene formuliert: die Parabel als Phantom der Frage.

Kafkas Text stellt damit aber nicht bloß eine Destruktion der
sprachlichen Verfassung von symbolischem Sinn dar, sondern
zugleich die Konstruktion einer kognitiven Ebene, für die die
Herstellung von Sinn immerfort ein Bedürfnis und eine Notwendigkeit bleibt. Die Zerstörung des metaphysischen Horizontes ist im selben Zug, in dem sie sich vollzieht, die Behauptung eben dieses Horizontes für das Denken überhaupt. Es zeigt
sich, daß Kafka keine philosophische Frage unter anderen stellt,
sondern die Frage nach der Philosophie als solcher. *Philosophie*
ist dann ganz einfach verstanden als das *Gebiet der Frage.* Wenn
philosophisches Denken als das Problem der Frage überhaupt
begriffen wird und nicht mehr als ein Wirkungszusammenhang
von Frage und Antwort, so präsentiert sich Kafkas Text als die
sich selbst im Horizont der Frage hinterfragende Frage. Anders
gesagt: Es geht nicht mehr um Sinn als substantielles Phänomen, sondern um die Tatsache, daß sich diese Substanz immer
einer vorgängigen Konstruktion verdankt. Indem Kafka diese
Konstruktivität transparent werden läßt, zeigt er, daß ihre Negation ebenso wahrscheinlich ist wie ihre Einlösung. Beides ist
eine Frage der Textkohärenz. Der Leser und Denker wird somit
rein auf den Text zurückverwiesen, also auf die Ebene der Frage selbst. Diese Ebene aber bleibt ewig undurchdringlich, die
an sie herangetragenen Kohärenzakte prallen an ihr ab.

Der Text erbringt als Erzähltext also nicht die Umsetzung
eines philosophischen oder auch nur kommunikationstheore-
tischen Problems. Er verweist den Leser, der hier unmittelbar

als Interpret aufgefaßt wird, diesem Text gar nicht anders begegnen kann als ein Interpret im Sinne eines bewußten Interpretierens – er verweist also den Leser unmittelbar auf die Problematik des Fragens selbst. Durch seine inkohärente Inhaltskonzeption lenkt der Text die Aufmerksamkeit des Leser auf seine, des Textes, eigene Strukturierung.

Die traditionelle Parabel belegt das, da sie als festgelegte Struktur in einem übergeordneten Funktionszusammenhang auftritt und meist die Transformation einer abstrakten Wahrheit in eine bildhafte Vorstellung (Inhaltebene) bewirken soll, die dann wieder problemlos auf den Wahrheitsgehalt zurückzuführen wäre. Angesichts der *Kaiserlichen Botschaft* kann von einer solchen Funktion nicht die Rede sein, da die Bildlichkeit (Inhaltsinkohärenz) die Möglichkeit von Wahrheit a priori negiert und destruiert. Das Erzählen gewinnt damit eine andere, gegenüber der Bebilderung von Ideen verschobene Funktion. Erst aus dem Erzählen ergibt sich die Überwindung der auf Antwort wartenden Frage und die Eröffnung des Horizontes einer sich selbst als Frage befragenden Frage. Erzählen tritt hier nicht als instrumentalisierter Hort des Sinns auf, sondern als Vorgang des verbergenden Aufhebens von Sinn als dem schlichtweg Unergründlichen.

Dieses Verbergen des aufgehobenen Sinns im Erzählen hat noch eine weitere Dimension. Niemand hat zunächst das Du auf der Rechnung, das hier als (potentieller, möglicher oder bestimmter?) Empfänger der Botschaft in Erscheinung tritt. Dieses Du scheint nicht im Sinne einer personalen Subjektivität eingeführt zu werden, sondern als die Idealgestalt des Empfängers schlechthin. Andererseits ist das Du aber durch den Traum, der im letzten Satz hervorgehoben wird, auch wiederum personalisiert und subjektiviert. Von dem Du am Schluß heißt es, es sitze an seinem Fenster und erträume sich die (Ankunft der) Botschaft, wenn der Abend kommt. Offen bleibt, ob es sich um die Ankunft der Botschaft oder um die Botschaft selbst handelt. Der zwischen beiden Auslegungen des letzten Satzes liegende Unterschied ist gewaltig. Hieraus ergeben sich weitere Fragen. Zunächst: Woher kann das Du am Fenster wissen, daß die Botschaft kommt? Um dies zu wissen, müßte zuvor eine andere Botschaft aus demselben Bereich zu ihm vorgedrungen sein, denn auf die absolute Heimlichkeit der Übermittlung der Botschaft durch den Kaiser an den Untertan wird besonderes Gewicht gelegt. Wie aber sollte diese andere, vorbereitende Botschaft vor der eigentlichen durch den endlosen Raum zum Du vorgedrungen sein, da es doch der Bote selbst mit seiner Botschaft nicht vermag? Der Traum des am Fenster sitzenden Du kann demnach nicht in erster Linie auf die konkrete Botschaft zielen, die im Endlosen unterwegs ist; vielmehr muß es sich um den Traum der Botschaft selbst handeln. Der Traum des Träumenden von der Botschaft wäre demnach gleichbedeutend mit der Existenz der Botschaft überhaupt. Das impliziert, der Traum des Du wäre identisch mit dem zuvor Erzählten. Das Du ist also niemand anders als der Erzähler selbst, nur mit der Besonderheit, daß der Gang der Erzählung so verläuft, als sei der Traum des Du motiviert von der tatsächlichen Existenz der Botschaft. Träumt der Träumende den Traum, weil er zu Recht davon ausgeht, daß eine Botschaft unterwegs ist, oder bewirkt der Traum allererst die Tatsache, daß es so sei? Letztlich bleibt offen, wer oder was hier von wem abhängt, der Traum von der Wirklichkeit oder die Wirklichkeit vom Traum. Eigentlich wird die Vorstellung, beide Bereiche befänden sich in einem kausalen Abhängigkeitsverhältnis zueinander, überhaupt zerstört. Das Erzählte erlangt die Dimension einer Geschichte, deren Angesiedeltsein im Konvergenzbereich von Fiktion und Wirklichkeit nicht zu ermitteln ist. Ist die Botschaft Tatsache und bedingt den Traum von ihr im Sinne eines Tagtraums, oder erzeugt der Traum überhaupt erst die Geschichte im Sinne eines Wunschtraums? Welchen Stellenwert, welche Bedeutung hat also diese Geschichte? Eine Antwort kann nicht gegeben werden, weil wir es hier nicht mit der Struktur Frage / Antwort zu tun haben, sondern mit der Struktur der sich selbst als Frage befragenden Frage.

Das Phänomen der *anwesenden Abwesenheit,* das als die Bedingung der Möglichkeit von der Existenz des Gerechten (Zaddik) gedeutet worden ist, wäre erfüllt. Der Traum des Du von der Botschaft bildet den Horizont einer Sinnfunktion, die den Zusammenhang von Weltstruktur und Sinnstruktur zumindest als Maßstab der Hoffnung setzt. Der Traum des Du ist aber zugleich auch der Traum von der Unmöglichkeit der Erfüllung dieser Hoffnung (im Sinne der Produktion des Textes selbst), und darin Gewißheit der Hoffnungslosigkeit. Der Sinnhorizont wird in der Form seiner unmittelbar einsichtigen Unmöglichkeit erlebt, bleibt aber eben darin Sinnhorizont.

Erneut geht es um die exemplarische Verbergung des Heiligen im Legenden- bzw. Parabeltext. Die Textsorten *Legende* und *Parabel* treten damit in einen eigenwilligen Funktionszusammenhang zueinander. In der Tradition waren diese beiden Erzählformen Muster für die exemplarische Darstellung einer wunderbaren Wahrheit, besser: der Wahrheit des Wunderbaren oder Phantastischen im religiös-mythischen Sinn: Das Wunderbare gehört einer transzendenten Welt an, das Phantastische lediglich dem Möglichkeitsbereich menschlicher Kognition.

Diese Funktion hat sich bei Kafka nicht gewandelt, nur muß man die Wahrheit des Wunderbaren in der Abwesenheit von Wahrheit erkennen. Da aber Wahrheit ein absoluter Begriff ist (halbe Wahrheiten sind keine), ist auch die Abwesenheit absolut. Wenn die Wahrheit abwesend ist, kann diese Abwesenheit selbst nicht wiederum Wahrheit genannt werden. Das ist philosophisch ein Paradox, mystisch-religiös betrachtet aber ein Problem, eine Wunde, die sich nicht schließt. Kafkas Legenden exponieren das Schwelen dieser Wunde. Die mystische Anwesenheit des Gerechten als Messias in seiner erlebten Abwesenheit bildet die Voraussetzung der Erlösung, präsentiert sich aber permanent als Erlösungsferne. Die Struktur der Geschichten ergibt sich aus dem verbergenden Aufbewahren von Sinn. In diesem Verständnis treten Legende und Parabel nicht nur als ins Negative gewendete, der Tradition entnommene Erzählformen auf, sondern wiederum als zentrale Darstellungsmedien des Heiligen im Erzählen. Die Texte sind durch Interpretation nicht nur nicht auszuschöpfen, sie sind durch Interpretation nicht einmal zu erkennen – sie verschließen sich aus Notwendigkeit von ihrer innersten Konzeption her jeglichem Versuch einer immanenten Interpretation. Der Zweck ihres Erzähltwerdens ist die Verbergung von Sinn, ja die Außerkraftsetzung der Frage nach dem Sinn überhaupt.

Rosa

In einer Tagebucheintragung vom September 1917 bemerkt Kafka: »Zeitweilige Befriedigung kann ich von Arbeiten wie ›Landarzt‹ noch haben, vorausgesetzt, daß mir etwas derartiges noch gelingt (sehr unwahrscheinlich). Glück aber nur, falls

ich die Welt ins Reine, Wahre, Unveränderliche heben kann.«
(T, 333) Was Kafka mit dem *Landarzt* verbindet, ist die punktu-
elle Erfüllung seiner hochgesteckten ästhetischen Ansprüche an
einen Text. Vielleicht ist es kein Zufall, daß *Ein Landarzt* als der
schwierigste und dunkelste aller Kafka-Texte angesehen wird.
Fast jede Deutung beginnt mit dieser Feststellung. Das Phänomen der Undeutbarkeit scheint hier besonders zu beunruhigen.
Die Konsequenz war, daß die Erzählung besonders häufig besonders eindringlichen (oder eindringenden) Interpretationen
unterzogen wurde. Das führte im Falle des *Landarztes* so weit,
daß Hans Hiebel im Jahre 1984 eine Satz-für-Satz-Interpretation des Textes vorlegte, ein ganzes Buch also, das als strukturale
Analyse im Sinne der S/Z-Methode von Roland Barthes alle
Deutungsebenen des Textes zu ermitteln versucht.[36]

Die S/Z-Methode geht von fünf Erzählcodes aus. Bezogen
auf Kafkas Text bietet diese Aufspaltung der Codes die Möglichkeit, zwischen unterschiedlichen Ebenen der Sinnkonsti-
tuierung zu unterscheiden, die, so Hiebel, im *Landarzt* auf besonders komplexe Art und Weise ineinanderspielen. Hiebel
behauptet, *Ein Landarzt* sei eng an Freuds Theorien angelehnt,
d.h. die Erzählung »handelt von der Macht und Ohnmacht des
Arztes, vom nackten Körper und vom Begehren, der symbolischen Kastration und dem Tod.«[37] Den Gang der Erzählung
deutet Hiebel folgendermaßen: »Mit der Trennung des Arztes
von seinem Dienstmädchen wird dieses zur begehrten Frau:
›Wie rette ich sie‹. Aus dem Neutrum (»es«) wird das Femini-
num (»Sie«), aus dem Ne-uter, dem Geschlechtslosen wird die
Utra, die Andersgeschlechtliche, welche erst das Zirkulieren des
Begehrens möglich macht. Die Analogien der Oppositionen
verdichten sich: es/sie, Mann/Frau, Herr/Knecht, Erwachse-
ner/Kind, aktiv/passiv, bekleidet/nackt. Im Maße, wie sich »es«
zu »sie« transformiert, verwandelt sich der Bekleidete in den
Nackten, der Aktive in den Passiven, der Herr in den Knecht,
der Angstfreie in den Geängstigten. Die rosa Wunde der Kastration erweist sich als ansteckend.«[38]

Als weitaus ansteckender scheint sich hier die Deutungswelt
Sigmund Freuds zu erweisen. Die Problematik der strukturali-
stischen Analyse, ganz auf Minimalpaaroppositionen aufzubau-
en und somit die Fülle der Sinnebenen und Verweisungssphären
auf einem positivistisch gestützten Schematismus zu fundamen-
tieren, wird mit den hochspekulativen Hermeneutikmodellen

Freuds gekoppelt und erwächst in dieser Kombination zu einer gigantischen Deutungsmaschine. Von Roland Barthes Sinnvielfalt, die dieser nicht zuletzt als Vielfalt der durch die Lektüre angeregten Sinne verstanden wissen wollte, bleibt da kaum etwas übrig.

Selbstverständlich liegt eine sexualpsychologische Interpretation der Erzählung nahe. Was sich aber in der Forschung bis hin zu Hiebel, ja noch bis in heutige Publikationen wiederholt, ist die Kurzschließung einer individuell-ödipalen Leidenssituation des Autors Franz Kafka mit den großen vermittels der Psychoanalyse an den Subjekthorizont angekoppelten Themen der Zivilisation in einem archaischen Sinne. Diese Kurzschließung erfolgt über den Text, d. h. über eine semiologische Struktur, die alle Zeichen einer Selbstauflösung trägt und als Kohärenzsystem kaum noch zu identifizieren ist. Die Beantwortung der Frage, ob in der »rosa Wunde« aus der sich fingerdicke weiße Maden recken, die symbolische Wunde der Kastration zu sehen ist, oder bloß die Wunde des Kranken, ist auf pure Spekulation angewiesen. Das gilt auch für die Frage, ob die Pferde, die ihre Köpfe zum Fenster des Hauses hereinstrecken, in dem der zu behandelnde Kranke liegt, eine Verkörperung oder eine Verulkung des Phallischen darstellen. Solche Spekulation hat Freuds Deutungsmodellen selbst in erheblichem Maße zugrunde gelegen, so daß sich die Folgerungen der Interpreten auf ein Gelände beziehen, das selbst durch ein Höchstmaß an interpretativer Spekulationen zustande gekommen ist. Hiebels Satz-für-Satz-Interpretation bildet den Gipfelpunkt der Kafka-Deutung in einem spekulativen Sinne und mit einer beinahe positivistisch anmutenden Methode.

Stets wurde hinsichtlich des *Landarzt*-Textes von einer Traumstruktur gesprochen. Auch das ist nachvollziehbar, es blieb allerdings die Frage, ob Kafka bei der Gestaltung dieser Traumebene bewußt vorgegangen ist oder ob er ganz einem unbewußten Triebprozeß ausgeliefert war. Dadurch mußte die Beurteilung der Erzählung als Traumsequenz eine Aufspaltung in zwei Richtungen erleben. Einmal wurde sie als vollkommen intuitives Produkt betrachtet, dann wieder als ein bis in die Motivproportionen hinein bewußt artifiziell ausgestaltetes Werk.

Die Vielfalt der einander schon an der Wurzel widersprechenden Deutungsansätze hat den Text noch weiter ins Dunkel gestellt. Diesem Effekt Kafkas Absicht zu unterstellen, muß ebenso offen bleiben wie die Frage nach der unbewußten oder artistisch bewußten Produktion. An einem bestimmten Punkt allerdings muß man einhaken. Ist es vorstellbar, daß Kafka den *Landarzt* mit seiner darin überdeutlich vorkommenden Sexualsymbolik tatsächlich nur deshalb geschrieben hat, um seine Kastrationsangst im Horizont des Schizoinzests mit der eigenen Schwester zu artikulieren? Eine solche Deutung – und diese Ebene überschreitet keine der mir bekannten Textinterpretationen – sieht in der Erzählung allein die psychopoetische Dimension vertreten. Die erscheint streng genommen aber nur in einem therapeutischen Sinne interessant. Der Text selbst bleibt dabei zu zwei Dritteln unberücksichtigt, nämlich im Hinblick auf zwei Fragen: Welche Funktion hat die Legendenstruktur? Und: Welche Funktion haben bestimmte erzählerische Einzelheiten, die durchaus hätten entfallen können, ginge es nur um die psychopathologische Ebene?

Die Sexualsymbolik wird in einem unverkennbar grotesken Medium dargeboten. Diese Tatsache kann man ins Psychopathologische deuten, man kann in ihr aber auch eine bewußt eingesetzte Stufe von Humor erblicken. Der Knecht kommt mit allen Pferden aus dem Schweinestall, er verwandelt sich, nachdem er das Gespann bereitgestellt und also dem Arzt aus der Not geholfen hat, in ein reißendes Tier, unter dessen Ansturm die Türen des Hauses, in dem sich die panische Rosa verschanzt hat, bersten. Als der Arzt beim Kranken ist, fällt ihm Rosa wieder ein: »Jetzt erst fällt mir Rosa wieder ein; was tue ich, wie rette ich sie, wie ziehe ich sie unter diesem Pferdeknecht hervor, zehn Meilen von ihr entfernt, unbeherrschbare Pferde vor meinem Wagen? Diese Pferde, die jetzt den Riemen irgendwie gelockert haben; die Fenster, ich weiß nicht wie, von außen aufstoßen, jedes durch ein Fenster den Kopf stecken und, unbeirrt durch den Aufschrei der Familie, den Kranken betrachten.« (LA, 202)

Zunächst diagnostiziert der Landarzt, daß der Junge, der ihm zuvor zugeflüstert hat, er möge ihn sterben lassen, kerngesund ist. Dann aber, nach einer längeren Reflexion, gibt der Arzt zu, daß der Junge vielleicht doch krank ist. Jetzt tut sich an seiner Hüfte die handtellergroße Wunde auf, eine rosa Wunde, wie es heißt, Verkörperung der Wunde Rosa. »Rosa, in vielen Schattierungen, dunkel in der Tiefe, hellwerdend zu den Rändern, zartkörnig, mit ungleichmäßig sich aufsammelndem Blut, offen wie ein Bergwerk obertags.«

Jetzt, da der Arzt die Wunde gefunden hat, die zudem von großen Würmern bewohnt wird, die *rosig* aus ihr herauszappeln, fragt der Junge, der zuvor den Tod herbeigewünscht hat: »Wirst du mich retten?« Darauf der Arzt: »So sind die Leute in meiner Gegend. Immer das Unmögliche vom Arzt verlangen. Den alten Glauben haben sie verloren; der Pfarrer sitzt zu Hause und zerzupft die Meßgewänder, eines nach dem andern; aber der Arzt soll alles leisten mit seiner zarten chirurgischen Hand.« Zum Heilen wird nun der Arzt entkleidet, und ein Schulchor mit dem Lehrer an der Spitze tritt auf, der folgenden Choral anstimmt: »Entkleidet ihn, dann wird er heilen, / Und heilt er nicht, so tötet ihn! / 'S ist nur ein Arzt, 's ist nur ein Arzt.«

Überstürzt macht sich der Landarzt an die Abreise, die er als ›Rettung‹ bezeichnet. Er greift seine Tasche und seinen Pelz, unterläßt es jedoch, sich anzukleiden. Anstatt zu fliegen, ziehen jetzt die Pferde langsam wie alte Männer durch die Schneewüste, während im Hintergrund noch immer der Schulchor singt: »Freuet Euch, Ihr Patienten, / Der Arzt ist Euch ins Bett gelegt!«

Natürlich kann man diese Geschichte nicht nacherzählen, ohne in die allergrößte Verwirrung zu geraten. An die Stelle eines Sinnzusammenhangs tritt das Groteske unwahrscheinlicher Fügungen und, vermittelt darüber, der Humor. Die Tatsache, daß kaum einmal der Humor beim *Landarzt* auch nur erwähnt worden ist und sich die Interpreten statt dessen auf die sexualneurotische Befindlichkeit des Autors stürzen, als wollten sie ihn vor sich selbst retten und als habe er den Text nur deshalb geschrieben, um von der Forschung vor sich selbst gerettet zu werden, ist an sich schon unbegreiflich.

Ein Sinn für den speziellen Humor, den das Prosastück entfaltet, kann sicherlich nicht allen Interpreten abgesprochen werden. Der Verzicht auf seine Hervorhebung dürfte in der zum Dogma geronnenen Ansicht bestehen, hinter Kafkas Texten müsse eine umfassende existentielle, theologische oder auch nur psychologische Essenz zu finden sein. Wie bei allen Texten Kafkas liegt diese Vermutung selbstverständlich auch beim *Landarzt* nahe, ja sie wird vom Text selbst unablässig suggeriert. Gerade diese suggestive Beeinflussung des Lesers jedoch hat zwei Seiten. Einmal steht dahinter tatsächlich eine Dimension, die ich pauschal eine *metaphysische* nennen möchte. Dann aber ist diese Dimension im Text dergestalt aufbereitet, daß mit ihrer Verbergung ebenso gespielt wird wie mit dem Leser und Interpreten.

Wenn ein Verfasser eines Prosastückes Freuds Motivik und Symbolik so ostentativ und zugleich ins Absurde verzerrt einsetzt, wie Kafkas dies hier tut, dann verfolgt er noch etwas anderes als eine Beichte seiner sexuellen Phantasien und Ängste, etwas anderes als die Darstellung der Verlorenheit des Menschen in der Schneewüste der modernen Welt und etwas anderes als die Beschwörung einer Gottesferne unter eben diesen Bedingungen. Wird diese Beichte, diese Darstellung, diese Beschwörung damit nicht gleichzeitig unterlaufen und ad absurdum geführt? Ist das nicht ein Befreiungsschlag des Psychopathen auf psychische Gesundheit hin? Und sind nicht in dieser Geschichte all die aufgeworfenen und sich aufwerfenden Fragen wie bizarre Karikaturen ihrer selbst aufgehoben, schwanken sie nicht zum Fenster herein wie die schattenhaften Pferdeköpfe während der Behandlung des Kranken?

Ein Landarzt ist so betrachtet der Markstein der Forschungsliteratur schlechthin, gewissermaßen ihr Offenbarungseid. Nirgends in der neueren Literatur könnte so gelacht werden wie hier, und nirgends auch wurde soviel pathologisches Untergangsgefühl gesehen wie hier. Mit diesem Text ist Kafka wirklich zu einem Heiligen der Literatur geworden, weil er deren eigenständige Kapazitäten bis zum Äußersten ausfüllt, ohne dies plakativ zu annoncieren. Nichts hat der Text weniger an sich als genialische Selbstbezeugung. Vielmehr verbirgt sich in jedem dieser Sätze und vor allem in ihrer Abfolge eine ganze Existenz, eine komplexe Weltsicht, ein von sich selbst humoristisch überrolltes Denken, das keine Grenzen kennt und keine anerkennt. Angesichts dieser sechs Seiten ist Freuds Deutungsapparat vergleichbar jener sich selbst zerstörenden und sich auflösenden Metamechanismen von Tinguely.

Nicht mit Freud interpretiert Kafka sich selbst in diesem Text, sondern gegen Freud. Es ist, als werde hier exemplarisch vorgeführt, daß *auch das* der Mensch ist, und vor allem, daß er das, was er da ist, nicht mit einer Theorie, und sei die noch so ausgefeilt, begreifen kann. Nicht im Schein des Schönen verhüllt hier die Kunst ihre Wahrheit, sondern im Vexierspiel des Lachens. Und sie verhüllt keine Wahrheit, sondern präsentiert die Tatsache der Abwesenheit von Wahrheit, wie durchgehend in den *Landarzt*-Texten.

Das führt uns wieder zur Textsorte *Legende* zurück. Ein Aufsatz neueren Datums hat demonstriert, wie subtil Kafka mit dieser Gattung und ihren Nebenbereichen wie *Märchen* und *Sage* umgegangen ist.[39] Früher schon wurde das Wort vom Antimärchen in bezug auf den *Landarzt* geprägt. Präzisiert wurde diese These durch den Ausdruck »pervertiertes Erlösungsmärchen«. Doch konnte man sich damit nicht zufrieden geben. Gegen die uneingeschränkte Geltung der Märchenthese schien die Traumstruktur der Erzählung zu sprechen. Danach versuchte man beide Aspekte zu kombinieren und formulierte, Kafka habe in einer traumhaften Inszenierung Märchenelemente und -motive in seine Erzählung einmontiert. Man war sich ferner darüber einig, daß Kafka Märchenmotive nur aufgreift, um sie in ihr Gegenteil zu verkehren. Aus den Helfern werden Agenten des Untergangs. Die Pferdekutsche führt ebenso ins Unglück wie der numinose Pferdeknecht. »Märchenwidrig«, schreibt Rudloff, »wird der Held ins Unheil – statt ins Glück – getrieben.«[40] Der Schlußsatz vieler Volksmärchen »Und wenn sie nicht gestorben sind« wird durch die Schlußszene des Kafka-Textes ebenfalls ins Gegenteil gekehrt. Aus der Vorstellung eines auf Dauer gestellten Glücks wird ein auf Dauer gestelltes Unglück.

An diesem Punkt kommt der Erzählhorizont der *Sage* in den Blick. Im Märchen ist alles untrennbar mit Glückseligkeit verbunden; in der Sage sieht man hingegen Figuren, die beständig vom Untergang umschattet sind. Die Sage ist eine Untergangserzählung. Rudloff bemerkt zur Sage in bezug auf den *Landarzt*: »Die Textsorte weist geradezu nekrophil auf den Tod hin; Sterben und Nicht-Sterben-Können gehören zu ihrer beständigen Thematik. Wenn das Erlösungsmotiv des Märchens ein glückliches Leben ohne Tod verheißt, steckt der Held der Sage in seinen Todesabenteuern fest. Zum irreversibel unglücklichen Erzählenden wird er, schrecklich an Leib und Leben gestraft, er bleibt verwandelt und irrt als ruheloser Geist in der Weltgeschichte umher. [...] Das Märchen ist Wunsch-Dichtung, die Sage ist Angst-Dichtung. Eine besondere Erscheinungsform der Angst-Dichtung bilden die *Arme-Seelen-Sagen*.«[41]

Die *Armen Seelen* der Sagen müssen Schuld, Versagen und Freveltaten ihres Lebens abarbeiten. Es handelt sich um Erzählungen, die größtenteils einer mündlichen Tradition entstammen, aber auch in Volksbüchern meist anonym festgehalten worden sind. In den *Arme-Seelen-Sagen* wird von individuellen Strafen berichtet, die in augenfälligem Verhältnis zur Schuld stehen, indem zumeist das sündhafte Tun in quälender Weise fortgesetzt wird. Hinsichtlich des *Landarztes* wäre zu fragen, worin denn die bei ihm einzuklagende Schuld bestünde.

Rudloff interpretiert diese Frage wiederum in einem sexualpsychologischen Sinne, und zwar dahingehend, daß die Schuld des Landarztes im erotischen Begehren gegenüber dem Dienstmädchen Rosa bestehe. Diese Tatsache bewege sich auf der Ebene des von Deleuze/Guattari so bezeichneten *Schizo-Inzests*, also des Inzests mit der Schwester, aus der die beiden Komplementärgestalten des Dienstmädchens und der Hure hervorgehen. Der Schizo-Inzest beinhalte zudem die Projektion bestimmter Anteile des Ichs in die Figur der Schwester, so daß er zugleich ein autoerotisches Verlangen darstelle. Der Landarzt folgt dem »Fehlläuten der Nachtglocke«, was, wie es heißt, nie wieder gutzumachen sei. Er folgt damit aber dem für ihn stärksten Grad sexuellen Verlangens überhaupt, nämlich der Spiegelung des eigenen Ich in der Figur der verbotenen Schwester. Dies zuletzt als »Fehlläuten«, also als Fehler zu erkennen, enthebt ihn keineswegs der Strafe, die endlos ist; das begangene Unrecht ist nie wieder gutzumachen.

Das ist die Sphäre der Sage, der *Arme-Seelen-Sage*. Aber der Landarzt ist eben auch eine groteske Figur, eine Gestalt, deren Verzweiflung an einigen Stellen so stark ins Groteske abgleitet, daß sein Schicksal das Lachen herausfordert. Damit erreicht Kafka innerhalb der von ihm praktizierten Umsetzung des Legenden- bzw. Märchen- oder Sagenmotivs zusätzliche Komplexität. Die Textsorten unterminieren sich gewissermaßen gegenseitig. Die Glückssymbolik des Märchens wird in ihr Gegenteil verkehrt durch die Angstatmosphäre und die inhaltliche Konsequenz der Sage. Diese wiederum wird durch die Legendenstruktur durchkreuzt, in der es um die exemplarische Geschichte eines in seinen Taten und in seinem Schicksal herausgehobenen Menschen geht. Kafka stilisiert eine bestimmte, exemplarische Gestalt ganz bewußt auf der Ebene des Verfallenseins ans Unglück. Während die *Arme-Seelen-Sage* das Unglück ins Spiel bringt, erzeugen Märchenmotivik und Legendentext den Faktor der Stilisierung.

Die Erzählmotivation des Textes kann nicht allein darin bestehen, das Unglück zu beklagen oder die unbewußte Struktur sexualpsychologischer Dispositionen zu Papier zu bringen. Das eine wäre autobiographische Bekenntnisliteratur, das andere eine Spielart der *Écriture automatique* der Surrealisten, und beides trifft auf Kafkas Text nicht zu. Die bewußte Gestaltung der Erzählung auf mehreren Ebenen deutet auf eine anders gelagerte Motivation hin.

Erneut ist es dem Autor darum zu tun, ein Zusammenspiel von Psychopoetik und Mythopoetik herzustellen, und in diesem Falle scheint ihm das, auch nach seinem eigenen Bekunden, besonders gut gelungen zu sein. Der Text ist hier restlos zu einem Körper der Schrift geworden, indem er die Potentiale und Dispositionen des Autors als in einem endlosen Sinne virulente Prozeßfolge in sich aufgenommen hat. Kafka vollbringt hier nicht die statische Abbildung seines Unbewußten, sondern dessen Transformation in eine der biographischen Zeit enthobene, mythische Sphäre. Damit ist es nicht mehr der Autor, der sich selbst als *Arme Seele* präsentiert, vielmehr ein vom biographischen Bezugssystem des Autor-Ich sich objektivierendes Faktum, das ich *Körper der Schrift* genannt habe. Das Gestaltungsmoment der Sage wird vor allem aufgegriffen, um den Legendentext damit zu konterkarieren. Umgekehrt gilt dasselbe; der Legendentext wird durch die Ebene der Sage konterkariert. Aus dieser Struktur ergibt sich eine Textsorte, die weder Legende noch Sage noch Märchen wäre, sondern als Aufhebung aller drei Textsorten an- und durch einander *sich selbst* als neuen Mythos installiert. Die Negation der Geltung von legendenhaften, märchenhaften und sagenhaften Elementen, die selbst ohne Ausnahme dem Mythos entstammen und seine Potentiale fortgepflanzt haben, läßt eine neuartige mythologische Dimension entstehen. Was wir den *Körper der Schrift* genannt haben, bekommt somit jenen Geltungsgrad und Ewigkeitswert zugesprochen, den die alten mythischen Texte selbst repräsentieren sollten und zu ihrer Zeit auch konnten.

Geht man von den *Armen Seelen* aus, so ist festzuhalten, daß Kafka nicht bloß sich selbst als eine solche *Arme Seele* darstellen will, sondern diese Darstellung zugleich in den Geltungsgrad eines Mythos steigert. Daraus scheint erneut der Doppelaspekt von totaler Nichtigkeit einerseits und messianischer Stilisierung andererseits hervor, den Kafka als Grundierung seines literarischen Verfahrens kreiert. Die mythomorphen Textsorten – bis hin zum griechischen Mythos –, die Kafka einsetzt, bilden nicht bloß den Stoff für literarische Spielereien. Vielmehr wollen sie die alte Mythologie überwinden, indem sie in deren verfremdend aufgegriffenen Texturen die Inkubationselemente einer neuen Mythologie, nämlich der des Körpers der Schrift, anlegen.

Man muß sich vor Augen halten, was Kafka damit anstrebt. Nichts weniger, als diesem von ihm erzeugten Schriftkörper, diesem Golem aus Wortgewebe, diesem Vampir der Zeilen und Sätze einen mythisch-religiösen Grad zuwachsen zu lassen, wie ihn zuletzt allein die antiken Mythen und die aus der antiken Welt hervorgegangenen Religionen beanspruchen und behaupten konnten. Es ist der Versuch, durch das Schreiben einem Gebilde in den Stand der Heiligkeit zu verhelfen, das alle Symptome des eigenen Ich in sich aufgehoben hätte, die gesamte psychologische und psychopathologische Dimension des modernen Menschen.

Dieser Eindruck ist nicht nur post festum zustande gekommen, also keineswegs eine durch die Kafka-Forschung und die Kafka-Verehrung geschaffene Tatsache. Kafkas zentrales poetisches Anliegen besteht in diesem Anspruch; er selbst hat daran gearbeitet, diesen Eindruck zu erzeugen und zu tradieren. Die Sekundärliteratur zu Kafka ist also in gewisser Weise sein eigenes Werk, das er mit seinen Texten nicht nur in dem Sinne herausgefordert hat, wie alle Literatur eine Auslegung herausfordert. Kafka hat die Interpretation im Rang einer mythischen Verpflichtung der Deutung gegenüber dem Text initiiert. Sie ist nichts weniger als Exegese der Schrift und somit im Horizont des Judentums selbst eine heilige Handlung. Die Kafka-Lektüre kann nur als Exegese der heiligen Schrift stattfinden oder gar nicht. Was also Kafka unter Mithilfe der Germanistik, die, das sei noch einmal betont, zu diesem Werk-Begriff untrennbar als exegetische Ebene dazugehört, was also Kafka tatsächlich in die moderne Welt hineinbringt, zurückbringt, ist die Dimension des Heiligen in der beschwörenden Meditation über die Schrift. Diese Exegese kann durch die Exegeten nicht abgeschlossen werden.

Noch Kafkas letzter Wille, die Vernichtung seines Nachlasses durch Max Brod, ist in diesem Kontext zu sehen. Das Durchstreichen des Ganzen als Freveltat, als Überhebung und hybride Anmaßung eines einzelnen gehört zur grenzenlos bescheidenen Haltung des chassidischen Gerechten direkt dazu. Durch keine seiner Handlungen darf er kundtun, daß sich in ihm der Messias verbergen könnte. Die Verwerfung seines Lebenswerkes ist kein Scheitern im landläufigen Sinne, sondern Wegbereitung zum Jüngsten Gericht.

Von diesem Punkt aus können wir uns fragen, wie Kafka mit der Moderne, deren Hauptrepräsentant er neben anderen ist, wie er vor allem mit der ästhetischen Moderne und wie die ästhetische Moderne mit ihm verbunden ist. Diese Verbindung ist nicht gekoppelt über irgendeine Art von Mimesis, sondern durch die Grundlegung eines fundamentalen Konflikts zwischen dem Realen und dem Messianischen. Das Messianische wird in derselben absoluten Art und Weise behauptet, mit der die moderne Welt ihren auf der naturwissenschaftlichen Basis entwickelten Wirklichkeitsbegriff statuiert. Was Kafka vorstellt, ist alles andere als die Kompensation von gesellschaftlicher Modernität durch eine ästhetisch-theologische Sphäre. Kafka versucht zu beweisen, daß die literarisch von ihm erzeugte messianische Sphäre eine größere Behauptungsfähigkeit hat als der gesellschaftliche Prozeß der Moderne. Modernität bezeichnet unter diesen Voraussetzungen das Auseinanderbrechen von geistiger Totalität und gesellschaftlichem Prozeß als irreversible Erfahrung. Diese Opposition von messianischer und realer Welt bildet keine offene Konfrontation, sondern eine verdeckte, besser noch, eine negierte. Sie besteht nur im Dementieren ihrer Existenz. Dieses Dementi leisten die Texte und fordern damit zugleich zur Meditation und Exegese des messianischen Gehalts heraus. In der Moderne kann es das Heilige nicht geben und zugleich *muß* es das Heilige geben. Moderne bedeutet per se Vernichtung des Heiligen. Das Heilige kann sich allein in der verbergenden Bergung seiner selbst behaupten. Und so ist es einleuchtend, daß jede Kafka-Interpretation, indem sie bestimmte Aspekte des Heiligen in den Texten einbirgt, die Dimension des Heiligen selbst auch immer zugleich *ver*birgt.

Kafkas Verfahren hat als literarisches eine gnoseologische Grunddimension. Sein Schreiben rekonstruiert den Weg einer Heilslehre des Subjekts in der modernen Welt. Das ist nicht Religionsersatz, sondern Überhöhung von Religiosität mit den

Mitteln der Literatur. Was in Kafka aufleuchtet, ist jene »poly-
mythische Frechheit der Häretiker, die sich die Freiheit nehmen,
selbst zu erdichten, woran sie ›glauben‹ werden.«[42] Inhalt und
Form des Glaubens jedoch fallen bei Kafka ineins und werden
als solche gleichzeitig negiert. Nur in der Ausblendung von
Metaphysik ist diese noch möglich, im Entzug der Inhalte und
in der Selbstauflösung ihres Subjekts. Auf diesem Weg wird aus
Psyche im gnostischen Sinne Pneuma. Die Feuer der Offenbarung, die Gershom Scholem bei Kafka brennen sah, erweisen
sich als verwüstete Wege eines Wissens, das nicht zu Bewußtsein kommen darf. Darin besteht der Unterschied zwischen
Offenbarungslehre und gnostischem Wissen. Im Zwischenraum
zwischen beiden Möglichkeiten liegt Kafkas Literatur als unbegreifliches Faktum. Das Unbegreifliche bei ihm ist nicht als
genuin religiöse Potentialität aufzufassen, vielmehr als eine literarische, die alle Energien des Religiösen in sich aufgenommen hat. Im Literarischen ist die paradoxe Gemeinschaft von
Modernität und Heiligkeit adäquat festgeschrieben. Schreiben
als neue Spielart von Gnosis, als Geheimlehre ohne Zugang, als
substantiiertes Nichts, das die Welt der Substanzen so radikal
nichtet, daß Materie nurmehr als schwarzes Loch in Erscheinung tritt.

Wie kein anderer Text beschäftigt sich Kafkas Version des Prometheus-Mythos mit dem Unbegreiflichen. (Vgl. Beim Bau der
Chin. Mauer, 192f.). Der ›Vordersatz‹, der die Geschichte einlei-
tet, umfaßt den gesamten Deutungsgehalt. »Die Sage versucht
das Unerklärliche zu erklären; da sie aus einem Wahrheitsgrund
kommt, muß sie wieder im Unerklärlichen enden.« Der Text
selbst umfaßt die vier Stufen des Verschwindens der Sage von
Prometheus. Das zurückbleibende Felsengebirge wird als *unerklärlich* bezeichnet. Dort endet, folgt man dem Vordersatz, die
Sage notwendig, da sie aus einem »Wahrheitsgrund« kommt.
Das Unerklärliche und der Wahrheitsgrund entstammen ein-
und derselben Sphäre; der Versuch, das Unerklärliche zu erklären, den die Sage unternimmt, führt diese also zuletzt ins Unerklärliche zurück. Das Unerklärliche bleibt unerklärlich, die Sage
nur ein Versuch, den die Zeit in sich aufsaugt.

Das allein ist schon eine Neudeutung des Mythos. Der Versuch des Mythos, das Unerklärliche zu erklären, scheitert an
seinem allmählichen Eingehen ins Unerklärliche. Der Urgrund

des Mythischen ist demnach das Unerklärliche selbst, das seine Unergründbarkeit gerade am Versuch der Ergründung demonstriert. Der Mythos oder die Sage sind nicht dazu geeignet, tatsächlich das Unerklärliche zu erklären. Sie sind vielmehr Medien, an denen sich die Unerklärlichkeit des Unerklärlichen Geltung und Ausdruck verschafft. Damit biegt Kafka die neuzeitliche Auffassung vom Mythos zurück auf seine ursprüngliche, archaische Dimension. Der griechische Mythos war in seiner bildhaften Verrätselung keineswegs von Interpretationsmodellen begleitet, die ihn für das diskursive Verstehen ausdeuten sollten. Die Wirklichkeit des Mythos liegt in der Absolutheit des Inkommensurablen seiner Zeichenfolge. Das Bewußtsein dafür ist das epistemische Fundament für narrative Selbständigkeit der mythischen Erzählungen. Auch wenn der Prometheus-Mythos keine Authentizität mehr in der modernen Welt hat, so bleibt die Inkommensurabilität als seine Basis bestehen. Kafka benennt sie in Gestalt des Felsgebirges. Das ist der Wahrheitsgrund der Sage.

Der Prometheus-Text nimmt eine poetologisch zentrale Stellung bei Kafka ein. Das Beharren auf der Unerklärlichkeit des Unerklärlichen hat für den Autor oberste Priorität. Es ist Ausgangspunkt und Ziel jedes mythomorphen Textes. Es steht außer Frage, daß Kafka diesen Grundsatz auch für seine eigenen Texte in Anspruch genommen hat. Keine Auslegung, keine Exegese vermag den mythischen Text zu durchleuchten, der zuletzt wieder im Unerklärlichen und damit in seinem Wahrheitsgrund versinkt. Dieser Wahrheitsgrund ist unbenennbar. Er ist zwar Gegenstand des Mythos als Frage und als Aufgabe, kann aber vom Mythos selbst nicht gelöst oder erklärt werden. Noch etwas Entscheidendes liegt darin: Der Wahrheitsgehalt ist ewig. In diesem Bewußtsein vollzieht sich Kafkas Schreiben. Die Relativität aller Bezüge reicht nicht bis an die auch philosophisch zu Kafkas Zeit längst fragwürdig gewordene Behauptung von Wahrheit heran. Nur unter dieser Voraussetzung kann man überhaupt von einer mythopoetischen Disposition sprechen.

Kafkas Beharren auf der Wahrheit als dem Unbegreiflichen, auf das die Literatur ausgerichtet sein muß, impliziert die Restituierung des Metaphysischen jenseits der Spaltung von *faktisch* und *fiktiv*, damit also auch jenseits der Interpretation. An die Stelle des Interpretationsvorgangs tritt ein Akt permanenter Deutung ohne Ziel und Ende. Lesen meint Meditation auf das Unbegreifliche. Darin ist Lesen in einem ganz konkreten und nicht in einem übertragenen Sinne eine heilige Handlung. Bezogen auf die Textsorte *Gleichnis* bedeutet das: Kafka führt das Gleichnis auf seine religiösen Wurzeln zurück. Das Gleichnis ist keine Vorlage für eine Interpretation. Es stellt die Identität von Bild- und Sachsphäre in *einem* Text, in einer einzigen unteilbaren Sphäre dar. Diese vom Gleichnis evozierte Identität des Gespaltenen, des Bildes und der Sache, ist in der modernen Welt aufgegeben, weshalb ihre Bewohner mit dem Gleichnis nichts mehr anzufangen wissen. Es ist jedoch als Urform prophetischen Sprechens die literarische Wurzel religiösen Bewußtseins. Es erscheint konsequent, daß die Gleichnisse der Weisen mit den Bedingungen des alltäglichen Lebens nichts zu tun haben, wie es Kafka in seinem Text *Von den Gleichnissen* darlegt. (Vgl. *Das Ehepaar*, 131f.).

Dieser Text demonstriert, in welcher Weise der Verlust des Religiösen von den Modernen erlebt wird und auf welche Weise es allein zurückzuerlangen wäre. Im Verzicht auf den Akt der Interpretation nämlich. Der literarische Text soll in Kafkas Sinne die Dimension der religiösen Meditation gewinnen; er kann ansonsten keinerlei Bedeutung beanspruchen. Hierin kommen Bezugspunkte der *totalen Immanenz der Literatur* einerseits (sie verweist auf nichts außer sich, auch nicht auf eine Transzendenz des Religiösen) und des *Anspruchs an die Literatur als Sphäre des Heiligen* andererseits zur Deckung. *Der Körper der Schrift ist das Korpus des Heiligen*. Damit hat sich der Autor – die ursprüngliche biographische Figur – über den Wirkungszusammenhang von *Psycho- und Mythopoetik* in die Exemplarität eines Heiligen gehoben. In der Schrift wäre seine biographische Identität gelöscht und potenziert zugleich. Die Stilisierung des Heiligen ist daher keine Selbststilisierung des Schriftstellers durch seine Texte, sondern Stilisierung seines Verschwindens im Text. Bleibt der Text, das unbegreifliche Felsgebirge, das Gleichnis, das uns von der täglichen Mühe befreit, die heilige Schrift.

An sich selbst verhungern

Hungerkunst

Die gnoseologische Einstufung der Schrift als *heilige Schrift* ist an die Tilgung der Autorrolle gekoppelt, also an das Verschwinden einer an eine bestimmte Person und ihre Biographie gebundenen Quelle. So wäre der Zerfall des biographischen Gehalts ein klares Indiz für ein Gelingen anderer Art, ein Entstehen der Schrift ohne Autor. Naturgemäß kann man angesichts dieses Triumphs im Scheitern nicht mehr von Erfüllung sprechen und auch nicht von werkhaftem Gelingen. Kafka hat es fertiggebracht, diese seit der Goethezeit kardinalen Kategorien der künstlerischen Produktivität außer Kraft zu setzen. Noch die frühe Moderne kämpfte mit der Frage des Gelingens etwa in Gestalt des von Kafka allzeit hochverehrten Flaubert und seiner Hypostasierung des Stilbegriffs. Flauberts Stilproblem und Nietzsches Selbststilisierung im Zeichen des Dionysos rücken das Schicksal des Künstlers in der Doppelbelichtung von monomaner Selbstüberschätzung und unausweichlichem Scheitern an der eigenen Aufgabe drastisch ins Bild. Das Werk wird zum Prüfstein von Möglichem und Unmöglichem, von Gelingen und Scheitern. Zugleich mit der Zerstörung normativer Werkkategorien stilisiert die Moderne gerade das Werk zum Kulminationspunkt heilsgeschichtlicher Hoffnungen und Erwartungen. Das ist bei Kafka ähnlich, jedoch mit einen entscheidenden Unterschied: *Der Autor* muß aus dem Koordinatensystem von Produktion, Werk und Schöpfer ausscheiden. Er muß verschwinden aus diesen Zusammenhängen, um die Schrift zu retten. Damit tritt in einem deutlich verifizierbaren Sinne bei Kafka die *Schrift* an die Stelle des alten Werkbegriffes.

Wenn also die Kategorien des Werkes, des Gelingens und der Erfüllung aus der biographischen Sphäre getilgt werden, wird die Fortsetzung des Schreibens zur wichtigsten Aufgabe des biographisch auf der ganzen Linie Gescheiterten. In diesem Verständnis sind Kafkas Schreibbemühungen der letzten Jahre seines Lebens zu begreifen, Bemühungen, die trotz der

Leiden, denen der Autor auf allen Gebieten ausgesetzt war, noch einmal eine große Ausdehnung gewinnen sollten. Wenn Kafka die Schrift verabsolutiert, dann auch deshalb, weil für ihn die Fragen des Judentums und des jüdischen Volkes ganz und gar ungeklärt waren. Jude zu sein war für Kafka eine religiöse, eine existentielle und eine politische Kategorie. Von seinem Selbstverständnis als Jude hing seine Haltung dem Leben gegenüber ab. Die literarischen Ausdrucksformen, derer sich Kafka seit etwa 1917 bediente, wurzeln zum großen Teil in jüdischen Traditionen. Die Geschichten der *Landarzt*-Sammlung sind inspiriert und formal bestimmt von den sogenannten chassidischen Geschichten, die im Ostjudentum entstanden und tradiert worden sind. Kafkas gesamte Kurzprosa ist vor dem Hintergrund dieser Traditionen zu begreifen. All das ist unterlegt von einem Konzept der Schrift und des Schreibens, das mit alttestamentarischer Absolutheit vorgetragen wird. Die charakteristischen Züge, die Kafkas Schreiben annimmt und die von diesem Schriftkonzept durchdrungen sind, können nicht als bloße Reaktionen eines bindungslosen Subjekts verstanden werden, sondern sind Ergebnis einer extremen Bindung an eine bestimmte religiös-politische Haltung.

In den Auseinandersetzung zwischen tschechischen und deutschen Nationalismusbewegungen nach dem Ende des Ersten Weltkrieges und der Auflösung der Donaumonarchie waren die Juden erneut starken Diskriminierungen von allen Seiten ausgesetzt. Neben dem Zionismus entstand eine nationaljüdische Bewegung, die ihr Ziel nicht so sehr in der Gründung eines Staates Israel sah, sondern das Leben in der Diaspora befürwortete und aus diesem Grund radikaler als der Zionismus ausgerichtet war. Nach Aussagen von Max Brod war Kafka um 1920 herum mehr dieser nationaljüdischen Denkweise zugeneigt als dem Zionismus. In jedem Fall war seine Haltung ganz auf die jüdische Sache und ihre Probleme ausgerichtet. In diesem Kontext hat Kafkas Schreiben mit all seinen komplizierten Ausformungen eine dezidiert politische Ausrichtung. Kafkas mythisches Schreiben war ein Schreiben im Horizont des Judentums und seiner religiös-politischen Problematik. Auch seine Beziehung zu der Christin Milena Jesenská betrachtete Kafka unmittelbar unter der Fragestellung, wie ein jüdischer Mann mit einer christlichen Frau zusammenkommen und zusammenleben könne. Im Prinzip war für den Dichter dieses Unternehmen von vornherein zum Scheitern verurteilt. Als dann tatsächlich das Scheitern der Beziehung unabweisbar scheint, vergleicht Kafka sich selbst mit einem Waldtier, das sich einer wunderbaren Frau annähern durfte, bis diese schließlich das Tierhafte, die Herkunft aus dem Wald, zu spüren begann.

Es geht in Kafkas Literatur um das Private, das immer wieder im Kampf um die Ehe thematisiert wird, und um das Politische; beide Ebenen konvergieren auf einer religiösen Stufe. Wenn wir es so betrachten, wurzelt Kafka, der Repräsentant der Moderne, in einem ganzheitlichen Verständnis vom Menschen und seinen Lebensvollzügen. Diese Ganzheitlichkeit von privater, politischer und religiöser Existenz ist aber in seinen Augen eine zu erstreitende; sie ist verloren, liegt in Trümmern und müßte wieder aufgebaut werden. In diesem Licht sieht Kafka seine Stellung und seine Aufgabe auf der Ebene des Judentums und seiner geistigen Welt.

Unter solchen Gesichtspunkten betrachtet, erscheinen Erzählungen wie *Ein Hungerkünstler* oder *Erstes Leid* nicht als bloße Mutationen der alten Künstlernovelle. Es geht nicht mehr wie noch im 19. Jahrhundert um die Spannung zwischen Künstlertum und Gesellschaft. Die Fortsetzung dieses Themas ins 20. Jahrhundert hinein ist bei Thomas Mann zu finden. Bei Kafka ist der Künstler selbst schon ein Ding der Unmöglichkeit. Auch als der Hungerkünstler noch Erfolg hat, ist er unzufrieden darüber, daß niemand sein langes Hungern wirklich überprüft.

Der Künstler ist nicht nur mit seiner Kunst auf sich zurückgeworfen (auch das wäre eine Thematik der postromantischen Epoche), er ist auch mit einer im Grunde lächerlichen Anstrengung beschäftigt, deren Durchführung als Kunst niemanden interessiert. Der Hungerkünstler ist eine Attraktion, von der niemand wissen will, ob sie auf der Basis einer künstlerischen Leistung zustande gekommen ist. Die Kunst des Hungerns ist nicht nachprüfbar: Ist sie aber deshalb auch keine Kunst? Allein die Figur des Hungerkünstlers führt jeden Kunstanspruch, der sich vom Schaffen her, vom Werk her begründen will, ad absurdum. Was Kunst ist, geht auf Konventionen in der Öffentlichkeit zurück und ist nicht von sich selbst her zu begründen. So wäre also das Hungern sowohl als Kunst wie auch nicht als Kunst zu verstehen. Nur der Hungerkünstler selbst hält dogmatisch am absoluten Kunstanspruch fest.

Entsprechend dieser Relativität der Hungerkunst als Kunst

verhält sich der Impresario. Er legt genaue Zeiträume des Hungerns fest, die nicht überschritten werden dürfen, weil danach das Interesse am Hungerkünstler ohnehin zurückgeht. Jedesmal weigert sich der Hungerkünstler, nach vierzig Tagen mit dem Hungern aufzuhören, wie es der Impresario vorsieht. Doch kann sich der vom Hungern geschwächte Hungerkünstler dem Zugriff des Impresario am Ende der Hungerphase nicht entziehen und muß das dafür vorgesehene Ritual über sich ergehen lassen. Auch das ist ein Charakteristikum. Trotz seines absoluten Kunstanspruchs ist der Hungerkünstler ganz dem Willen und den Plänen des Impresarios ausgeliefert, der nichts anderes im Sinn hat als die Vermarktung der Hungerkunst.

Was der Hungerkünstler in seiner permanenten Unzufriedenheit am wenigsten ertragen kann, ist Trost. Menschen, die sich seinem Käfig nähern, um ihn zu trösten, antwortet er mit einem Wutanfall. Das alles währt als Problem des Künstlers so lange, wie die »vergnügungssüchtige« Menge Interesse an der Hungerkunst aufzubringen vermag. Als dieses Interesse schwindet, wird der Hungerkünstler immer mehr in den hinteren Bereich des Zirkus zurückgedrängt. Dort wird er zwischen den Vorstellungen und in den Pausen zur Besichtigung freigegeben wie die Tiere in den anderen Käfigen. Nach wie vor aber besteht der Hungerkünstler auf der exakten Durchführung seiner Hungerkunst. Dennoch ist ihm eine realistische Einschätzung seiner Lage zugänglich. Er weiß, daß er »nur ein Hindernis auf dem Weg zu den Ställen« ist, ein Hindernis, das weggeräumt werden würde, wenn sich der Hungerkünstler nicht damit abfinden könnte und sich bei der Direktion beschweren würde.

Der Hungerkünstler ist verloren, vergessen, überflüssig, führt aber seine Kunst mit aller Disziplin und Konsequenz weiter. Die Spannung zwischen Künstlertum und Bürgertum, wie sie sich eben bei Thomas Mann im gesamten Werk präsentiert, hier ist sie verschwunden, zusammmen mit dem Künstler verschwunden. Denn der Hungerkünstler ist auch ein Verschwindender. Mit seiner Kunst verschwindet er selbst in körperlicher Form. Er hungert jetzt ohne Zeitbegrenzung, aber niemand nimmt davon noch Notiz. Damit ist die Kunst, die er ausübt, verschwunden. Und im endlosen Hungern verschwindet er selbst. Zuletzt ist der Hungerkünstler unter dem Stroh seines Stalles ganz verdeckt und nicht mehr zu sehen. Aufgrund der an seinem Stall angebrachten Zifferntafel erinnert man sich wieder an ihn und findet ihn unter dem Stroh. Auf die Frage des Impresarios, weshalb der Hungerkünstler noch immer hungere, auch nachdem der letzte Funke Aufmerksamkeit von ihm gewichen ist, antwortet der Hungerkünstler: »Weil ich die Speise nicht finden konnte, die mir schmeckt. Hätte ich sie gefunden, glaube mir, ich hätte kein Aufsehen gemacht und mich vollgegessen wie du und alle.« (LA, 273)

Das also ist der Beweggrund für die Kunstbesessenheit des Hungerkünstlers: ein Mangel, ein Defizit. Eine, wie er es selbst darstellt, Degeneration gegenüber dem landläufigen Umgang mit Essen und Trinken. Letztlich besteht die Kunst des Hungerns nur in der Unfähigkeit, eine entsprechende Speise zu finden, allgemein gesprochen in einer Unfähigkeit dem Leben gegenüber. Dieses Leben nun repräsentiert der Panther, der den Platz des Hungerkünstlers in dessen Käfig einnimmt, und sich mit kraftvoller Energie im Käfig herumwirft, so daß die Zuschauer sich gar nicht mehr abwenden können.

Die Erzählung zeichnet ein komplexes Bild von den Problemfeldern ›Kunst‹ und ›Künstler‹. Schon vor ihrem Verschwinden sind sie einer umfassenden Instrumentalisierung ausgesetzt. Was der Hungerkünstler als Bestimmung und Berufung betreibt, ist beim Publikum vom wechselnden Interesse an Sensationen abhängig und beim Impresario von der Möglichkeit der Vermarktung. Niemand glaubt an die Kunst außer dem Künstler selbst. Der aber ist mit seiner Kunst im Verschwinden begriffen, gerade dann, wenn der Impresario sein Hungern nicht mehr begrenzt und ihn sich selbst und seinem Wahn überläßt. Ist die Kunst nicht mehr der öffentlichen Konvention und der Instrumentalisierung ausgesetzt, so wird sie zu einem Wahn. Auch der Hungerkünstler gesteht zuletzt ein, daß es sich um einen Wahn gehandelt habe, der auf einem vitalen Defizit beruhe.

Damit ist alles über die Kunst und den Künstler gesagt. Das große, von der Romantik her bestimmte Thema vom Künstler als dem Protagonisten der Versöhnung von geistiger und sinnlicher Welt, ist mit Kafkas *Hungerkünstler* endgültig erledigt. Der Künstler ist jetzt nichts anderes mehr als ein Wahnsinniger, der lebenslang von großen Defiziten geplagt worden ist, die er mittels seiner Kunst zu kompensieren versuchte. Dieser Typus ist zum Verschwinden verurteilt. An seine Stelle setzt Kafka eine Gestalt voll praller Vitalität, einen Panther, der als das schiere Gegenteil des Wahns erscheint.

Kafkas *Hungerkünstler* präsentiert zwei Seiten einer Medaille. Einmal liegt darin Kafkas eigene Erfahrung mit der Kunst und ihrer unmöglichen Stellung innerhalb der Gesellschaft und der modernen Welt insgesamt. Dort erscheint Kunst als Wahn. Zum anderen geht es ihm aber auch um die Überwindung dieser Kunst. Kafka selbst, der Sterbende im Jahre 1924, als er die letzten Arbeiten an dem Text vornimmt, Kafka selbst verbindet mit seinem Verschwinden das Hervortreten eines vitalen Prinzips, das sich an die Stelle setzt, wo einmal die Kunst war. Im Hungerkünstler verschwindet der an sich selbst verhungernde Künstler. Die Auslöschung des Autors, des Urhebers von Werken also, geht nun so weit, daß seine körperliche Präsenz auf der Welt bis zum letzten Rest getilgt wird. Das Prinzip totaler leiblicher Vitalität, das an seine Stelle tritt, ist für den Menschen nicht einholbar. Er kann es nur staunend betrachten. Das Defizit gegenüber der Natur bleibt bestehen, aber nicht mehr als Wahn und in der Kompensation durch die Kunst, sondern als reales, als eine Tatsache, die ausgehalten werden muß. Auch in dem Bild des Panthers stößt man wieder auf die Dimension des Unerklärlichen, die Kafkas Texte beherrscht. Das Unerklärliche ist ein Aspekt der Vitalität, in der die *Wahrheit* eingelagert ist. Dieses Unerklärliche und im höchsten Sinne Reale tritt an die Stelle der Kunst und ihres symbolischen Verfahrens mit einem daran wahnhaft angeschlossenen Autor. In den späten und spätesten Texten Kafkas spielt die Kunst die Rolle eines Faktums, das überwunden werden muß. Es besteht kein Zweifel, daß bei Kafka die Kunst in der totalen Selbstnegation angekommen ist. Das *Werk* als Ereignisort der Erfüllung selbstgesetzter Hoffnungen spielt für den Autor keine Rolle mehr. Der Autor wiederum verschwindet im endlosen Prozessieren der Schrift. Und die Schrift ist unveränderlich, die Meinungen darüber sind nur Ausdruck der Verzweiflung.

Volkskunst

So erscheint die Schrift im Horizont einer Glaubenstotalität, die für Kafka keineswegs im praktizierten Glaubenssystem des Judentums faßbar wird. Über die Schrift soll sich der Bezug zum Glauben erneuern, soll die durch Assimilation und Modernität abgeschliffene Dimension des Messianischen neu mit Leben erfüllt werden. Das ist letztlich eine politische Frage, eine Frage des Judentums im Problemkreis des jüdischen Volkes. Davon handelt auf eigentümliche Weise die ebenfalls 1923 verfaßte und 1924 kurz nach Kafkas Tod in dem Erzählband *Ein Hunger-künstler* veröffentlichte Erzählung *Josephine die Sängerin und das Volk der Mäuse.*

Es geht um den Bezug der Sängerin Josephine zu ihrem Volk, dem Volk der Mäuse. Referiert wird dieser Sachverhalt von einem Mitglied dies Mäusevolkes, das gleich zu Beginn Josephines Gesangskunst rühmt und bekennt, daß es niemanden im Volk der Mäuse gibt, den Josephines Gesang nicht mit sich fortreißt. Nicht lange jedoch, und der Erzähler schränkt diese emphatische Ouvertüre seines Reports in entscheidenden Punkten ein. Zunächst weist er darauf hin, daß es sich bei seinem Volk um ein ganz und gar unmusikalisches Volk handle, dessen Mitglieder über einen bestimmten Pfeifton nicht hinauskommen. Für Musik habe eigentlich niemand ein Sensorium. Zudem müsse in Frage gestellt werden, ob Josephines Anstrengungen überhaupt als Musik bezeichnet werden können: »Ist es denn überhaupt Gesang? Ist es nicht vielleicht doch nur ein Pfeifen? Und Pfeifen allerdings kennen wir alle, es ist die eigentliche Kunstfertigkeit unseres Volkes [...] Alle pfeifen wir, aber freilich denkt niemand daran, das als Kunst auszugeben, [...] es gibt sogar viele unter uns, die gar nicht wissen, daß das Pfeifen zu unseren Eigentümlichkeiten gehört.« (LA, 275)

An dieser Stelle des Textes ist der emphatische Beginn zurückgenommen. Nicht nur die Musikfähigkeit des Volkes wird bezweifelt, auch die Musikalität des Gesangs, den Josephine von sich gibt, ja sogar das Bewußtsein für die Bedeutung des Pfeifens als typische Lebensäußerung des Mäusevolkes wird in Frage gestellt. Es bleibt also kein positives Kriterium für die Beurteilung von Josephines Gesang übrig. Dennoch wird er im Mäusevolk als herausragende Kunstleistung angesehen. Letztlich fordert Josephine durch ihre extreme Eitelkeit und einer bis ins Blasierte getriebenen Anspruchshaltung die Aufmerksamkeiten und Huldigungen ihres Volkes heraus.

Josephines Kunst steht mit ihrem Volk in einem Konventionszusammenhang. Es ist zwar festzustellen, daß sich das Volk spontan versammelt, wenn Josephine zu singen anfängt, und daß ihr Gesang als Kunst verstanden wird, jedoch gibt es bei genauerer Überlegung keinen Maßstab, nach dem das, was

Josephine tut, objektiv als Kunst begriffen werden kann. Der Anspruch, auf den die Konvention von Kunst hier aufbaut, geht von der Künstlerin selbst aus, nämlich von Josephines kategorischem Leugnen eines Zusammenhangs zwischen ihrer Kunst und dem Pfeifen. Wenn Josephine singt, ist das Mäusevolk, wie es heißt, mäuschenstill, jedoch fragt sich der Erzähler:»Ist es ihr Gesang, der uns entzückt und nicht vielmehr die feierliche Stille, von der das schwache Stimmchen umgeben ist?« Verbreitet Josephine die Nachricht, daß sie singen will, so ziehen die Mäuse sofort in Prozessionen zu ihr hin. Allerdings könne man sich kaum so schnell versammeln, wie Josephine es wünsche. Auch darin kommt der überhöhte Anspruch zum Ausdruck, den Josephine aussendet, ein Unterdrucksetzen der Zuhörerschaft, in dem diese wiederum den hohen Anspruch der Sängerin zu erkennen glaubt.

Entsprechend wird auch über Josephine nicht gelacht, obwohl das Volk der Mäuse ein ständig zum Lachen aufgelegtes Volk ist. Josephines Anspruch und Hochmut geht sogar soweit, daß sie der festen Überzeugung ist, sie beschütze durch ihren Gesang das Volk, einen Gesang, den noch niemand wirklich vernommen hat, sofern er überhaupt über das mäuseübliche Pfeifen hinausgeht.

Es ist die Haltung, die das Mäusevolk Josephines Kunst gegenüber einnimmt, die deren Expression eine herausgehobene Stellung verleiht:»Dieses Pfeifen, das sich erhebt, wo allen anderen Schweigen auferlegt ist, kommt fast wie eine Botschaft des Volkes zu dem Einzelnen; das dünne Pfeifen Josephines mitten in den schweren Entscheidungen ist fast wie eine armselige Existenz unseres Volkes mitten im Tumult der feindlichen Welt. Josephine behauptet sich, dieses Nichts an Stimme, dieses Nichts an Leistung behauptet sich und schafft sich den Weg zu uns, es tut wohl, daran zu denken.« (LA, 283)

Es ist gerade die auf der Basis reiner Konvention und initiiert durch einen überzogenen Anspruch zustande gekommene Situation, die das Mäusevolk angesichts der Vorführungen Josephines zusammenhält. Josephines Kunst ist mit dem affektiven Haushalt ihres Volkes funktional verknüpft. Ihr empirisch oder kategorial nicht zu verifizierender Anspruch auf Kunstausübung nimmt im Bewußtsein des Volkes einen zentralen Platz ein, so daß»Josephine fast außerhalb des Gesetzes steht, daß sie tun darf, was sie will, selbst wenn es die Gesamtheit gefährdet, und daß ihr alles verziehen wird.« Josephines Kunst steht außerhalb des Fassungsvermögens des Volkes und wird gerade deshalb als höchste Kunstleistung anerkannt. Dementsprechend verlangt die Sängerin eine »öffentliche, eindeutige, die Zeiten überdauernde, über alles bisher Bekannte sich erhebende Anerkennung ihrer Kunst.« (LA, 289)

Was Kafka vorführt, ist das Funktionieren einer gesellschaftlichen Ordnung auf dem Fundament einer Fiktion von vollendeter Kunst. Josephine stiftet für ihr Volk das Gefühl des Zusammenhalts durch die Leistung einer Person aus seinen eigenen Reihen. Das ist zugleich die Grundlage des Zusammenhalts und des Bewußtseins für das eigene Sein. Was Kafka also ausbreitet, ist ein Modell für die Entstehung und das Funktionieren einer Kultur. Das Entscheidende dabei ist, daß sich die Kriterien, nach denen sich diese Kultur aufbaut, puren Fiktionen und reinem Anspruchsdenken verdanken. Die Kultur der Mäuse besteht im Bewußtwerden für die Mäuseeigenart des Pfeifens. Solange diese Eigenart nicht zu Bewußtsein gelangt, kann man nicht von Kultur sprechen. Sie gelangt aber zu Bewußtsein, indem ein Mitglied aus dem Volk den Glauben entstehen läßt, es vollführe einen Gesang, der über das reine Pfeifen weit hinausgehe, und praktiziere eine Kunst, die die Kunst des Gesangs darstelle.

Das Einsetzen eines Kulturbewußtseins verdankt sich einem imaginären Überschuß, einer Metafiktion über die Beschaffenheit des eigenen Wesens. Solange die Mäuse gedankenlos pfeifen, bleiben sie in der Dumpfheit ihres arbeitsamen, traurigen Lebens ohne Kindheit und ohne Entwicklung befangen. Sobald sie jedoch an die Macht des Gesangs glauben, der von Josephine ausgeht, werden sie andächtig, versammeln sich zu Prozessionen und glauben an einen inneren Zusammenhalt ihres Volkes, an einen Charakter, der sie alle verbindet.

Josephines Gesang stiftet also all das, was man die kulturelle Verfaßtheit der religiösen Gemeinschaft nennen könnte. Kafka analysiert deren Entstehen und deren Voraussetzungen klar und deutlich, jedoch nicht, um ihre Geltung ad absurdum zu führen, sondern im Gegenteil, um auf die absolute Notwendigkeit dieser Geltung hinzuweisen. In dieser Gemeinschaft nimmt der Künstler als Schöpfer der kulturellen Metafiktion die wichtigste Stelle ein, obgleich er nichts produziert, was über den Äußerungsgehalt des Volkes im Allgemeinen hinausgeht. Entscheidend ist, daß der Künstler das, was er produziert, unter anderen Bedingungen und unter einem anderen Anspruch produziert, als dies für die sonstigen Äußerungsformen des Volkes gilt. Daß jemand aus der Mitte des Volkes diesen Anspruch entwickelt, schlägt auf das Selbstbild des gesamten Volkes zurück. Entsprechend ergibt sich eine bedingungslose Ergebenheit des Volkes gegenüber der Künstlerin, weil ihre Kunst allein die einzige Bedingung für das Bewußtsein des Volkes von sich selbst darstellt.

Wenn Kafka ›Volk‹ sagt, meint er das Volk Moses'. Und er kann den Begriff ›Volk‹ als einen relativ unbelasteten Begriff einsetzen, da er 1924 noch nicht dem totalen Mißbrauch unterworfen gewesen war. Das Volk Israel ist für Kafka sowohl aus der Sicht des Zionismus als auch aus der eines Nationaljudentums in der Diaspora eine Heilsfiktion, in die er seine gesamte persönliche und schriftstellerische Problematik hineinprojiziert. Sie ist für ihn eine Heilsfiktion nicht in einem rein theologischen Sinne, sondern in einem umfassend theologisch-kulturpolitischen. Kafka behandelt in seinen späten Texten nicht in erster Linie die Situation des Menschen gegenüber höheren Mächten, die ihn anziehen und gleichzeitig abstoßen, er tritt also nicht als universal-existentiell ausgerichteter Autor auf, sondern als Repräsentant einer Utopie, wie sie von vielen jüdischen Intellektuellen Anfang der zwanziger Jahre in den unterschiedlichsten Ausprägungen formuliert worden ist.

Die Epoche nach dem Ersten Weltkrieg weist eine durchgreifende apokalyptische Note auf. Dies mag damit zusammenhängen, daß mit dem Krieg die alte Ordnung Europas endgültig zum Verschwinden gebracht worden war, eine Ordnung, die sich während des 19. Jahrhunderts noch mühsam, aber dauerhaft am Leben erhalten konnte. Ungewiß blieb, was danach kommen sollte. Die Überlegungen zu einem neuen politischen System waren überlagert von metaphysischen und heilsutopischen Entwürfen, die in der hierarchischen Ordnung des Kaiserreiches zumindest noch repräsentiert, jetzt aber jeglicher kulturellen und politischen Struktur entbunden zu sein schienen. Aus dem apokalyptischen Pathos des Expressionismus entwickelte sich eine deutlich erkennbare Linie von Denkansätzen jüdischer Intellektueller, die das Vorstellungsfeld der Apokalypse mit einem heilsutopischen Faktor auszustatten versuchten. Dies vollzog sich zumeist im Horizont des Marxismus, also in unmittelbarer Nähe zu einer politischen Doktrin.

Bei Kafka hat diese in ähnlicher Weise zu beobachtende Tendenz eine vom philosophischen Mainstream abweichende Grundlage, die wesentlich eindringlicher wirkt, da sie ganz vom Subjekt, von der eigenen Person her entwickelt worden ist. Kafka zelebriert seit dem *Urteil*, also seit 1912, die *Apokalypse des Subjekts*. Ihm gelingt es, den Untergang des eigenen Ich in Familie und Gesellschaft dergestalt auf eine mythische Ebene zu heben, daß die *Schrift* zu einem heilsutopischen Faktor jenseits subjektiver Hoffnungen und Wünsche wird. Jedoch bleibt es gerade im Durchgang durch dieses Verfahren nicht bei der Perspektive einer heilsutopischen Apokalyptik. Diese wird ersetzt durch eine gnoseologische Dimensionierung des Schreibens. An die Stelle des utopischen Potentials tritt die geheime Lehre. Das Utopische entfaltet sich im Vollzug dieser Lehre, im Schreiben. Schreiben ist nicht nur eine Methode, die auf einen heilsutopisch-apokalyptischen Horizont zuführt, sondern Weg und Ziel in einem. Im Schreiben manifestiert sich nicht die Mitteilungsfunktion der Sprache und auch nicht die Dynamik einer fundamentalen Sprachkritik. Beides wird aufgenommen von der Schrift, beides ist für Kafka darin vorhanden, doch ist die Schrift selbst der Inbegriff der Fülle und des Wissens, gnostisch gesprochen Kafkas *Pleroma*.

Die vom subjektiven Erleben hergeleitete Dimension der *Schrift* liegt abseits von den ideologischen Perspektiven der Zeit. Deshalb wird sie für Kafka zu einer politischen Komponente. In ihr vollzieht sich konkret und eben nicht spekulativ die Reorganisation des Zusammenwirkens von Religion, Kultur, Volksbewußtsein und dem Leben des Einzelnen zu einem genetischen Begriffs von Politik: genetisch im Gegensatz zu ideologisch. Das Ideologische ist Inbegriff des Falschen, Konstruierten und Aufgesetzten. Hinter dem Ideologischen liegen andere Beweggründe als die Fülle des Wissens. Es ist Schauplatz eines brutalen Willens zur Macht.

Der Einzelne in einem organischen Verhältnis zum Ganzen, das ist für Kafka der Inbegriff von Kultur; er kann sich nur herstellen auf dem Fundament der Schrift als dem metasubjektiven Fokus der *reinen und unabänderlichen Wahrheit*. Damit stuft Kafka die Leistung des Schriftstellers und Künstlers als ganz außerordentlich ein, jedoch nur insofern, als er sich in Gestalt dieses schöpferischen Subjekts hinter seiner Leistung zum Verschwinden zu bringen vermag. Ähnlich wie in der mittelalterlichen monistischen Kunst sollte der kulturprägenden Kraft des Künstlers eine dunkle Anonymität entsprechen, in der er hinter den stratifikatorisch wirksamen Energien der transzendenten Ordnung zurücktritt.

Kafka unternimmt den Versuch der Neukonstituierung einer religiösen Kultur auf der Grundlage der Schrift. Daß er diesen Weg jenseits der ideologischen, aber auch jenseits der heilsutopischen Apokalypsen der Moderne vorgenommen hat, hat seinem Schaffen den Status einer Geheimlehre verliehen. In ihr wäre das Geheimnis des modernen Daseins aufgehoben; es müßte nur noch entschlüsselt werden. Aber zwischen Kafkas Pleroma und seiner Entschlüsselung besteht keine Verbindung. Sein Schreiben fordert zwar die Entschlüsselung heraus, läßt sie jedoch nicht wirklich zu. Die Entschlüsselung des darin beschlossenen Wissens präsentiert sich immer als Zerfall dieses Wissens. Ins Diskursive übersetzt, hat es keinen Bestand. Einzig im Schreiben tritt es ans Licht, wird es erfahrbar. Aber im Schreiben verschließt es sich auch.

Noch einmal zurück zu *Josephine*. Die Geschichte endet damit, daß Josephine verschwindet, als man ihren Gesang erwartet. Dieses Verschwinden bleibt dem Erzähler rätselhaft: »Selbst entzieht sie sich dem Gesang, selbst zerstört sie die Macht, die sie über die Gemüter erworben hat. Wie konnte sie nur diese Macht erwerben, da sie diese Gemüter so wenig kennt. Sie versteckt sich und singt nicht, aber das Volk [...] dieses Volk zieht weiter seines Weges.« (LA, 293f.)

An dieser Stelle ist Josephine als Person überflüssig geworden. Der von ihr gestiftete imaginative Zusammenhalt ist in das Verhalten, in das Leben des Volkes in natürlicher Weise übergegangen. Josephine wird vergessen werden: »Sie ist eine kleine Episode in der ewigen Geschichte unseres Volkes und das Volk wird den Verlust überwinden. [...] War ihr wirkliches Pfeifen nennenswert lauter und lebendiger, als die Erinnerung daran sein wird?« (LA, 294)

Ein paradigmatischer Einschnitt vollzieht sich damit. Das initiatorische Verhalten Josephines hat zu einer Befestigung des Volksbewußtseins geführt, so daß die Sängerin und ihre Kunst nicht mehr unbedingt notwendig sind. Es genügt die Erinnerung daran, um das entsprechende kollektive Gefühl aufrecht zu erhalten. Aber noch die Erinnerung verschwindet, da die Mäuse keine Geschichte treiben, so daß Josephine »in gesteigerter Erlösung« vergessen sein wird, wie ihre Brüder und Schwestern. Die *gesteigerte Erlösung* aber deutet auf eine neue, veränderte Stufe von Kultur hin. Josephine war nur eine Stifterfigur, um es ikonographisch auszudrücken. Was sie gestiftet hat, ist die Kultur ihres Volkes, auf der Grundlage einer Fiktion.

Josephine ist eine Heilige, gewissermaßen die heilige Cäcilie der Mäuse. Ihre Geschichte ist die Legende von der innersten Verbundenheit des Künstlers mit seinem Volk, von seiner kulturstiftenden Rolle innerhalb dieses Volkes. Kafkas Text enthält das Höchstmaß seiner persönlichen Hoffnung, die er in den Künstler und sein Schaffen hineingelegt hat. Es war der Wunsch, in seinem Volk, dem jüdischen Volk, eine Rolle zu spielen, wie Josephine im Volk der Mäuse. Nur diese Funktion kann Kunst für Kafka einnehmen. Und sie nimmt sie nur dann ein, wenn sie gar keine Kunst ist, also gar nicht das Andere des Volkes, keine verschlüsselte Welt der Symbole, die mühsam zu deuten wären. Nicht über das Deuten und die Erkenntnis kommt es zu einer Einheit von Volk und Künstler, sondern allein über die unmittelbare, affektive Ankoppelung des Volkes an den Kunstanspruch, der vom Künstler ausgeht. Das Volk *versteht* Josephines Kunst nicht eigentlich, akzeptiert und überhöht aber ihren Kunstanspruch und fühlt sich durch die repräsentative Kraft ihres Auftretens selbst als Volk repräsentiert.

Josephine ist Kafkas buchstäblich allerletzter Text. Noch bevor er die Korrekturen dazu angehen konnte, verstarb der Autor. Er ist Kafkas Vermächtnis im Sinne seiner letzten Hoffnung. Diese bestand darin, das jüdische Volk möge zu einer eigenen Identität gelangen, zur Ausprägung seiner eigenen Kultur auf der Grundlage jener uralten jüdischen Kultur, die durch die Assimilationsbemühungen vorangegangener Generationen verstellt und zugedeckt worden ist. Was der Künstler stiftet, möge in einer Weise in das Volk eingehen, daß der Künstler selbst und seine Kunst der völligen Vergessenheit anheimfallen könnten und müßten.

Was vom Künstler in das Leben des Volkes übergeht, eingeht, ja dieses Leben bis in die feinsten Verästelungen prägt, liegt in eben der Schrift, der sich seine eigene Zuständlichkeit anverwandelt hat. Der Körper der Schrift wird dann zum Körper des Volkes. Das kann man heute nicht aussprechen, ohne auf den Mißbrauch des Begriffs › Volkskörper‹ hinzuweisen, den die Nazis betrieben haben. Es wird aber an dieser Stelle deutlich, worin der Hauptunterschied zwischen dem ideologisch benutzten Begriff › Volkskörper‹ und dem Körper der Schrift als dem Körper des Volkes bei Kafka bestehen dürfte. Es ist der Unterschied zwischen nationalsozialistischer Propaganda und gnoseologischer Geheimlehre. Die Hohlheit des ideologischen Terrors des Hitler-Regimes und Kafkas Lehre vom Unbegreiflichen berühren sich an keinem Punkt. In ihnen liegt vielmehr das extremste Gegensatzpaar der Moderne überhaupt beschlossen.

Bedeuten und Begreifen

Der soziale Leerlauf im *Schloß*-Roman entspricht dem schöpferischen Leerlauf des Waldtieres in seinem Bau, das die gleichnamige Erzählung thematisiert. Das Tier verliert sich in seinem selbstgeschaffenen Bau aufgrund der Angst vor Feinden, gegen die der Bau eigentlich errichtet worden ist. Nun aber wird der Bau wegen seiner Unübersichtlichkeit und seiner Unkontrollierbarkeit durch das Tier selbst zum auslösenden Moment einer Angst, die noch schlimmer als die manifeste Furcht vor Feinden ist, der Angst vor imaginären Eindringlingen, die jederzeit an verschiedenen Stellen des Baus eindringen könnten und womöglich schon eingedrungen sind. Der Bau wird zum System einer Zwangsneurose, der das Tier nicht entkommen kann, weil dieser Zwang aus der natürlichen Veranlagung des Tieres zur Herstellung eines Baus entspringt. Das Tier kann dem neurotischen Leiden am Bau nicht entgehen, weil es sich selbst, seinem eigenen Wesen nicht zu entgehen vermag. Darin wird ein Problem angesprochen, das im *Schloß* auf modifizierte Art und Weise wiederkehrt: die Verfallenheit an einen Zwang, der eins geworden ist mit den wesentlichen Erscheinungen des alltäglichen Lebens, ja mit einer in sich geschlossenen Welt der Wahrnehmung und der Organisation von sozialen Bezügen. Der *Bau* wie das *Schloß* handeln von einer sowohl klaustrophilen wie zugleich klaustrophobischen Welt. Der Grund der Klaustrophobie ist die Klaustrophilie. Diese aber verdichtet sich wegen der unerträglich gewordenen Klaustrophobie. Anders gesagt: Die Welt des Schlosses als Sozialordnung wird in dem Maße anerkannt und verstärkt ihre Präsenz und Wirksamkeit auf den Einzelnen, in dem dieser ihr auf den Grund gehen möchte. Einer Ordnung auf dem Grund zu gehen heißt, sie zumindest gedanklich zu überwinden. Das Waldtier würde seine Angst überwinden, könnte es den Bau hinter sich lassen. Und K. verlöre seine Gehetztheit, könnte er sich aus dem Einflußbereich des Schlosses verabschieden.

Weshalb geht dieser Landvermesser, den keiner bestellt hat, so zweifellos auf das Schloß zu, begehrt so konsequent dort Einlaß und tut alles dafür, der Sphäre des Schlosses auch nur geringfügig näherzukommen? Warum läßt er es nicht einfach sein? Andererseits ist auch das Schloß unmittelbar auf K. bezogen. Niemand schickt ihn nachdrücklich wieder weg. Es wird sogar eingeräumt, vor Zeiten habe man einen Landvermesser gebraucht und bestellt, nur sei es nicht K., auf den man gewartet habe. So zumindest geht es aus einer verschütteten Akte des Vorstehers hervor, die dieser für K. heraussuchen läßt. Weder das Schloß und die Dorfbewohner noch K. selbst scheinen sich sicher darüber zu sein, ob ein Landvermesser gebraucht wird und ob K. dieser Landvermesser tatsächlich ist. Kurz, das Zwangssystem ›Schloß‹ wird von zwei Seiten aufrechterhalten, nämlich vom *Schloß* und von K. Wenn K. geisteskrank ist, da er so handelt, wie er handelt, dann entspricht die Schloß-Welt genau dieser Form von Geisteskrankheit. Das ist das eigentlich Bemerkenswerte. Gleichgültig, welchen Status an Wirklichkeit man den Vorgängen im Schloß einräumt, ob man sie für realistisch, für phantastisch oder für wahnsinnig ansieht, immer bilden sie doch eine funktionierende Welt, ein System von Bezügen, das sich selbst aus eigener Kraft aufrechterhält. Und dies, obwohl man nicht feststellen kann, wo die Grundlagen dieses Funktionierens liegen. Diese Welt besteht nicht durch Kommunikation, Logik und Sexualität, sondern *trotz* alledem.

Im *Schloß* erschafft Kafka eine Erzählwelt, die ebenso wie seine Legendentexte oder seine mythomorphen Texte insgesamt jenseits der Dichotomie von faktisch und fiktiv angesiedelt ist. Also wird auch die Entscheidung zwischen realistisch und phantastisch nicht mehr aufgeworfen. Der Text ist weder das eine noch das andere. Er formiert ein Urbild dessen, was Kafka unter der *Schrift* versteht. Darin bildet er das ultimative Muster für das Wechselverhältnis von Bedeuten und Begreifen. Dieses

Verhältnis stellt sich als Zwangssystem dar. Das heißt, Bedeuten und Begreifen fordern einander heraus und lassen einander nicht los. Wer meint, daß es Bedeutung gebe, der will auch begreifen. Und wer begreift, ist fest davon überzeugt, daß er es mit Bedeutungen zu tun habe.

Diese Feststellungen wären trivial, spielten sie sich nicht bei Kafka in einem Rahmen ab, der diese Trivialität von vornherein aufhebt. Denn in dem Augenblick, da K. das Dorf unterhalb des Schlosses betritt, in dem Augenblick, da er über die Holzbrücke geht, an der die Brückenschänke liegt, löst er den Selbstverständlichkeitspakt, den die Dorfbewohner zwischen Bedeuten und Begreifen eingerichtet hatten, auf. Dieser Pakt besagt, daß alles seine Richtigkeit habe, daß unser Begreifen mit den Bedeutungen der Dinge in funktionstüchtiger Übereinstimmung steht. Der Roman *Das Schloß* handelt von einer Frage, die jenseits einer Grenze liegt, die man die Grenze der Selbstverständlichkeiten nennen könnte. Das Funktionieren der menschlichen Gemeinschaften verdankt sich der Einrichtung dieser Grenze. Gerade aber die Tatsache des Funktionierens steht in Frage. Und zwar im Horizont einer Öffnung der Welt ins Labyrinth. Man hat immer schon angesichts der Schlosses von der Welt als Labyrinth gesprochen, kaum aber einmal zu sagen vermocht, worin denn genau dieses Labyrinthische bestehe. Nicht nur die Welt als objektive Wirklichkeit ist ein Irrgarten, vielmehr konstituiert der Mensch in der Welt allererst diesen Irrgarten. Und zwar in dem Moment, da er die Grenze der Selbstverständlichkeiten überschreitet. Das bedeutet, in dem Moment, da er aus den tragenden Funktionen einer Gemeinschaft ausscheidet. Die tragende Funktion schlechthin aber ist die zwischen Bedeuten und Begreifen.

Sieht man sich einer Welt gegenüber, von der man weiß, daß sie etwas zu bedeuten hat, und weiß man zugleich, daß man diese Bedeutung nicht begreifen kann, so steht man in der Situation von K. und dem Schloß. Das Zwanghafte dieser Lage ergibt sich daraus, daß man gerade jetzt unter allen Umständen zu einem Begreifen vordringen will. Das Unbegreifbare aber reagiert nicht auf diesen Wunsch, oder doch nur so, wie es auf alles reagiert, was anfällt. Das Schloß geht nicht gegen das Landvermessen vor, das K. vorgibt zu betreiben. Man steht im Schloß der Sache nur etwas unschlüssig gegenüber, weil man nicht weiß, was man mit einem Landvermesser anfangen soll. Dann wieder wird K. von Klamm für seine Landvermessertätigkeit gelobt, obwohl er sie gar nicht ausübt. Woraufhin K. glaubt, dieses Mißverständnis Klamm gegenüber richtigstellen zu müssen und Barnabas mit der Überbringung einer entsprechenden Nachricht losschickt. Was auch immer man im Schloß sehen mag, fest steht, daß man dort den Kampf, den K. glaubt aufgenommen zu haben, wenn überhaupt, so in ganz und gar anderer Art und Weise aufgenommen hat. Man ist sich nicht einmal über einen Streitpunkt einig zwischen K. und dem Schloß, und man könnte sich zu Recht fragen, weshalb das Schloß K. denn überhaupt bei sich vorstellig werden lassen sollte.

Niemand hat je behauptet, das *Schloß* sei ein realistischer Roman. Niemand würde den Text aber auch ohne weiteres der phantastischen Literatur zurechnen. Darin liegt der Grund für seine Wirksamkeit. Wir befinden uns nicht mehr in einem Text, der auf Referenz und Realität hin interpretierbar wäre. Als Zwangssystem situiert sich der Text unmittelbar in Konkurrenz zu jeglicher landläufiger Vorstellung von Realität. All diese Vorstellungen haben keinen anderen Wirklichkeitsgrad als das im *Schloß* ausgebreitete System zwanghaften Handelns, denn jeder Begriff von Realität beruht auf dem Konvergenzphänomen von Bedeuten und Begreifen. Damit stellt Kafka der Wirklichkeit einen Text gegenüber, der diese nicht mimetisch abbildet, sondern mit ihr funktional identisch wird. Das heißt, Text und Realität fallen darin zusammen, daß sie identische Funktionen auf der Ebene des semantischen Geschehens aufweisen. Text und Realität verschmelzen zur *Schrift*, hinter der nichts liegt, die unbegreiflich ist und bleibt, über deren Bedeutung als Ganzes nur gerätselt werden kann. So entsteht ein neuer Wirklichkeitsbegriff. Wirklichkeit ist im Brennpunkt des *Schloß*-Romans etwas, das ständig interpretiert werden muß, ohne daß man je sagen könnte, was es ist. Die Wirklichkeit ist nichts anderes als der Grund ihrer eigenen Interpretation, so wie das Schloß für K. der Grund seines Wunsches ist, zum Schloß vorzudringen.

Das Problem aller großen Deutungen des Romans, etwa derjenigen Emrichs, besteht darin, daß die Interpreten im *Schloß* ein mimetisches Kunstwerk glaubten sehen zu müssen. Betrachtet man den Text aber von Kafkas Konzept der Schrift her, so handelt es sich nicht um die Abbildung eines Außen, sondern um die Identität von Innen und Außen in dem beiden Ebenen gleichermaßen zugehörigen Funktionszusammenhang von Bedeuten und Begreifen. Die Schrift nimmt den Platz ein, wo einmal der Begriff der äußeren Wirklichkeit angesetzt worden ist. Damit setzt die Schrift selbst den Mechanismus zwischen dem Bedeutungskomplex *Wirklichkeit* und der diese Bedeutung ermittelnden Interpretation außer Kraft. Die Interpretation ist selbst das zentrale, vielleicht sogar das einzige Problem, um das sich der Text dreht.

Eingebaut in dieses System ist der, der das System aus sich selbst heraus zu deuten versucht, K. Er ist mehr noch als die Dorfbewohner dem zwanghaften Handeln im Angesicht des Schlosses ausgesetzt. K. ist derjenige, der das System unterwandern will, seine Ordnung offenzulegen versucht und aufgrund dessen in besonders starkem Maße dem Zwangssystem ›Schloß‹ unterworfen wird. Das Schloß hat ihn nicht gerufen und behandelt ihn in seiner Hartnäckigkeit zunächst wie jeden anderen bürokratischen Vorgang. Das Schloß erkennt K. darin an, daß er mit seinem Handeln einen Vorgang darstellt. Damit tut es nichts anderes, als was es immer tut. Für das Schloß ist K. nichts Besonderes.

Umgekehrt liegt der Fall anders. Das Schloß ist für K. nicht nur etwas Besonderes, sondern gewissermaßen das Ding an sich, das es zu ergründen gilt. K. bricht die Schloßwelt auf, indem er von außen in sie eindringt. Ohne Not eindringt, wie man feststellen kann, denn einen Auftrag von anderer Stelle scheint er nicht zu haben. K. ist damit niemand anderes als der Interpret, der in die unabänderliche Welt der Schrift einzudringen versucht, um sie verstandesmäßig zu *durch*dringen. K. ist der Störfaktor, nicht das Schloß, nicht die Dorfbewohner – das muß man sich klarmachen. K. versucht zu verstehen, wo die anderen sich fügen und die bestehende Ordnung nicht in Frage stellen. K. ist der antistratifikatorische Faktor in einer monistisch und hierarchisch geordneten Welt. Er ist der Fremde, der Eindringling, der, weil er sich im Recht glaubt, die Gesetze des Begehrens außer Kraft zu setzen versucht, um so eine Schwäche der Schloßsphäre und ihrer Beamten zu provozieren. Diese Gesetze scheinen nicht nachvollziehbar, doch gelten sie, und K. vermag das nicht anzuerkennen. K. ist der Landvermesser, der das Schloß vermessen will, ein Vorgang, den niemand nötig hat und den niemand will, außer eben K. selbst. Weshalb glaubt er so fest daran, im Recht zu sein, bzw. das Recht zu haben, zum Schloß vordringen zu können? Weshalb greift er so begierig nach Frieda, deren Zuneigung er auch nur im Hinblick auf Klamm, also auf das Schloß, instrumentalisiert?

Es ist das verstehende Eindringen in einen geschlossenen Kon-Text, der diesen Kontext als Zwangssystem in Erscheinung treten läßt, und zwar zu allererst beim Eindringling selbst. Die Ordnung der Gewalt, die K. im Schloß glaubt ausmachen zu können, wird durch sein eigenes gewaltsames Verhalten hervorgetrieben. Das ist wiederum die paranoide Situation im *Bau*. Der Wille zum perfekten Labyrinth treibt das Labyrinthische und seine Unkontrollierbarkeit erst hervor. Das Ich wird zum Getriebenen dieses Systems, zu seinem Opfer, jedoch nur insoweit, als dieses Ich selbst permanent versucht, das System zu durchdringen oder, wie das Tier im Bau, es zu beherrschen und zu kontrollieren. Als Terrorsystem und Labyrinth ist es ein vom Ich in dieser Form selbstgeschaffenes. Das Zwangsverhältnis zwischen K. und dem Schloß zerstört jede Form von begreifender Systematik, auch noch die Dialektik. Denn diese will das Unbegriffene unter allen Umständen begreifen und auf den Begriff bringen. Kafka aber setzt an die Stelle des Begriffs das in alle Ewigkeit Unbegreifliche.

Die Handlung des Romans entspricht der Bewegung eines permanenten Aufbauens und Verschiebens von gestisch-semantischem Material. Dabei kommt es dauernd zu einer Dezentrierung von Bedeutung. Im Mikroskopischen vollzieht sich elementar, was der Makrobereich als Ganzes präsentiert: die Zuspitzung des Textes auf einen Punkt der totalen Unbegreiflichkeit hin. Der Roman repräsentiert eine vollkommene Entsprechung der Vorgänge auf der Mikro- und auf der Makroebene, und es ist gerade diese innere Dichte, die den Text gegen jeden Versuch des Eindringens abschließt. Diese Bewegungen der permanenten Verschiebung und Dezentrierung von Bedeutungen vollziehen sich zunächst im Horizont der Kommunikation, also des Austauschs zwischen K. und den Dorfbewohnern, dann aber auch unterhalb der Ebene der Kommunikation, nämlich in einem Basisbereich von Sexualität und Erotik. Gerade diese Ebene ist einem besonders unangreifbaren Zwangszusammenhang ausgesetzt. Sie ist hierarchisch bestimmt von der Frage: Wer hat das Recht des Zugriffs auf die Frauen? Die auffällige Unterdrückung der Frauen durch Klamm und das Schloß läßt K. in seinem Kampf um und gegen das Schloß erstarken und zu einem Anwalt der Frauen werden. Jedoch führt diese Maßnahme zu keinerlei Veränderung in der Haltung der Frauen gegenüber den Männern, in diesem Falle gegenüber K. Das wird an Frieda ganz deutlich, die sich K. genauso unterwirft, wie sie sich Klamm unterworfen hat. Allerdings bleibt die Frage, ob K., der glaubt, Friedas Gunst für sich gewonnen zu haben, sich letztlich anders zu ihr stellt und anders mit ihr umgeht als zuvor Klamm. Denn K. benutzt Frieda mehr oder weniger, um in die Sphäre Klamms zu gelangen. Es zeigt sich daran, daß auf der Ebene des Zwangs, wie ihn K. angesichts des Schlosses erlebt, das Erotische sein Potential an Macht und Gewalt immer wieder neu entfaltet.

Kafka demonstriert, daß das Zwangssystem des Labyrinths aus Bedeuten und Begreifen sowohl auf der sozial-kommunikativen als auch auf der libidinösen Ebene seine die Menschen versklavende Gewalt entfaltet. Wobei erotische Anziehung nicht von den Frauen selbst ausgeht, sondern von ihrer Aura, die sich aus ihrer Zuordnung zum Schloß ableitet.

Im Gegensatz zum *Prozeß* bleibt im *Schloß* offen, aus welchem Grund der Protagonist mit so heißem Eifer ins Allerheiligste vordringen möchte. Joseph K. hat wenigstens noch den verständlichen Wunsch, seine Unschuld zu beweisen. K. hat einen entsprechenden Grund nicht. Als Frieda ihm vorschlägt auszuwandern, entgegnet er: »›Auswandern kann ich nicht [...] ich bin hierhergekommen, um hier zu bleiben. Ich werde hier bleiben.‹ Und in einem Widerspruch, den er gar nicht zu erklären sich Mühe gab, fügte er wie im Selbstgespräch zu: ›Was hätte mich denn in dieses öde Land locken können, als das Verlangen hier zu bleiben.‹« (S, 168) Ein Grund für K.s Beharren wird also nicht genannt, auch von ihm nicht, obgleich er sich ja in einem Land befindet, in dem die Fremdheit jedes Maß übersteigt. K. hat schon anfangs das Gefühl, »er verirre sich oder er sei so weit in der Fremde, wie vor ihm noch kein Mensch, eine Fremde, in der selbst die Luft keinen Bestandteil der Heimatluft habe, in der man vor Fremdheit ersticken müsse und in deren unsinnigen Verlockungen man doch nichts tun könne als weiter gehn, weiter sich verirren.« (S, 55)

Das Kennzeichnende am Zwang wäre demnach seine Grundlosigkeit, mithin seine Unbegreifbarkeit. Er transzendiert jede Art des menschlichen Verlangens, das soziale wie das sexuelle und beherrscht beide ganz und gar. Was ist das für ein Zwang? Was ist stärker als die Lebensantriebe des gesellschaftlichen und des intimen Verkehrs? Nicht K. gibt uns darauf eine Antwort, sondern Kafka selbst. Und zwar zu eben derselben Zeit, da er am *Schloß* schreibt, in einem Brief an Max Brod vom 15. Juli 1922. Kafka betont dort, Schreiben sei »Lohn für Teufelsdienst [...] Und das Teuflische daran scheint mir sehr klar. Es ist die Eitelkeit und Genußsucht, die immerfort um die eigene oder auch um die fremde Gestalt – die Bewegung vervielfältigt sich dann, es wird ein Sonnensystem der Eitelkeit – schwirrt und sie genießt. Was der naive Mensch sich manchmal wünscht: ›Ich wollte sterben und sehn, wie man mich beweint‹, das verwirklicht ein solcher Schriftsteller fortwährend, er stirbt (oder er lebt nicht) und beweint sich fortwährend. [...] Nötig zum Leben ist nur, auf Selbstgenuß zu verzichten ; einziehn in das Haus, statt es zu bewundern und zu bekränzen.« (Briefe, 384ff.)

Es ist die Genußsucht, die den Schriftsteller konstruiert. Schreiben ist nichts anderes als der permanente Wille, sich selbst zu genießen: Selbstgenuß als die höchste Form der Eitelkeit, nämlich eine, die kein Gegenüber mehr braucht, das bewundert, weil das Bewundern bereits im Selbstgenuß enthalten ist. Diese Genußsucht übersteigt alle Antriebe, die der Kommunikation und die der Libido. So gesehen ist K. nicht nur ein Abbild des Lesers, der in den Hof der Bedeutungen eindringen und begreifen will, was geschrieben steht. Er ist – vielleicht noch mehr – das Urbild des Schriftstellers, der sich in seinem alles Alltägliche und Selbstverständliche transzendierenden Willen zum Selbstgenuß unmittelbar aus dem Leben ausschließt.

Das ist die eine Seite des *Schlosses*, das Ausge*schloss*ensein K.s, ein Zustand der mit seinem Bemühen korrespondiert, zum Schloß vorzudringen. Dieser Tat ist sein ganzer Ehrgeiz gewidmet, und er instrumentalisiert seine gesamte Umwelt in der Absicht, diese Tat umzusetzen. K. ist darin das Urbild des Schriftstellers, wie es der späte Kafka versteht. Die andere Seite des *Schlosses* ist das Einge*schloss*ensein des Sinns oder der Bedeutung, an die K. unter allen Umständen herankommen, zu denen er vordringen muß. Darin ist K. das Abbild des Lesers und Interpreten, den niemand gerufen hat, der dennoch wie aus einem Zwang heraus die chtonische Ordnung der Schrift aufwühlen will und jeden Kompromiß eingeht, um diesem Ziel näherzukommen. Das *Schloß* ist daher der Schlüssel zu Kafkas

Literaturbegriff, jedoch ein Schlüssel ohne Schloß. Literatur in diesem Verständnis wäre das Terrain der Verzweiflung und des Ausgewiesenseins aus den Zonen der unveränderlichen Schrift. Noch einmal tritt die Distinktion von poetischem Text (Literatur) und heiliger Schrift somit drastisch ins Bild. Die dazwischen liegende Kluft ist nicht zu überbrücken, jedenfalls nicht für K., den Schriftsteller und Leser, den in seinen Projekten und seinen Taten eitel sich selbst Bespiegelnden und den intellektualistischen Interpreten. Beide tragen durch ihre Arbeit dazu bei, die heilige Schrift zu einem poetischen Text umzuformen und das Verstoßensein aus dem Reich der Wahrheit und aus der Möglichkeit der Erlösung zu zementieren.

Auch das *Schloß* ist ein Text über die Unfähigkeit zu leben, genau wie der *Hungerkünstler*, wie der *Bau* oder wie *Erstes Leid*, wie fast alle späten Texte Kafkas. Die Lebensunfähigkeit wird von Kafka ganz eng an die Schriftstellerexistenz geknüpft. Schreiben zu wollen, bedeutet, im Leben zu scheitern. Der Grund für die Kunst ist die Unfähigkeit zu leben. Noch einmal exterminiert Kafka die Kunst aus dem Kosmos der akzeptierbaren Tätigkeiten. Nicht Kunst soll sich in diesem Roman präsentieren, sondern Anti-Kunst, jedoch nicht in einem aktionistischen Sinne, wie wir das seit dem Dadaismus kennen. *Das Schloß* ist ein Roman gegen alle Romane, ein Roman, der ein für allemal das Romaneschreiben beenden soll. Ähnliches hat man über den *Ulysees* von James Joyce gesagt: *A novell to end all novells*. Und so wie dieses Diktum auf den *Ulysses* zutreffen mag, so trifft es im Verständnis Kafkas auf das *Schloß* zu. Denn dieser Roman verbannt etwas, was für einen Roman unabdingbar ist und immer gewesen ist: die nachvollziehbare Handlung. Was davon übrig bleibt, ist etwas vollkommen Unsinniges: die endlose Bestätigung des Unbegreiflichen als Unbegreifliches. Der Roman seit Cervantes hat eine bestimmte Art und Weise der Deutung von Welt ermöglicht. Diese Art und Weise wird jetzt, nach Kafka, ständig wiederholt, ohne daß sie noch etwas über die Welt aussagen würde. Sie hat, nach Kafka, keinen anderen Zweck als die Erlangung und Steigerung des Selbstgenusses des Schriftstellers. Nach dem *Schloß* sind Romane immer nur Wiederholung bestimmter formaler und inhaltlicher Strukturen, die durch die Gattung *Roman* hindurch überhaupt erst auf die Welt projiziert werden können: der Roman als hedonistische Leerform, als imaginative Gebetsmühle eines untergegangenen

Weltbegriffs. Im *Schloß* wird dieser Untergang greifbar, wenn auch nicht begreifbar, denn Begreifbarkeit gehört ja zu der Welt, für die es einen Begriff gegeben hat.

Ein Roman, der wie das *Schloß* die Endlosspirale der Bestätigung des Unbegreiflichen als Unbegreifliches aufstellt, sagt nichts mehr über eine Welt aus, die zu begreifen wäre oder auch nur als begreifbar anzusehen wäre. Damit aber suspendiert sich der Roman als fiktiver Diskurs über die Welt des Faktischen selbst. Die Handlung des *Schloß*-Romans, die denn doch auch vorhanden ist, ist die endlose Darstellung des Unbegreiflichen unter den Bedingungen des Bedeutens und des Begreifen-Wollens. K. ist das Signum des Autors wie des Lesers, der in diese Abläufe eingeht, um sich in ihnen aufzulösen. *Das Schloß* ist Kafkas Todesroman, die Feier seines Verschwindens. Und damit ist der Text schon so etwas wie ein Testament, jedoch ein nicht zu entzifferndes. Von Anfang bis zum Schluß geht es in Kafkas Schreiben um das Schreiben selbst. So auch hier, im *Schloß*. Dieses Schreiben, die Inszenierung von Selbstgenuß, Inbegriff einer rücksichtslosen Genußsucht eines Ichs, kann nur gerechtfertigt werden, wenn es die *Schrift* entstehen läßt, die unergründlich ist. In ihr wäre das Ich aufgehoben in einem doppelten Sinne: gelöscht und erhöht zugleich.

Kafkas Schreiben hat als gnoseologische Schrift Bestand, über alle Deutungen hinaus. Schreiben wird zu einer Dimension, die weit über den produktionsästhetischen Rahmen der Moderne hinausstrahlt. Aber es wird auch nicht mit einem herkömmlichen Begriff von Glauben oder Religiosität identisch. Schreiben meint nichts anderes als Schreiben. Damit aber meint es *Ansturm gegen die letzte irdische Grenze*. Offen bleibt, was Kafka von sich und seinem Handeln begriffen hat. Die Formulierungen sind da, nirgends aber eine Ebene das Darüberstehens.

16. Januar 1922: »Dieses Jagen nimmt die Richtung aus der Menschheit. [...] die Jagd geht durch mich und zerreißt mich. Oder aber ich kann – ich kann? –, sei es auch nur zum winzigsten Teil, mich aufrechterhalten, lasse mich also von der Jagd tragen. Wohin komme ich dann? ›Jagd‹ ist ja nur ein Bild, ich kann auch sagen Ansturm gegen die letzte irdische Grenze, und zwar Ansturm von unten, von den Menschen her, und kann, da auch dies nur ein Bild ist, es ersetzen durch das Bild des Ansturms von oben, zu mir herab.« (T, 345)

Anmerkungen

1 Roth, Professor der Begierde, S. 230.

2 Selbst eine so gründliche und gelehrte Darstellung wie die von Walter Fähnders (Avantgarde und Moderne. 1890–1933, 1998) vermag Kafka keinen geschichtlichen Platz zuzuweisen, sondern handelt ihn in einem Exkurs unter dem Oberbegriff *Expressionismus* ab. Und der Autor tut recht daran, sich so zu entscheiden. Denn Kafka paßt unter keinen der gängigen Begriffe, vielleicht paßt er nicht einmal in den Rahmen der Signalvokabel *Moderne*.

3 Vgl. den Brief Kafkas an Max Brod vom 5. 7. 1922, in: Kafka, Briefe 1902–1922, S. 382-387.

4 Vgl. Nagel, Kafka und die Weltliteratur, S. 107.

5 Vgl. Deleuze/Guattari, Kafka. Für eine kleine Literatur.

6 Emrich, Franz Kafka, S. 331.

7 Vgl. Beicken, Franz Kafka. Eine kritische Einführung in die Forschung.

8 Reuß, Lesen, was gestrichen wurde. Für eine historisch-kritische Kafka-Ausgabe, S. 10.

9 Hocke, Die Welt als Labyrinth, S. 144.

10 Der Titel der biographischen Dokumentation *Als Kafka mir entgegen kam* stellt bewußt das Maß der Unwirklichkeit zur Schau, das sich in der Vorstellung, es habe Kafka tatsächlich gegeben, verbirgt.

11 Benjamin, Franz Kafka. Zur zehnten Wiederkehr seines Todestages, in: Benjamin über Kafka, S. 9-38, hier S. 18.

12 Vgl. Stierlin, Liberation and Selfdestruction in the Creative Process. Siehe dazu ferner: Mitscherlich-Nielsen, Psychoanalytische Bemerkungen zu Franz Kafka.

13 Vgl. dazu ausführlich: Marthe Robert, Einsam wie Franz Kafka, S. 35f.

14 Buioni, Kafka und das Judentum, S. 174.

15 Kremer, Die Identität der Schrift. Flaubert und Kafka, S. 562.

16 Pasley, Der Schreibakt und das Geschriebene, S. 21f.

17 Vgl. zu diesem Begriff: Bachtin, Formen der Zeit im Roman.

18 Vgl. zum Schaffensprozeß: Binder, Kafkas Schaffensprozeß, 1976. – Sowie: Binder, Kafka. Der Schaffensprozeß, 1983.

19 Die erste Fassung ist verschollen. Max Brod gab in der Erstveröffentlichung dem Fragment den Titel *Amerika*, der allerdings von Kafka an keiner Stelle selbst erwähnt wird. Statt dessen nennt er das Manuskript, an dem er arbeitet, in einem Brief vom 11.12.1912 an Felice

Der Verschollene. Dies ist neben einer Tagebuchstelle vom 31.12.1914 die einzige Stelle bei Kafka, auf die sich eine Titelgebung in der *Kritischen Ausgabe* stützen konnte.

20 Neumann, Ritual und Theater.

21 Kremer, Verschollen. Gegenwärtig, S. 239.

22 Vgl. zu dieser Argumentation den Aufsatz von Jacques Derrida: Die Struktur, das Zeichen und das Spiel im Diskurs der Wissenschaften vom Menschen.

23 Zum Umfeld und zur Einführung dieses Begriffs vgl. Hamacher, Die Geste im Namen. Benjamin und Kafka.

24 Der Begriff *machine célibataire* geht zurück auf Marcel Duchamp und sein auf eine durchsichtige Scheibe gemaltes, unvollendet gebliebenes Werk »Large Glass: La mariée mise à nue par célibataires, même« (1915–23).

25 Emrich, Franz Kafka, S. 226.

26 Benjamin über Kafka, S. 64.

27 Vgl. dazu die Darlegungen von Malcolm Pasley in seinem Aufsatz: Wie der Roman entstand.

28 Diese Deutung rückt nicht zuletzt Gerhard Neumann in den Vordergrund in seinem Aufsatz: Der Zauber des Anfangs und das »Zögern vor der Geburt«.

29 Vgl. dazu: Neumann, Der verschleppte Prozeß.

30 Brod, Der Dichter Franz Kafka, S. 60.

31 Emrich, Franz Kafka, S. 92.

32 Vgl. Hamacher, Die Geste im Namen. Benjamin und Kafka, S. 306ff. Die Aufmerksamkeit für Kafkas Onomastik verdanke ich in besonderem Maße diesem Aufsatz.

33 Hamacher, S. 309.

34 Vgl. Bürger, Theorie der Avantgarde.

35 Vgl. Haumann, Geschichte der Ostjuden, S. 55f.

36 Die sogenannte S/Z-Methode geht zurück auf ein Buch von Roland Barthes mit dem Titel *S/Z* aus dem Jahre 1970, in dem der Autor eine an strukturalistische Methoden angelehnte Mikroanalyse einer Novelle Balzacs vornimmt. Barthes führt minutiös einen sich gegenüber der Imagination des ›Werkes‹ emanzipierenden Textbegriff vor, der in der Lektüre immer neuen Permutationen unterworfen ist und somit eine potentiell unabschließbare Vielfalt von Sinn bereithält. Das Ziel von Barthes Untersuchung liegt darin, an der Konstitution des Textes diese Potentialität theoretisch durchsichtig und einsichtig werden zu lassen. Damit projiziert Barthes eine Ästhetik der Multivalenz auf einen Text, der sich von sich selbst her noch als traditionelles ›Werk‹ begreift. Dies aber wäre der kategoriale Unterschied zu Kafkas »Landarzt«, wo der Text selbst schon die Werkkategorie ad absurdum führt und darüber hinaus mit der Vielfalt der in ihm angelegten Interpretationen spielt. Der Leser muß sich also nicht nur darüber klar

werden, daß der »Landarzt« eine prinzipiell unabschließbare Deutungsvielfalt bereithält. Er muß noch dazu begreifen, daß der Text um diese Vielfalt weiß und mit ihr spielt. Zwar kann sich der Interpret auf eine Deutung berufen, ja er kann sich sogar auf die Vielfalt der Deutungen berufen, doch weiß er immer auch, daß der Text ihn mit bestimmten Mitteln dazu verführt hat, die der Interpret nicht beherrschen oder begreifen kann. Hierin gerät die strukturale Rezeptionsästhetik an eine Grenze, an der die Allmacht des frei kombinierenden Rezipienten aufhört. Kafka hat seinen Leser immer schon eingeholt.

37 Hiebel, Franz Kafka: »Ein Landarzt«, S. 34.
38 Hiebel, S. 43f.
39 Vgl. Rudloff, Franz Kafkas ›Arme Seelen-Sagen‹.
40 Rudloff, S. 35.
41 Rudloff, S. 35f.
42 Sloterdijk, Die wahre Irrlehre, S. 24.

Literatur

Als Kafka mir entgegen kam, hg. von Hans-Gerd Koch, Berlin 1995

Bachtin, Michail: Formen der Zeit im Roman, Frankfurt/M. 1989

Binder, Hartmut: Kafkas Schaffensprozeß, mit bes. Berücksichtigung des Urteils. Eine Analyse seiner Aussagen über das Schreiben mit Hilfe der Handschriften und aufgrund psychologischer Theoreme, in: Euphorion 70 (1976), S. 129-174

Binder, Hartmut: Kafka. Der Schaffensprozeß, Frankfurt/M. 1983

Beicken, Peter U.: Franz Kafka. Eine kritische Einführung in die Forschung, Frankfurt/M. 1974

Benjamin über Kafka, hg. von Hermann Schweppenhäuser, Frankfurt/M. 1981

Brod, Max: Der Dichter Franz Kafka, in: Juden in der deutschen Literatur. Essays über zeitgenössische Schriftsteller, hg. von S. Kojanker, Berlin 1922

Buioni, Giuliano: Kafka und das Judentum, Stuttgart, Weimar 1994

Bürger, Peter: Theorie der Avantgarde, Frankfurt/M. 1974

Deleuze, Gilles/Guattari, Félix: Kafka. Für eine kleine Literatur, Frankfurt/M. 1976

Derrida, Jacques: Die Struktur, das Zeichen und das Spiel im Diskurs der Wissenschaften vom Menschen, in: ders., Die Schrift und die Differenz, Frankfurt/M. 1972, S. 422-442

Emrich, Wilhelm: Franz Kafka, Bonn 1958

Fähnders, Walter: Avantgarde und Moderne. 1890–1933, Stuttgart, Weimar 1998

Hamacher, Werner: Die Geste im Namen. Benjamin und Kafka, in: ders., Entferntes Verstehen. Studien zu Philosophie und Literatur von Kant bis Celan, Frankfurt/M. 1998, S. 280-324

Haumann, Heiko: Geschichte der Ostjuden, 2. Auflage, München 1998

Hiebel, Hans H.: Franz Kafka: »Ein Landarzt«, München 1984

Hocke, Gustav René: Die Welt als Labyrinth. Manier und Manie in der europäischen Kunst, Hamburg 1957

Kafka, Franz: Tagebücher 1910–1923, hg. von Max Brod, Frankfurt/M. 1973 (= T)

Kafka, Franz: Briefe 1902–1922, hg. von Max Brod, Frankfurt/M. 1975 (= Briefe)

Kafka, Franz: Briefe an Felice und andere Korrespondenz aus der Verlobungszeit, hg. von Erich Heller und Jürgen Born, Frankfurt/M. 1976 (= BaF)

Kafka, Franz: Ein Landarzt und andere Drucke zu Lebzeiten (= Kafka, Franz: Gesammelte Werke in zwölf Bänden. Nach der Kritischen Ausgabe hg. von Hans-Gerd Koch, Bd. 1), Frankfurt/M. 1994 (= LA)

Kafka, Franz: Der Verschollene (= Gesammelte Werke Bd. 2), Frankfurt/M. 1994 (= V)

Kafka, Franz: Der Proceß (= Gesammelte Werke Bd. 3), Frankfurt/M. 1994 (= P)

Kafka, Franz: Das Schloß (= Gesammelte Werke Bd. 4), Frankfurt/M. 1994 (= S)

Kafka, Franz: Beim Bau der Chinesischen Mauer und andere Schriften aus dem Nachlaß (= Gesammelte Werke Bd. 6), Frankfurt/M. 1994

Kafka, Franz: Zur Frage der Gesetze und andere Schriften aus dem Nachlaß (= Gesammelte Werke Bd. 7), Frankfurt/M. 1994

Kafka, Franz: Das Ehepaar und andere Schriften aus dem Nachlaß (= Gesammelte Werke Bd. 8), Frankfurt/M. 1994

Kremer, Detlef: Die Identität der Schrift. Flaubert und Kafka, in: DVjs. 63 (1989), S. 547-573

Kremer, Detlef: Verschollen. Gegenwärtig. Franz Kafkas Roman »Der Verschollene«, in: Text und Kritik, Sonderband Franz Kafka, hg. von Heinz Ludwig Arnold, München 1994, S. 238-254

Mitscherlich-Nielsen, Margarete: Psychoanalytische Bemerkungen zu Franz Kafka, in: Psyche 31, H. 1 (1977), S. 60-83

Nagel, Bert: Kafka und die Weltliteratur, München, Zürich 1983

Neumann, Gerhard: Der verschleppte Prozeß. Literarisches Schaffen zwischen Schreibstrom und Werkidol, in: Poetica 14 (1982), S. 92-112

Neumann, Gerhard: Der Zauber des Anfangs und das »Zögern vor der Geburt«, in: Zimmermann, Hans-Dieter (Hg.): Nach erneuter Lektüre: Franz Kafkas *Der Proceß*, Würzburg 1992, S. 121-142

Neumann, Gerhard: Ritual und Theater. Franz Kafkas Bildungsroman »Der Verschollene«, in: Franz Kafka. *Der Verschollene. Le Disparu/ L'Amérique* – Écritures d'un nouveau monde? Textes réunis par Philippe Wellnitz, Strasbourg 1997, S. 51-78

Pasley, Malcolm: Der Schreibakt und das Geschriebene. Zur Frage der Entstehung von Kafkas Texten, in: Franz Kafka. Themen und Probleme, hg. von Claude David, Göttingen 1980, S. 9-25

Pasley, Malcolm: Wie der Roman entstand, in: Zimmermann, Hans-Dieter (Hg.): Nach erneuter Lektüre: Franz Kafkas *Der Proceß*, Würzburg 1992, S. 11-34

Reuß, Roland: Lesen, was gestrichen wurde. Für eine historisch-kritische Kafka-Ausgabe, in: Franz Kafka. Historisch-Kritische Ausgabe sämtlicher Handschriften, Drucke und Typoskripte, hg. von Roland Reuß und Peter Staengle. Einleitung, hg. von Roland Reuß, Basel, Frankfurt/M. 1995

Robert, Marthe: Einsam wie Franz Kafka, Frankfurt/M. 1985

Roth, Philip: Professor der Begierde, München, Wien 1977

Rudloff, Holger: Franz Kafkas ›Arme-Seelen-Sagen‹. Anmerkungen zur Textzusammenstellung *Ein Landarzt. Kleine Erzählungen*, in: Wirkendes Wort 48 (1998), H. 1, S. 31-53

Sloterdijk, Peter: Die wahre Irrlehre. Über die Weltreligion der Weltlosigkeit, in: Sloterdijk, Peter/Macho, Thomas M. (Hg.): Weltrevolution der Seele. Ein Lese- und Arbeitsbuch der Gnosis von der Spätantike bis zur Gegenwart, München, Zürich 1993, S. 17-54

Stierlin, Helm: Liberation and Selfdestruction in the Creative Process, in: Psychiatry and the humanities, Vol. 1, ed. by H. Smith, New Haven, London 1976, S. 51-72

Register

Personen

Werke und Texte Kafkas

(Titel, die nicht von Kafka selbst stammen, stehen in Anführungszeichen)